国际出版蓝皮书

INTERNATIONAL PUBLISHING BLUE BOOK

（2015 版）

国际出版业发展报告

范 军 主编

中国书籍出版社
China Book Press

前　言

“国际出版蓝皮书”是中国新闻出版研究院的重要研究成果。该系列图书自2003年出版以来，至今已走过14年的历程，先后出版了7部。《国际出版业发展报告（2015版）》是该系列的第八部。本书在继承前7部的基础上，又有许多创新之处。

第一篇“主报告”解析了在国际金融危机、各国政策法律和数字化浪潮的影响下，2014年国际出版业发展情况。包括传统出版市场发展堪忧，生产规模压缩，销售数量下滑，实体书店唱衰；新兴出版业态风生水起，电子书市场向好，自助出版渐成气候，众筹出版闪亮登场。以及伴随而来的人们阅读状况的喜忧参半和国际大型出版传媒集团调整战略目标，进行资本重组，积极发展数字化，着力开拓海外市场，以求在出版市场占得先机等。

第二篇“研究成果”对美国、英国、法国、德国、俄罗斯、日本、韩国等七个国家出版业发展状况及相关统计数据的进行了系统梳理。比较客观地阐释了与出版业发展息息相关的各国政策法律、国民阅读以及图书馆采购等市场环境和出版业的生产、销售、贸易、投资和细分领域等情况。

第三篇“业界观点”分别介绍巴西、西班牙、巴基斯坦、哈萨克斯坦等国家出版业的历史与现状。

我们非常希望能以此书为桥梁，与业界人士建立广泛而深入的合作，促进国际出版业研究工作的拓展与完善，为行业发展提供服务。

中国新闻出版研究院副院长范军参加和组织了本书的撰写、修改和统稿工作。中国新闻出版研究院张晴和王卉莲承担了组稿工作。

本书各部分的翻译、整理、撰写情况如下：

“主报告”由范军、张晴撰写。

在“研究成果”中，美国分报告由张晴撰写；英国分报告由中国新闻出版研究院侯鹏和中国人民大学田以丹撰写；法国分报告由中国新闻出版研究院王珺撰写；德国分报告由大众汽车集团（中国）彭斯撰写；俄罗斯分报告由王卉莲撰写；日本分报告由中央财经大学宫丽颖撰写；韩国分报告由韩国京畿道观光公社上海事务所叶子撰写。

在“业界观点”中，《巴西图书出版业发展及出口转型》一文由武汉大学信息管理学院傅西平撰写；《西班牙图书出版业发展概况》一文由中国新闻出版研究院刘莹晨撰写；《巴基斯坦的图书出版业》一文由河北大学新闻传播学院金强撰写；《哈萨克斯坦出版业发展情况综述》一文由王卉莲撰写。

在此，对各方专家所付出的辛勤劳动和大力支持表示诚挚的谢意。

本书由范军审阅、终审并定稿。

《国际出版业发展报告（2015 版）》课题组

2016 年 6 月 26 日

目　　录

第一篇　主报告

第二篇　研究成果

第三篇 业界观点

附　录

第一篇　主报告

2014年国际出版业解析

范　军　张　晴

受国际金融危机、各国政策法律和数字化浪潮的影响，2014年国际出版业有喜有忧：喜的是新兴出版业态风生水起，电子书市场向好，自助出版渐成气候，众筹出版闪亮登场；忧的是传统出版市场发展堪忧，生产规模压缩，销售数量下滑，实体书店唱衰。伴随而来的是人们阅读状况的喜忧参半。面对这一系列的变化，国际大型出版传媒集团相继调整战略目标，纷纷进行资本重组，积极发展数字化，着力开拓海外市场，以求在出版市场占得先机。

一、传统出版不容乐观

在国际出版业的发展进程中，尽管2014年美国、法国和韩国等国出版种数相比2013年略有增加，分别为20.1万种、9.8万种和4.8万种。但德国、俄罗斯和日本等国出版种数相比2013年都有一定的减少，分别为8.7万种、11.2万种和8.1万种。2014年英国出版的种数与2013年持平，均为18.4万种。

从图书销售来看，与2013年相比，除美国外，英国、法国、德国、俄罗斯、日本和韩国等国图书销售额都有不同程度的下降。2014年美国各类图书销售表现令人刮目相看，其销售额增至279.8亿美元，同比增长4.4%。而英国、德国、法国和日本等国图书销售额分别下降了4.6%、0.7%、1.6%和4.1%。其中，德国是自1992年以来首次出现下滑的情况。2014年畅销书也未能带动图书的销售。2012年出版的《五十度灰》"三部曲"和《饥饿游戏》"三部曲"等超级畅销书，犹如一缕春风温暖了欧美图书市场乃至全球图书市场。但随着这两本图书热度的衰减，2013年大众图书销售额骤减。虽然，2014年大众图书销售额有所回暖，但很难再现2012年如火如荼的情景。

从期刊发行来看，2014年美国增加190种新刊，数量和规模都高于2013

年的水平。但这只是个案，更为普遍的情况是2014年大多数国家期刊的发行量、订阅量、广告量、销售额和广告收入都有所下降。英国期刊发行量为3.74亿份，同比下降10.7%；法国期刊发行量为38.4亿份，减少1.7亿份，降幅为4.2%；日本期刊发行仅为3761种，销售额降到8802亿9751万日元，同比减少5.1%。

从实体销售渠道来看，中小型书店生存状态尤为令人叹吁。近些年来，随着数字化浪潮的冲击，人们的阅读习惯正在改变，连锁书店、独立书店、报刊亭等传统销售渠道处于缩减的状态。自2005年以来，美国的实体书店数量逐年减少，2014年仅为13928家。法国一级书店市场份额大多被二级书店、网络书店及其他零售渠道所瓜分，2014年销售额缩至3000万欧元左右。在2005年的时候，日本实体书店有17839家，而至2014年5月仅存13943家，十年来减少了3896家。2014年俄罗斯实体书店数量也在持续缩减，所占市场份额不足五成。2014年不仅是中小型书店的寒冬，就连有着上百年历史的大型连锁书店如巴诺书店也举步维艰。2014年巴诺书店销售额为63.8亿美元，较2013年同期大幅下降。

从总体上看，尽管传统书刊出版市场状况不容乐观，但在局部方面仍有一些表现值得关注。一是文学类和青少儿类图书在传统出版市场上扮演着主角。2014年美国、德国、法国、日本和韩国等国文学类与青少儿类图书出版种数合计分别为50039种、32743种、31812种、18644种和17940种，分别占图书出版总量的24.8%、44.3%、32.3%、23.0%和37.1%。同时，儿童和青少年图书也是版权输出的主力。2014年法国海外授权翻译出版最多的图书是连环画，占输出品种总量的28.8%；德国儿童和青少年图书版权输出占全部版权输出的36.7%。二是畅销书与影视作品或网络游戏相互影响，带动图书的销售。2014年度美国、英国虚构类畅销书排行榜位列前几名的《无比美妙的痛苦》《分歧者》《地狱》和《我的世界》都分别被搬上荧幕，在电影热映后又掀起了一轮原著抢购高潮。而《我的世界》是根据其同名游戏《我的世界》改编而来的，该游戏在全球范围内有着很大的玩家群体，正是出于对该游戏的喜爱，同名图书也受到了玩家们的热捧。《我的世界》在英国共销售2000万册，创下历史纪录。法国青少年小说中有4个系列共20部作品均受到影视作品的带动，绘本和插画类作品中有9部与2013年11月上映的《冰雪奇缘》有关，累计销量达到53.03万册。《冰雪奇缘》在日本的热映与手机游戏《妖怪手表》的流行助力儿童图书的畅销，儿童图书《冰雪奇缘（迪士尼小说版)》累计销量达45.5万册，其动漫绘本销量达27.5万册。三是以中、日、韩为代表的亚洲逐渐成为欧美国家实物出口的重要目的地。特别是中国已经成为法国在亚洲的最大贸易伙伴，其从中国引进出版物数量占进口总量的8.5%，而向中国输出出版物数量占出口总量的3.8%。

二、新兴出版风生水起

电子书、自助出版、众筹出版等一系列新兴出版业态如雨后春笋般大量涌现、成长茁壮，构成2014年国际出版市场一道亮丽的风景线。

电子书市场稳步发展，订阅模式方兴未艾。2014年美国电子书出版种数为255341种，较2013年增加9.9%，其销售额为3.37亿美元，略高于2013年的收益。2014年英国电子书销售量增长11%，销售总额从2010年的1.69亿英镑增长至2014年的5.63亿英镑，增长了三倍多。2014年德国共出售电子书2480万册，比2013年增长330万册，但增长率相较于2013年有所放缓。日本电子书销售额为1266亿日元，同比增长35.3%。韩国电子书市场规模为7063亿韩元，同比增长20.9%。此外，2014年电子书订阅模式也是一个亮点。2014年7月，亚马逊宣布正式推出一款名为“阅读无限”的电子书订阅服务模式，每月订阅费用也为9.99美元。美国出版商协会年度报告也将电子书订阅纳入统计范围，2014年美国电子书订阅收益为0.2亿美元，而2013年仅为0.062亿美元。尽管这种收益模式尚处于起步阶段，但市场空间却不容小觑。

自助出版渐成气候，作者和读者基本认可。2008年，一位年轻人因其撰写的小说被出版商拒绝而成立一家专门为那些无缘与出版社合作的作者们提供出版便利的公司。这位年轻人则是这家公司的首席执行官也是自助出版领域的开山鼻祖马克·科克，这家公司就是首开自助出版先河的斯马史沃兹公司。经过七年的时间，自助出版一路扶摇直上、渐成气候，帮助近10万人圆了出版梦。英国女作家詹姆斯就是一个典型例子。她所作的《五十度灰》最初就是由自助出版平台出版，被兰登书屋选中推出后而风靡全球，连续两年蝉联欧美畅销书榜首。2014年自助出版在延续前几年如火如荼的发展态势后日渐平稳，被越来越多的作者和读者所认可。根据鲍克公司调查，2008～2014年美国自助出版图书数量增加约70万种，增长率逾700%。

众筹出版富于创新，极具尝试与探索。近些年来，随着传统出版市场的萎靡，已越来越难以满足数字化时代人们的阅读需要和阅读口味，众筹方式的出现赋予传统出版传播模式和盈利模式以巨大的潜能和空间。2013 年 Ten Pages、Unbound 和 Fan Funding 为代表的众筹出版平台相继建立，2014 年越发成熟、渐成体系。Ten Pages 由荷兰女出版人瓦伦丁·万·德·兰德于 2010 年初创建，它的运作模式正如它的名字所示，通过作者所提供作品前十页样张的阅读，由众筹参与者决定是否参加这一出版项目。该平台设立筹款标的，如果众筹资金达成，作者将得到一定资金作为写作报酬，其余资金将由合作出版商用以编辑出版发行书稿。在图书出版后，作者、出版商、Ten Pages 平台和众筹参加者将按比例分别获得销售收入。成立于 2011 年的 Unbound 平台由三位作家在伦敦创立，它的运作模式兼具传统出版和众筹出版的特性，注重内容把关与运用众筹所独有的推广模式和资金筹集模式。截至 2014 年年初，Unbound 成功融资 120 万英镑。2013 年 8 月，美国著名的网站 Wattpad 发布 Fan Funding 出版众筹平台，为作者写作创意、专业化排版、编辑和印刷等筹集资金。当下，众筹出版这一特殊背景下产生的特殊产物，像蹒跚学步的婴儿一样，对未知的世界不断进行着探索，其发展前景令人期待。

三、阅读状况喜忧参半

2014 年在美国虽然阅读并未成为首选的娱乐方式，但在阅读时间和阅读频率上都呈上升趋势，超过体育、休闲等项目。2014 年俄罗斯人平均阅读图书 4.55 本，超过 2013 年和 2011 的 4.23 本和 3.94 本。相比美国和俄罗斯的情况，德国人则是“宁愿在空闲的时候选择拿着铲子在花园里干活，也不愿选择拿本书阅读”。同样，2014 年韩国每户家庭每月购买图书的平均费用约为 18154 元韩币，占整个娱乐消费的 12.4%，与 2013 年相比下降一个百分点。2014 年日本也出现了国民阅读下滑的趋势，国民阅读图书或杂志的综合阅读率为 69%，相比 2013 年减少 2 个百分点。

年龄、受教育程度、性别以及个人收入也影响着阅读习惯。2014 年美国 75 岁及以上人群阅读时间最长，15 ~ 19 岁年龄段的人群阅读时间最短；本科及以上学历的人群阅读时间最长，高中以下学历的人群阅读时间最短。2014 年德国每天都读书的人群比例相比 2013 年有所下降，70 岁以上人群中有 42% 的人每天读书，在 14 ~ 19 岁的群体中只有 38% 的人每天读书，比 2013 年下降 6 个百分点。2014 年在日本国民阅读的图书类别中，男性对体育类书籍最为青睐，其次是小说；女性则对生活、烹饪、育儿类书籍最感兴趣，其次为健康、医疗、福祉类书籍。在俄罗斯女性更喜欢阅读文学作品，其中言情小说最受欢迎。从收入来看，高收入人群购买书籍的数量要低于低收入者，这与高收入人群更可能接触电子移动设备有关。

随着科技的迅速发展，手机、平板电脑、kindle等终端设备的普及改变着人们的阅读习惯。2014年美国国民阅读无论是纸质书阅读率还是电子书阅读率较以往均有所增加。二者相比，虽然电子书势头看似强劲，但纸质书依然是美国民众阅读的首选。在德国全职人群往往选择有声读物，但是与2013年相比，2014年有声读物的销量由4.1%降到了3.8%。法国电子书市场情况比较特殊，虽然有15%的人每年阅读1本以上的电子书，但民众尤其是精英人士还是更喜欢阅读传统纸质报刊，96%的人每个月至少阅读一种报刊，比2013年增加0.7%。2014年日本国民电子书的总体利用率为29.3%，并且呈逐年增长趋势。2014年韩国只阅读纸质书的人群占51.7%，比2012年下降4.3%；同时阅读纸质书和电子书的人群占13.2%，与2012年相比略有上升；只阅读电子书的人群占2.4%，也呈上升趋势；两者都不阅读的人群占32.7%，比例较大。

四、大型企业积极进取

面对传统出版的持续下滑与新兴出版的风起云涌，国际大型出版传媒企业相继进行战略性调整，不断创新发展模式，大力推进数字化，积极开拓海外市场，以求在激烈的行业竞争中占得先机。

通过战略重组增强企业的实力。2014年4月，圣智学习集团通过清理40亿美元的债务，完成财务重组。2014年6月，阿歇特集团将珀尔修斯出版社收购，并将其分销业务以及经销客户转移到Ingram。2014年7月，贝斯塔曼旗下的兰登书屋并购了桑迪亚纳出版社，该举措极大地提高了企鹅兰登书屋2014年的销售业绩。2014年8月，新闻集团旗下的哈珀·柯林斯投入4.55亿美元从托斯塔公司手中收购了禾林出版公司，并将其作为自己的分支机构，进一步打开了在亚洲和欧洲地区的出版平台。2014年10月，西蒙舒斯特与亚马逊达成新的分销协定，改变了亚马逊对美国市场的垄断局面。除集团之间的并购外，抛售持有的不良资产也是企业常见的发展战略之一。2014年以损失3800万英镑的代价出让Nook Media公司5%的股权，同时抛售在线图书平台 Safari Books Online 和电子教材租赁平台 Course Smart 的部分股份，培生集团获得 4000 万美元的收益。

着力发展数字化和在线教育。2014 年麦格劳·希尔对集团内部的很多业务进行调整，按照新的数字化教育模式形成全新的教育服务模式，其收入为 4.12 亿美元，比 2013 年增长 18%，超过了传统纸质产品的利润。2014 年企鹅兰登书屋在出版纸质书的同时，推出超过 10 万种配套电子书和再版图书的数字版本。2014 年圣智公司继续大力推广其旗下的电子书平台虚拟参考书博物馆，在其上发布 400 多部电子书。2014 年爱思唯尔集团进一步完善旗下的数字库和电子工具，通过对参考工具书的电子化转型来满足科研人员对跨学科知识的需求。2014 年贝塔斯曼集团加大对数字化领域的版权保护，严格控制非法传播的行径。隶属于贝塔斯曼的古纳雅尔旗下的《父母杂志》的第一款 APP《辣妈驾到》已在中国上市，并获得不俗的浏览量。2014 年培生的数字化与服务业务依然涨势凶猛，其中虚拟校园和在线教育项目都取得了不错的收益。

积极走出去开拓海外市场。从各大集团的财务年报来看，海外市场收入在总利润中占有相当大的比重。2014 年英国布鲁姆斯伯里出版社美国公司与 Oyster 公司签订电子书订阅协议，将 1000 多种图书与 Oyster 的电子书库共享。在保持原有的北美市场以及英国、意大利和澳大利亚等核心市场基本稳定的前提下，2014 年培生集团积极开拓中国、巴西、印度和南非等新兴市场。

（作者单位：中国新闻出版研究院）

第二篇　研究成果

美国出版业发展报告

张 晴

一、出版业发展背景

（一）经济环境

从美国2014年的经济发展情况来看，上半年发展缓慢，下半年则有所改观，整体增长趋势依然强劲，远远领先欧洲和日本。这是由于美国推出宽松的货币政策，增加对市场的货币投入，这些也让美元国际汇率地位进一步得到提高。

根据美国商务部公布数据，2014年美国全年的GDP增长2.4%，略高于2010年2.2%的平均增长速度，这得益于消费增长对经济的拉动。在2014年的第四季度，占美国GDP 2/3的消费者的支出增长4.3%，达到2006年以来的最高水平。但在这一季度GDP数据中，其他主要指数则不容乐观。比如，作为衡量企业对设备、软件和知识产权产品支出指标的商业投资仅增长1.9%，政府支出下滑2.2%，尤其是国防支出大幅下降；出口增长继续放缓，增幅降到2.8%，低于第三季度的4.5%；住房市场的表现继续落后，但相比夏季，房地产的建设略有升温；住宅投资增长4.1%，高于第三季度3.2%的增长速度；而作为衡量个人消费支出情况的价格指数，在第四季度折合成年率后下降0.5%（第三季度折合成年率上升1.2%），剔除食品和能源的个人消费支出后的价格指数上升1.1%（第三季度上升1.4%），均低于美联储2%的通胀目标。

2015年美国《出版人周刊》向全美出版机构随机发放了5800份问卷，进行了2015年美国出版业薪资的情况调查。调查结果显示，与2013年相比，2014年美国出版社的从业群体呈年轻化趋势。这是由于老牌出版商更倾向于雇用更年轻、薪酬更低的年轻员工来更换已老化、经验丰富但薪酬成本高的老一代从业者。从而导致了美国出版业整体平均薪酬的下降。其中男性从业人员的平均薪酬从2013年8.5万美元下滑到7万美元，女性从业人员的平均薪酬从2013年6.1万美元下滑到5.1万美元。

这项调查还显示，出版机构从业人员仍以白种人为主，所占比重仍达到89%，与2013年持平。亚洲人占5%（2013年为3%），仍为美国出版业的第二大雇员族群。与此同时，调查还显现出美国出版从业者的年龄结构失衡。由于数字化技术等原因对出版业的冲击，传统出版业所面临的经营压力与日俱增，这使得出版机构不得不考虑缩减经营成本，如人员成本等。员工薪酬不增反降的状况使得不少资历深、经验足的老员工离职甚至转行，最终将影响到出版产品的品质。

（二）政策法律环境

1. 图书馆相关的政策法律

第113届国会的消极表现影响了社会、经济和国民生活的方方面面，图书馆以及与图书馆机构设置等相关的领域也未能幸免。最值得关注的是，资金预算僵局以及由此产生的资金迟迟不到位给图书馆的发展带来了不良影响。

2014年12月美国总统奥巴马签署1.1万亿美元财政支出法案，避免了美国政府陷入再度关门的窘境。该法案为美国多数政府机构持续提供资金直至2015年9月30日本财年度结束。为此，美国图书馆服务和技术法案（LSTA）得到了近1.81亿美元的资助资金。LSTA资金是扶持图书馆业资金的主要来源，大多数LSTA资金直接面向各州，直接决定资金在求职数据库中（job-searching databases）、夏季阅读计划等项目上如何分配。

在图书馆电子书借阅方面，2014年美国图书馆协会仍然在与麦克米伦、企鹅兰登书屋、阿歇特等出版业龙头企业就图书馆电子书借阅问题的现状及未来进行探讨。该问题的核心在于作者、出版商和图书馆三者间将采取何种方式能够更紧密地合作。在探讨过程中，电子书定价模式也被提上议程，每一个出版商将提供了一种电子书借阅模式。

2014年出版界也出现了不少电子书获取运动，6月西蒙·舒斯特把它的试点图书馆电子书借阅项目扩大到服务全美范围的图书馆。11月美国图书馆协会和其电子内容工作组同意西蒙·舒斯特在图书馆实行“即刻买”（Buy It Now）的项目让读者直接买下电子版书籍而不是仅仅借阅。

从国家和地方层面上来说，许多图书馆都正在探索新的、富有创意的方式向其服务对象提供更好的电子书或者其他电子资源。2014年6月，康涅狄格州立法通过一项议案，将220万美元的预算用作专项拨款促使联邦图书馆为其服务对象创造一个全国范围的电子书集中利用平台。

7 月奥巴马签署“劳动力创新与机会法案”（Workforce Innovation and Opportunity Act，WIOA）旨在为公共图书馆职业培训和求职计划项目提供资金支持。为此，同年 10 月美国图书馆协会主办了一场相关的网络研讨会。

2. 知识产权相关的政策法律

2014 年美国第二巡回上诉法院维持下级法院对作家协会和 Hathi Trust① 纠纷案支持合理使用的裁决，认定搭建全文检索数据库和让阅读障碍人士获取书籍属于合理使用，这些行为受《版权法案》保护，这对图书馆和公众而言具有里程碑式的意义。

尽管出版商反对，10 月，美国第十一巡回上诉法院还是在剑桥大学出版社起诉卡尔·V. 巴顿（Carl V. Patton）等人的案件中做出了一个重要的决定，即允许“合理使用”受版权保护的作品，将其作为学术课程的数字化教学参考资料。

谷歌从 2004 年起扫描了逾 2000 万本图书，并将这些内容放到网上供用户搜索或浏览部分章节。美国作协及个别作家将谷歌告上法庭，称其侵权。这一纠纷一直持续到 2014 年 12 月份，美国第二巡回上诉法院维持裁定，谷歌并未侵权，而是属于对这些图书内容的“正当使用”。

3. 大事件

2014 年出版界年度重磅消息之一就是亚马逊和出版五巨头之一的阿歇特关于图书定价权的公开较量。显然，亚马逊在预售以及定价方面有较大的掌控权，为此不断地在价格谈判中向阿歇特施加压力。这场纠纷虽然在 11 月得以解决，但是更多的作家投靠了亚马逊这个平台。2014 年 7 月，亚马逊签约的电子书作家恩宁·罗伯特指出，在不分类的情况下，作者自助出版的电子书比例占据了如今电子书销售额的 31%，这也解释了为何独立作家群成为扩大亚马逊电子书市场份额的主力军。

但是亚马逊并不直接向图书馆售卖电子书，图书馆可以向亚马逊购买或者租借纸质书，后续还可以借阅 kindle 里预装的书目。因此，对于公众图书馆而言，引进电子书或者其他自助出版内容的唯一途径就是全球数字图书馆业务最大的内容供应商和平台搭建商 Over Drive。2014 年 5 月 20 日，Over Drive 宣布同电子书出版商及分销商斯马史沃兹（Smashwords）达成一项协

① Hathi Trust 数字图书馆（HDL）由 80 所大学、学院和非营利成员机构组成，包含超过 1000 万部作品的数字版本，并参与了好几个为受版权保护的作品带来新价值和使用的项目。

议，近8万名自助出版作家以及独立出版社向消费者开放。对于很多图书馆来讲，这也是他们第一次有机会接触那些潜在的电子畅销书，也极大地鼓励了他们通过非传统渠道引进阅读资源。

然而，这一切只是电子书之间价格大战的一个信号，企鹅兰登书屋以84美元的价格卖出一些电子书的复制权，Over Drive 却打出了1.99美元的超低价，而实际上平均价格在4美元左右。一些作家愿意让他们的书出现在图书馆里，也乐意向电子书出版商大打折扣。但是，在一些本质的问题上，图书馆和电子书之间的矛盾依然没有解决。

同时，电子书的资金链似乎不够稳定，虽然那些公立的图书馆在电子书上的资金预算达到10%到15%，但是在学术研究型的图书馆，将杂志和电子书相结合并且占用大部分预算的情况并不多见。此外，图书馆还趋向于将电子书、杂志、数据库、语言学习以及家庭作业辅导服务等电子资源混为一体，因此单个项目的发展状况比较难分析。

4. 自助出版

自助出版作为一种新趋势正如火如荼发展壮大并渐成气候。据自助出版热门作家休·豪伊发布的《自助出版作家收入评估报告》显示，2014年自助出版图书在亚马逊电子书销量份额占比不断增长，从2月份的27%上升至7月份的31%。

在亚马逊畅销书榜单中，自助出版图书销售占比更令人吃惊：五大出版巨头只占16%，中小出版商占45%，独立作者占25%。由于自助出版图书销售份额大幅提升，自助出版作者的报酬比例已经超过五大出版集团的签约作者。自助出版作者的报酬比例为39%，五大集团签约作者的报酬比例为37%。

名人传记作家劳伦斯·格雷贝尔从作家的角度来看待如今多变的出版环境，一般作者一本书维持8%到15%的版税。而电子书却不尽然，通过其广阔的成本空间，亚马逊平台让出70%，斯马史沃兹（Smashwords）平台让出85%。此外，自助出版作者对他们的作品内容以及设计都保有较大的自主权。在传统出版业里有很多拦路虎，比如代理商的障碍以及作者作品的如何自我推荐等。自助出版则能更快地让作品面世，并且最大限度表达了作者本意。并且，一旦推出成功的话，作者也有更大的利润。

与此同时自助出版也面临许多弊端，比如创作时间短、作品产量下降、不得不自费编辑、作品推荐及宣传全部依靠作者自身等。虽然传统出版也需要作家参与和配合市场推广，但全部过程仅靠作者一人完成确实成本高，甚至占用作家写作的时间。

（三）国民阅读状况

1. 娱乐活动的支出情况

根据美国劳动部劳动统计局（Bureau of Labour Statistic，BIS）《2014 年消费支出报告》（*Consumer Expenditures in 2014*），2014 年全美每户①平均消费为 53495 美元，较 2013 年有 4.7% 的小幅上扬。2014 年消费者平均消费支出较上年同期下跌 0.7%，而消费者价格指数（CPI）则较上年同期上升 1.6%。2014 年平均每户税前收入则较去年有所增长。并且除医疗一项因统计方法的变动不作统计之外，其余各项支出均实现了不同程度的增长，增幅最大的当属服饰，2014 年较上年增长 11.3%（见表 1）。

表 1　2012～2014 年国民消费情况表

项目	2012 年	2013 年	2014 年	2013 年较 2012 年变化（%）	2014 年较 2013 年变化（%）
消费者（万户）	**12441**	**12567**	**12624**	—	—
税前收入（美元）	**65596**	**63784**	**66877**	**-2.8**	**4.8**
平均支出（美元）	**51442**	**51100**	**53495**	**-0.7**	**4.7**
饮食（美元）	6599	6602	6759	2.2	0.0
住房（美元）	16887	17148	17798	1.5	3.8
服饰（美元）	1736	1604	1786	-7.6	11.3
交通（美元）	8998	9004	9073	0.1	0.8
医疗（美元）	3556	3631	4290	2.1	n/a
娱乐（美元）	2605	2482	2728	-4.7	9.9
个人保障（美元）	5591	5528	5726	-1.1	3.6
其他（美元）	3557	3267	3548	-8.2	8.6

资料来源：美国劳动部劳动统计局《2014 年消费支出报告》

2. 阅读时间调查

根据美国劳动部劳动统计局发布的 2014 年度《美国国民时间使用调查》（*American Time Use Survey*，*ATUS*）。结果显示，平均每天 96% 的美国人都有休闲活动，包括体育、社交、看电视、阅读、玩游戏和使用电脑等。其中，看电视在所有休闲活动中花费的时间最多，社交其次，体育、娱乐最少。可喜的是，人们

① 此处每户指一个共同分担消费支出的消费单元，包括因血缘、婚姻、领养等法律关系而关联的成员组成的家庭；经济独立的独居一人；共同分担食物、住宿支出的 2 人或多人。

在阅读这项活动上所花费的时间有所增加，起码已超过体育、休闲一项。

阅读活动在所有每日主要休闲活动中用时根据所处年龄阶层变化而变化，75 岁及以上人群阅读时间最长，15～19 岁年龄段的人群阅读时间最短。平均每天阅读时间受教育程度的影响也较为明显，随着教育程度的提高其相应的阅读时间也随之升高。本科及以上学历的人群阅读时间最长，高中以下学历的人群阅读时间最短（见表 2）。

表 2　2014 年国民每日主要休闲体育活动时间分配情况①

单位：小时

类别	体育、娱乐		社交		看电视		阅读		玩游戏、使用电脑	
	工作日	周末/假期	工作日	周末/假期	工作日	周末/假期	工作日	周末/假期	工作日	周末/假期
性别										
男	0.36	0.44	0.56	1.00	2.69	3.73	0.25	0.29	0.49	0.68
女	0.20	0.23	0.60	1.04	2.45	2.99	0.35	0.41	0.35	0.38
年龄										
≥15	0.28	0.33	0.58	1.02	2.60	3.35	0.31	0.35	0.42	0.52
15～19	0.60	0.64	0.73	0.90	1.92	2.94	0.09	0.14	0.75	1.24
20～24	0.35	0.47	0.77	1.24	2.05	2.77	0.25	0.17	0.82	0.92
25～34	0.25	0.39	0.63	1.15	1.89	2.63	0.13	0.12	0.33	0.54
35～44	0.23	0.35	0.47	1.06	1.93	2.80	0.14	0.19	0.28	0.30
45～54	0.22	0.28	0.50	1.04	2.46	3.33	0.21	0.28	0.25	0.40
55～64	0.24	0.23	0.46	0.87	3.10	3.85	0.33	0.46	0.35	0.39
65～74	0.28	0.24	0.64	0.96	3.92	4.38	0.59	0.72	0.49	0.42
≥75	0.19	0.14	0.62	0.89	4.15	4.76	1.12	1.02	0.51	0.40
教育程度										
高中以下	0.19	0.28	0.48	0.96	3.68	4.31	0.18	0.17	0.32	0.20
高中	0.18	0.19	0.56	0.91	3.31	3.95	0.27	0.38	0.33	0.40
大专	0.23	0.26	0.56	1.02	2.57	3.44	0.34	0.34	0.39	0.51
本科及以上	0.31	0.40	0.52	1.10	1.84	2.74	0.43	0.50	0.33	0.40

资料来源：《美国国民时间使用调查》2014 版

① 本表根据《美国国民时间使用调查》报告表格整理。除表中所列活动外，原表还包括全部休闲娱乐活动时间、放松或思考时间和包括旅游在内的其他休闲体育活动时间统计。此外，原表还按种族类别、就业情况、工资水平、子女年龄、婚姻状态几类进行了统计。本表将以上数据予以略去，除特殊说明外，本表数据均指 15 岁及以上人群。

3. 阅读率调查

根据皮尤研究中心（Pew Research Center）相关调查显示①，2014 年美国民众图书总体阅读率、纸质书阅读率、电子书阅读率较上一统计年度 2012 年均有所增加。2014 年至少读过一本书的受访者占 76%，至少读过一本纸质书的占 69%，至少读过一本电子书的占 28%。而 2012 年至少读过一本书的民众占 74%，至少读过一本纸质书的占 65%，至少读过一本电子书的占 23%（见图 1）。

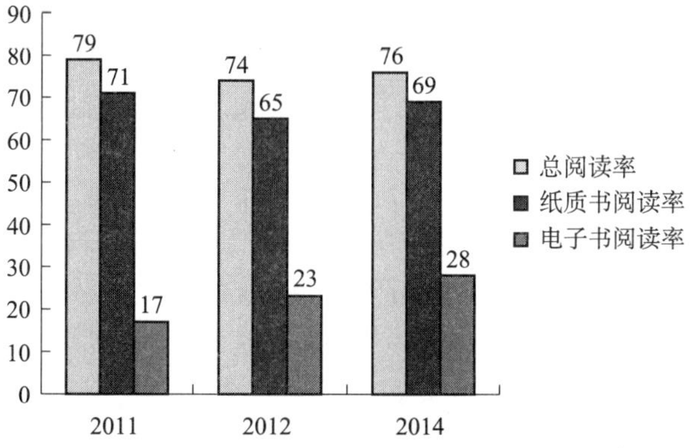

图 1　民众阅读率对比

资料来源：皮尤研究中心

近几年电子设备普及率越来越高，更新换代也越来越频繁，许多出版商、学者、零售行业从业人员认为电子设备的普及和电子书阅读率的增加会导致纸质书阅读率的减少。然而事实并非如此，虽然近年来电子书势头看似强劲，但纸质书依然是美国民众阅读的根本。

在电子设备方面，随着平板电脑和电子书阅读器的普及，通过该设备阅读电子书的人数在逐年增加。但仍有一部分人用电脑或手机阅读电子书。2014 年使用电子书阅读器阅读电子书的受访者占比 57%，使用平板电脑阅读电子书的受访者占比 55%，使用电脑阅读的占比 29%，使用手机阅读的占比 32%。而在 2011 年，使用电子书阅读器阅读电子书的受访者占比 41%，使用平板电脑阅读电子书的受访者占比 23%，使用电脑阅读的占比 42%，使用手机阅读的占比 28%。由此可见，民众越来越倾向于便携且科技含量高的终端设备，如电子书阅读器和平板电脑。随着手机功能提高，以手机阅读电子书的使用率有所提升，但不迅猛。电脑因其不便携性，其使用率下降明显（见图 2）。

① 该调查为皮尤研究中心在 2015 年 3 月对 1907 名美国民众所做的关于阅读率的调查。

单位:%

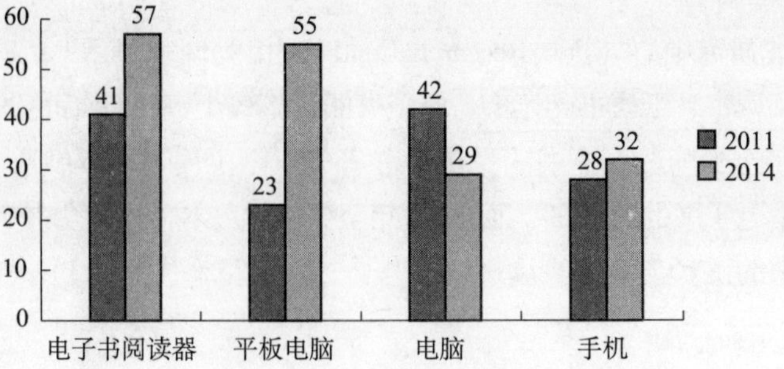

图 2 电子书阅读终端使用率

资料来源：皮尤研究中心

（四）图书馆采购情况

1. 图书馆数量

根据《美国图书馆指南 2014～2015》的最新统计结果显示，2014 年美国本土除中小学图书馆外，共有 27672 家图书馆，其中包括 16826 家公共图书馆、3695 家学术图书馆、260 家军队图书馆、955 家政府图书馆以及 5936 家专业图书馆。在美国的图书馆分类中，学术图书馆包括大学、学院、专科等学校图书馆；专业图书馆主要包括法律、医学、宗教三大类。

2012～2014 年美国本土图书馆数量呈下降趋势，由 2012 年的 28733 家持续下降到 2013 年的 28182 家，以及 2014 年的 27672 家。与此同时，公共图书馆、学术图书馆、军队图书馆、政府图书馆以及专业图书馆等都相应地逐年减少（见表 3）。

表 3 2012～2014 年美国本土图书馆数量统计

单位：家

图书馆类别	2012 年	2013 年	2014 年
公共图书馆	**16912**	**16835**	**16826**
学术图书馆	**3730**	**3703**	**3695**
社区大学图书馆	1151	1139	1139
大学图书馆	2579	2564	2556
军队图书馆	**275**	**265**	**260**
政府图书馆	**1060**	**1006**	**955**
法律图书馆	389	384	372
医学图书馆	145	140	140
专业图书馆	**6756**	**6373**	**5936**

续表

图书馆类别	2012 年	2013 年	2014 年
法律图书馆	818	793	773
医学图书馆	1346	1285	1217
宗教图书馆	498	484	454
总计	**28733**	**28182**	**27672**

资料来源：《鲍克图书馆与图书业年鉴》2013 版，2014 版，2015 版

2. 图书馆采购情况

《鲍克图书馆与图书业年鉴》中收集了大量的美国图书馆出版物采购支出数据。2014 年共收集到公共图书馆 1904 家，学术图书馆 778 家，专业图书馆 122 家和 44 家政府图书馆；2013 年共收集到公共图书馆 1892 家，学术图书馆 785 家，专业图书馆 128 家和 43 家政府图书馆的相关采购支出数据。《鲍克图书馆与图书业年鉴》对 2013、2014 年两年度收集图书馆的图书、印刷材料、期刊、手稿和档案、视听设备、视听材料、微缩资料、电子参考资料和珍藏品 9 大类的采购支出进行了详尽的统计。本报告着重选取图书、期刊视听材料、电子参考资料 4 类的采购支出予以列举（见表 4、表 5）。就公共图书馆、学术图书馆和政府图书馆的采购总支出而言，2013 年较 2012 年有一定程度的增加，而专业图书馆总支出有所减少。

表 4　部分图书馆 2014 年出版物采购支出统计

图书馆类别	数据类别	采购总支出	图书支出	期刊支出	视听材料支出	电子参考资料支出
公共图书馆	金额（美元）	872407867	235671645	22650324	76261897	59908467
	比例（%）	100	27.01	2.6	8.74	6.87
学术图书馆	金额（美元）	1165136885	101705308	278332796	6543932	141026153
	比例（%）	100	8.73	23.89	0.56	12.1
专业图书馆	金额（美元）	9003925	1109389	974565	58740	1439913
	比例（%）	100	12.32	10.82	0.65	15.99
政府图书馆	金额（美元）	10237148	2895031	1765796	23617	1526601
	比例（%）	100	28.28	17.25	0.23	14.91

资料来源：《鲍克图书馆与图书业年鉴》2015 版

表5 部分图书馆2013年出版物采购支出统计

图书馆类别	数据类别	采购总支出	图书支出	期刊支出	视听材料支出	电子参考资料支出
公共图书馆	金额（美元）	796571282	244284706	23875587	76587515	59000780
	比例（%）	100	30.67	3	9.61	7.41
学术图书馆	金额（美元）	1159993119	115938131	299509276	6892372	146187143
	比例（%）	100	9.99	25.82	0.59	12.6
专业图书馆	金额（美元）	9539006	1158677	1040590	59240	1565382
	比例（%）	100	9.99	25.82	0.59	12.6
政府图书馆	金额（美元）	10157616	2799838	1847177	23617	1469853
	比例（%）	100	27.56	18.19	0.23	14.47

资料来源：《鲍克图书馆与图书业年鉴》2014版

3. 图书馆使用情况

根据美国图书馆协会发布的《2015美国图书馆状况报告》显示图书馆不再仅仅是藏书之所，更是社会支柱、学术生活中心、科研成果培育基地，并为不同年龄和背景的人提供学习与进步的机会。公共图书馆作为社区普通居民通向外部世界的窗口，不仅解决了社区的经济、教育和健康差异问题，还为居民提供了通过阅读提高自身以及受教育的机会。与此同时，还在一定程度上指导居民参与和体验电子科技的发展。超过2/3的美国民众认为图书馆很重要，因为它们确实提高了社区生活质量、识字和读写能力，并且给很多人提供了成功的机会。高校图书馆为师生提供其所需求的资源和服务来为教学和科研提供支持。中小学图书馆通过提供优质的学习环境使学生掌握大学和就业所必需的阅读、研究及社会技能。

图书馆在早期识字、阅读能力的培养阶段中也扮演着重要的角色。根据白宫的一项研究显示，3岁前来自低收入家庭的孩子所接触到的词汇量与较高收入家庭的孩子相比整整少3000多。词汇量的多少对孩子今后的教育、生活以及人生发展起到至关重要的作用。

2014 年秋天，美国图书馆协会分支机构儿童图书馆服务协会（ALSC）应白宫的号召，举办了一项专门针对缩小孩子间词汇量差距的活动——“孩子们每天都需要单词”（Babies Need Words Everyday），旨在帮助词汇量匮乏的孩子增加词汇量。儿童图书馆服务协会提供免费可下载的印有彩色插画、押韵诗、手指游戏和文学小贴士的海报。图书馆工作人员将这些海报在其所属社区范围内予以展示，从而在一定程度上增加社区孩子们的词汇接触量。

现如今，美国图书馆在公众的生活中扮演的角色越来越全面，例如为家长和孩子提供亲子互动的机会，让孩子们通过编码课程和 3D 打印来体验数字化发展带来的不同体验；为求职者提供职业技能课程以帮助其适应不断变化的就业市场；为中老年创造再学习机会，为无家可归的流浪人员寻求政府帮助等等。

二、图书业发展状况

（一）概　况

1. 出版情况

根据《鲍克图书馆与图书业年鉴》的统计结果，2014 年美国的新书出版种数为 200768 种。较 2013 年的 192633 种有所增加。各图书分类的新书出版种数较上一年度均有所变化。其中，增幅最大的为家政类图书，由 2013 年的 249 种增长到 2014 年的 1038 种，增幅高达 76%。降幅最大的为音乐类，由 2013 年的 3093 种减少到 2014 年的 2432 种，降幅达 27.2%（见表 6）。

表 6　2011～2014 年图书出版种数统计

单位：种

分类	2011 年	2012 年	2013 年	2014 年
古旧书	294	283	270	285
建筑	1468	1372	1606	1462
艺术	3325	3456	3652	3489
圣经	976	838	1005	897
传记	4496	4164	4940	4611
身体、思想、心灵	1324	1185	1269	1021
商业、经济	10006	10024	9813	10947
儿童	21300	21844	21773	24185
漫画、绘本小说	4212	2923	2466	2748

续表

分类	2011 年	2012 年	2013 年	2014 年
计算机	4391	5275	4533	4406
烹饪	2142	2376	2360	2448
工艺	1301	1273	1360	1372
设计	856	889	730	702
戏剧	606	569	693	648
教育	4923	5326	5471	6232
家庭	981	939	1031	965
小说	21211	18874	21681	20759
外语学习	1463	1455	1312	1561
游戏	792	758	706	632
园艺	368	366	298	252
健康	1654	1491	1429	1492
历史	11634	11821	11479	12563
家政	230	232	249	1038
幽默	626	624	571	615
语言	3530	3482	3247	3513
法律	4979	5235	5136	5566
文学选集	870	735	741	908
文学批评	3673	3486	3600	4145
数学	2781	3950	2425	2584
医学	9021	11757	8588	8766
音乐	3313	3166	3093	2432
自然	948	1018	1022	1013
表演	1449	1470	1481	1557
宠物	330	271	247	246
哲学	2465	2792	2792	2966
摄影	1359	1370	1245	1249
诗歌	2321	2018	2761	2610
政治	5925	6164	6258	6543
心理	2817	3183	3238	3486
参考书	1687	1587	1262	1272
宗教	9117	9328	10162	9940
科学	8266	11635	8164	8902

续表

分类	2011 年	2012 年	2013 年	2014 年
自学	1336	1497	1593	1422
社会	7056	8429	7932	7853
运动、娱乐	1836	1769	1754	1781
学习辅助	999	602	541	1700
科技、工程	5060	7557	5633	7046
交通	706	800	769	687
旅游	2778	2342	1922	1887
犯罪	299	276	276	269
青少年	5163	5484	4029	5095
总计	190533	202952	192633	200768

资料来源：《鲍克图书馆与图书业年鉴》2015 版

相比 2013 年数字出版的逐步放缓，2014 年美国数字出版出现抬头之势，电子书出版种数为 255341 种，较 2013 年的 232401 增加了 9.9%（见表 7）。

表 7　2011 ~ 2014 年电子书出版种数统计

单位：种

分类	2011 年	2012 年	2013 年	2014 年
古旧书	229	168	158	121
建筑	312	830	793	903
艺术	729	1339	1041	1847
圣经	113	165	472	211
传记	3824	8544	6173	9050
身体、思想、心灵	1378	2744	1823	1737
商业、经济	7198	12688	10566	9025
儿童	14867	23942	17683	20124
漫画、绘本小说	269	628	453	1726
计算机	4383	4881	3206	3133
烹饪	1561	2680	2694	2599
工艺	785	1270	1098	878
设计	104	221	177	120
戏剧	2758	2256	1711	1746
教育	1787	3878	4481	3821
家庭	1210	2208	1823	1930

续表

分类	2011 年	2012 年	2013 年	2014 年
小说	56776	108916	85402	106409
外语	304	903	1574	1576
游戏	324	492	414	665
园艺	169	408	295	301
健康	1988	3179	3070	2960
历史	4163	9697	8602	10665
家政	187	309	243	287
幽默	619	1297	935	1032
语言	1075	2009	2305	1843
法律	872	2132	1653	1268
文学选集	1757	1823	1371	1451
文学批评	936	2444	2009	1585
数学	1332	1973	1639	1072
医学	4299	5638	5033	2902
音乐	4390	18723	1801	1196
自然	527	934	897	729
表演	863	1231	1341	1239
宠物	581	716	438	376
哲学	948	2304	2442	1956
摄影	387	471	469	513
诗歌	1807	2398	2380	3555
政治	2208	4959	4673	3520
心理	2139	3023	3852	2988
参考书	788	1392	1208	3959
宗教	5669	9644	8335	10444
科学	3634	5935	4792	3805
自学	2497	4978	3484	4704
社会	2240	4446	6181	4154
运动、娱乐	1223	2607	2324	1790
学习辅助	859	13402	6001	4708
科技、工程	2831	4044	3976	3262
交通	193	323	288	307
旅游	2745	3686	2079	2026

续表

分类	2011 年	2012 年	2013 年	2014 年
犯罪	321	621	593	511
青少年	2821	5980	5950	6612
总计	155979	301479	232401	255341

资料来源：《鲍克图书馆与图书业年鉴》2015 版

2. 销售情况

相比 2013 年销售额和销售量的不尽如人意，2014 年美国出版业开始表现出抬头之势。美国出版商协会（The Association of American Publishers, AAP）① 对美国 1800 家大、中、小型出版公司的销售数据和渠道等情况进行调查统计。所得数据显示，2014 年图书业销售总额为 279.8 亿美元，较 2013 年的 267.5 亿美元同比增长 4.4%。从销售量来看，2014 年图书销售量为 27 亿册，与 2013 年相比增长了 1 亿册（见表 8）。

表 8　2012～2014 年出版业图书销售情况

单位：亿美元、亿册

年份	2012 年	2013 年	2014 年
净销售量	277.2	267.5	279.8
销售量	27	26	27

数据来源：《美国出版商协会年度报告》（Statshot）2015 版

美国出版商协会将美国出版市场分为四大类别：大众图书、基础教育类图书、高等教育图书以及专业类图书。2014 年各类图书销售额与 2013 年相比均有不同程度的增加。增幅较大的当属大众类图书，达 154.3 亿美元。即便如此，仍未超越 2012 年大众类图书的销售数据（见表 9）。

表 9　2012～2014 年图书业各大类图书销售额情况

单位：亿美元

类别	2012 年	2013 年	2014 年
大众图书	157.1	148.1	154.3
基础教育用书	37.3	38.4	42.2
高等教育用书	50.7	48.1	49.2
专业类图书	31.9	32.7	34.1

数据来源：《美国出版商协会年度报告》2015 版

① 美国出版商协会与美国书业研究集团停止合作刊发美国出版业报告 Bookstats 后，由美国出版商协会接手刊发年度出版业统计数据 Statshot。

近些年来，大众图书的销量越来越受到一部分大热书目以及一部分大热作者的影响。2014 年图书销售量虽较为乐观，但仍未超越 2012 年的数据，其原因主要归因于超级畅销书 E. L. 詹姆斯所作的成人小说《五十度灰》以及苏珊·柯林斯创作的青少年小说《饥饿游戏》对 2012 年图书市场的推动。随着两本书在《纽约时报》畅销书榜单上的跌落，2012～2013 年大众图书销售额骤减 10 亿美元，虽然 2014 年大众图书销售额有所回温，但 2012 年如火如荼之景仍难以逾越。

在基础教育（K－12）类图书和高等教育类图书方面，基础教育类在 2014 年表现十分突出，在经过两年的艰苦挣扎后其销售额上升至达到 42.2 亿美元。而这一数据在 2012 年为 37.3 亿美元，2013 年为 38.4 亿美元。反观高等教育类图书，其销售数据在 2012 年至 2013 年间呈现下降趋势。2014 年虽有回暖，但仍未达到 2012 年的水平。高等教育类图书 2012 年销售额为 50.7 亿美元，2013 年销售额为 48.1 亿美元，2014 年销售额回升至 49.2 亿美元。

专业类图书虽在美国图书出版市场中所占份额最小，但 2012～2014 年其销售表现稳步提升。2012 年专业类图书销售额为 31.9 亿美元，2013 年销售额为 32.7 亿美元，2014 年销售额为 34.1 亿美元。

为直观、清晰地呈现美国图书市场的销售情况，《美国出版商协会年度报告》（Statshot）将图书馆市场细化为成人小说、成人非小说、青少年小说、青少年非小说、宗教图书、基础教育图书、高等教育图书、专业类图书、大学用书、其他等 10 类。2014 年，除成人小说、成人非小说和其他类图书销量下降，大学用书与上年持平之外，其他类别的图书销售额都有不同程度的增长。其中，增幅最为明显的是青少年小说，2014 年销售额较上一年相比增加 7.2 亿美元（见表 10）。

表 10　2012～2014 年图书业细分图书销售情况

单位：亿美元

项目	2012 年	2013 年	2014 年
成人小说	57.3	52.1	51.1
成人非小说	47.8	48.2	47.6
青少年小说	33.4	30.2	37.4
青少年非小说	6.9	6.1	6.6
宗教图书	11.7	11.4	11.5
基础教育图书	37.3	38.4	42.2
高等教育图书	50.7	48.1	49.2

续表

项目	2012 年	2013 年	2014 年
专业类图书	29.1	29.7	31.1
大学用书	2.8	3	3
其他	0.3	0.2	0.07
合计	277.2	267.5	279.8

数据来源：《美国出版商协会年度报告》（Statshot）2015 版

除从图书内容上进行统计与分析，《美国出版商协会年度报告》（Statshot）对各类格式图书销售情况进行了详尽分析。

具体来看，2014 年传统格式的出版物表现欠佳，除纸板书①和一般平装书销售额实现了小幅增长外，其他均有不同程度的下降。精装书从 52.2 亿美元下降到 51.2 亿美元，大众市场平装书从 8.6 亿美元降至 8.3 亿美元，传统音像由 2.1 亿美元下降到 2 亿美元。反观电子格式出版物，其销售情况均表现出良好态势，有不同程度的增长。电子音像 2014 年销售额为 3.9 亿美元，而 2013 年这一数据为 3.1 亿美元；电子音像（付费）2014 年销售额为 0.3 亿美元，而 2013 年为 0.2 亿美元；电子书 2014 年销售额为 33.6 亿美元，而 2013 年为 32.4 亿美元；电子书（付费）2014 年销售额为 0.135 亿美元，而 2013 年为 0.003 亿美元（见表 11）。之所以出现以上现象，与数字化技术日益成熟以及民众对电子渠道出版物的接受度逐渐增加密不可分。

表 11　2012～2014 年图书业各类格式图书销售情况

单位：亿美元

项目	2012 年	2013 年	2014 年
精装书	53	52.2	51.2
纸板书	—	2.4	3.3
一般平装书	50.3	42.8	47.1
大众市场平装书	11.2	8.6	8.3
传统音像	2.7	2.1	2
电子音像	3	3.1	3.9
电子音像（付费）	—	0.2	0.3
电子书	32.4	32.4	33.6
电子书（付费）	—	0.003	0.135
其他	4.5	4.3	4.3
合计	157.1	148.1	154.3

数据来源：《美国出版商协会年度报告》（Statshot）2015 版

① 以牛皮纸、白纸板等为原材料的书籍，多以儿童绘本居多。

3. 进出口贸易情况

(1) 图书出口

根据美国商务部数据显示，2014 年美国图书出口额较 2013 年均呈下降趋势。其中，缩减最为明显的则为大众图书，下降 12.8%。其次为科技、专业类图书，下降 9.9%（见表 12）。

表 12 2013～2014 年各类图书出口额情况

单位：万美元

类别	2013 年	2014 年	2013～2014 年百分比变化情况
教科书	47858	46830	-2.1
科技/专业	27575	24848	-9.9
宗教	8942	8800	-1.6
大众图书	3694	3223	-12.8
其他	1709	1599	-6.4
总额	234646	226600	-3.4

资料来源：美国商务部

(2) 图书进口

根据美国商务部数据显示，2014 年各类图书进口额较 2013 年相比表现不一。其中，增加最为明显的为教科书，增加 15.2%。其次为大众类图书，下降 2.1%。与此同时，科技、专业类、宗教类、其他类图书进口额均有所减少，分别为 6.6%、1.6%、12.2%（见表 13）。

表 13 2013～2014 年各类图书进口额情况

单位：万美元

类别	2013 年	2014 年	2013～2014 年百分比变化情况
教科书	17259	19882	15.2
科技/专业	16238	15164	-6.6
宗教	12587	12387	-1.6
大众图书	26070	26606	2.1
其他	997	875	-12.2
总额	180523	186419	3.3

资料来源：美国商务部

4. 企业情况

(1) 大型出版企业

在美国出版企业设立采取的是登记制，所以其图书出版企业的确切数量难以核算。根据《美国出版商年度报告》（StatShot）的数据，2014 年纳入其统计体系的出版企业共计 1800 家。

①麦格劳 - 希尔

2014 年，麦格劳 - 希尔旗下的麦格劳 - 希尔教育集团在纸质教材向数字化转变方面取得了重大进步，其四个分支分别是高等教育、基础教育（K - 12）、国际部以及专业出版。其中教育类（包括高等教育和基础教育）在全年度利润中占比最大，为 76%（见表 14）。

表 14　2014 年麦格劳 - 希尔教育集团各分支利润占比情况

单位:%

分支	占总体利润比例	数字产品利润比例
高等教育	45%	38%
基础教育（K - 12）	31%	21%
国际部	18%	9%
专业出版	6%	44%

数据来源：麦格劳 - 希尔官方网站

2014 年麦格劳 - 希尔教育集团全年营业额为 18.5 亿美元，其中数字产品的营业额占到 38%，但是整体仍然净亏损 3.31 亿美元。为了挽救这一局面，集团逐年加大对电子化的投入，从 2013 年的 9000 万美元到 2014 年的 1.5 亿美元，并在 2015 的投资有希望增加到 1.75 亿美元。

近年来，麦格劳 - 希尔教育集团聚焦于开发自适应学习系统（adaptive learning systems），为学生提供个性化学习方案。在数字化方面，其自主研发的名为"智能图书"（Smart Book）的自适应电子书，通过让学生把注意力集中在他们所阅读的最重要的内容上，让大学生阅读（College Reading）发生革命性变化。而另一个针对美国高等教育学生和老师的数字学习平台的数字化产品"连接"（connect），在 2014 年激活的用户大增，不但提高了通过率和入学率，而且提高了师生的参与度。

②哈珀 · 柯林斯

2014 年哈珀 · 柯林斯的年收入为 14.34 亿美元，相比 2013 年增长 5%。这是由于印刷数量的增加以及电子书销量的攀升，如维罗妮卡 · 罗斯所著《分歧者》系列丛书的畅销，最后年度电子书销售获利 8800 万美元。

2014 年 7 月，哈珀 · 柯林斯耗资 455 万加币正式收购浪漫小说禾林出版公司。通过对禾林的收购，哈珀 · 柯林斯打开了 13 个新的国际市场，并获得了 17 种新语言的翻译版权，进一步发展了海外业务。而禾林也由一家英语图书出版商转变为全球化、多语种的出版商，实现了传统出版品牌的复苏和各自的资源共享。

此外，哈珀·柯林斯还积极扩展在海外的办事机构，进一步建设和维护推广平台。2014 年陆续开设了德国、伊比利亚、西班牙办事处，并及时调整了管理层的结构。

在出版业电子化和数字化的压力之下，像大多数出版公司一样，哈珀·柯林斯也在找新出路，于 2014 年进一步推广假日 Pop-Up 店，将市场、销售和数字团队聚合起来，集产品展示、品牌宣传以及零售为一体，力图避开危机抓住机遇。

③西蒙·舒斯特

2014 年，亚马逊和西蒙·舒斯特达成了电子出版协议，开启了西蒙·舒斯特向亚马逊支付费用，而亚马逊为其电子书代理定价的合作模式。而在这一纸协议之后，究竟是让西蒙得到了帮助还是让亚马逊在出版界更有话语权，仍然众说纷纭。

和其他出版集团一样，西蒙·舒斯特也紧跟潮流走向了电子化的道路。在其 2014 年的销售额中，电子书的销售额同比有所下降，究其原因，一方面是由于其总的业绩下降对电子书局部市场的影响；另一方面是电子书需求的逐渐饱和势必带来上升空间的减小，但整体来看，2014 年的电子化仍然处于稳定发展的阶段（见表 15）。

表 15　西蒙·舒斯特的总收入与电子书销售状况

年度	季度	总收入（百万美元）	与去年同期相比	电子销售额占总收入比值
2014 年	第四季度	215	–4%	24%
2014 年	第三季度	199	–%11	28%
2014 年	第二季度	211	–12%	25%
2014 年	第一季度	153	–11%	29%

资料来源：西蒙·舒斯特官方网站

④圣　智

圣智业务主要包括教育内容、技术、高等教育和基础教育（K－12）等几个方面。为了进一步打开全球电子书的市场，2014 年圣智推出一款名为 Questia 的网络应用，其功能是将一些受版权保护的学术书籍、学术期刊和研究期刊收集起来供学生使用，学生可以根据其平台电子书上下文内容，精确寻找到报纸杂志媒体中的相关文章。此外，该应用还包括集成的工具，组织研究，引用来源，创建脚注和构建书目等，以求更快更好地帮助学生撰写研究报告或论文。

2014 年 4 月 1 日，圣智宣布已走出破产保护并完成财务重组。目前，圣智已偿还约 40 亿美元的长期债务，现阶段流动资金充裕，保证了其战略计划的实施，并且还获得了 17.5 亿美元的融资。此外，公司还建立了新的技术合作方式，改进了其产品开发和交付模式，并重新调整了销售和营销方法来谋求更好的发展。此后，圣智在全球出版前 50 强榜单中的排名上升两位，位居第十一，逐步走进转型和稳定发展的阶段。

（2）书 店

据今日信息公司出版的《美国书业名录》的最新数据显示，2014 年美国各类书店共计 13928 家。该数字自 2005 年以来，连年下降（见图 3）。电商的席卷及电子书的普及或许是造成该局面的最主要原因。

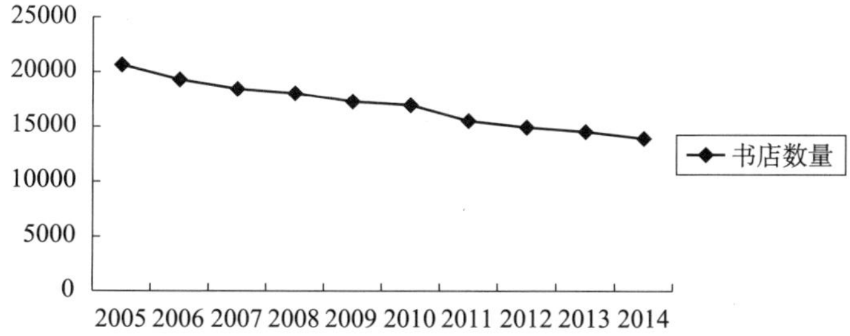

图 3 2005～2014 年书店数量

资料来源：《鲍克图书馆与图书业年鉴》2006～2015 版

2014 年在各类书店中，除旅游景点书店和教育书店外，其他各类书店数量均有不同程度的减少，减幅最大的为宗教类书店，减少 129 家，计算机软件书店、外文书店、文具店、办公用品店、自然和历史书店数量与 2013 年持平（见表 16）。

表 16 2012～2014 年各类书店数量

单位：家

类别	2012 年	2013 年	2014 年
普通古旧书店	632	615	552
古旧书邮书店	246	234	208
古旧书专营店	118	117	104
艺术品供应店	60	55	53
普通大学书店	2968	2909	2833

续表

类别	2012 年	2013 年	2014 年
大学专业书店	109	106	104
连环画书店	201	195	187
计算机软件书店	2	2	2
烹饪图书店	267	257	248
百货商店	1520	1544	1515
教育书店	176	169	170
旅游景点书店	231	226	232
外文书店	16	15	15
普通书店	2601	2601	2515
礼品店	121	112	106
青少年书店	82	77	69
普通邮购书店	68	61	52
邮购专营书店	298	283	256
玄学、新时代、神秘学书店	128	126	121
博物馆商店和艺术馆	472	463	453
自然和自然历史	37	36	36
书报摊	22	22	20
办公用品	10	9	9
其他	2375	2274	2204
平装书	59	52	43
宗教	1558	1477	1351
个人发展书店	18	17	15
文具店	3	3	3
玩具店	40	38	37
二手书店	501	442	415
总量	14939	14537	13928

资料来源：《鲍克图书馆与图书业年鉴》2013 版、2014 版、2015 版

5. 畅销书

自 2013 年兰登书屋和企鹅合并之后，大家开始关心畅销书排行榜的亚军位置，最后由阿歇特在 2014 年获此殊荣，并在 2014 年的《出版人周刊》精装书畅销榜中占据了 17% 的比例，显然，这和占到 40% 比例的企鹅兰登书屋不能相提并论。但即便如此，与哈珀·柯林斯和西蒙·舒斯特等推出较多畅销书的公司相比，阿歇特在畅销排行榜上的潜力仍不容小觑。此外，阿歇特公司还计划利用推出长期畅销书的策略来赶超竞争者，比如在畅销榜上保持了 42 周的《金翅雀》和保持了 39 周的《谷物大脑》，非小说类图书《大卫

和歌歌利亚》以及《我是马拉拉》则在畅销榜上分别占据了31周和24周。

2014年，企鹅兰登书屋以235本书的数量出现在畅销榜上，令只有74本畅销书的哈珀．柯林斯难望其项背。其他长期畅销的小说，如《梧桐行》在畅销榜上保持了18周，而非小说类畅销书《我从一本金色书上学得我所需的一切》则在畅销榜保持了29周。

在平装书畅销榜上，企鹅占到了38%的份额，并占据了《出版人周刊》平装书交易会和大众市场书单的167个标题。阿歇特以55本书和16%的份额位居次席。企鹅兰登书屋团队在平装书大众市场做得相当出色，六分之五的份额长期由企鹅推出，如《炼狱》《梧桐行》《消失的爱人》《与龙共舞》《勒索者》。畅销时间最长的三本书也来自企鹅，分别是《习惯的力量》《消失的爱人》和《激流少年》。

（二）细分出版市场情况①

1. 纸质图书

纵观2014年，图书交易市场呈现出一定的不稳定性。从成人类图书市场（包含小说类和非小说类）来看，2012年成人小说收益为57.3亿美元，2013年下降到52.1亿美元，2014年进一步下降到51.1亿美元。成人非小说，从2012年的47.8亿美元成功上涨到了2013年的48.2亿美元，而在2014年下滑到47.6亿美元。2014年成人小说由2012年《五十度灰》带来的销售火爆不再，收益下跌至51.1亿美元。2013年成人小说销售的收益和销量均出现大幅下降，销售额下降了9.1%，同时销售量也下降了9.8%。而受2013年窘境的波及，2014年成人小说销售收益和销量也双双下降，但降幅略有减少，分别为2%和2.9%。这一变化也表明，《五十度灰》等超级畅销书热度降低从而导致销售量和销售额下跌的情况已有所放缓，成人小说市场已呈现回升趋势。成人非小说尽管也和小说图书一样易受到某些超级畅销书的影响，但是其销售数据相较于成人小说来说，收益波动不是很明显，2012年的收益为47.8亿美元，2013年上升至48.2亿美元，而2014年回跌至47.6亿美元。

再观青少年图书市场，近年来青少年小说销售情况波动较大，其2012年收益为33.4亿美元，2013年跌落至30.2亿美元，2014年又大幅增长至37.4亿美元，销售额上涨了23.7%，而销量上涨了14.8%。究其原因，畅销书的

① 美国出版商协会年度报告Statshot并未对大众图书、教育图书、专业图书等细分图书市场情况予以详述，遂此处只能按纸质图书和电子图书两种分类进行数据分析。

影响或许是造成其波动明显的最大诱因。2014 年青少年小说市场的繁荣大多得益于畅销书约翰·格林的《星运里的错》以及维罗妮卡·罗斯的《分歧者》系列，凸显出畅销书因素对图书收益和销量方面的积极影响。但这也呈现出巨大的不稳定性，尤其是与2013 年比较，2013 年青少年小说销量较2012 年而言，销售额下降了 9.3%，销量下降了 4.5%。在 2014 年《今日美国》列出的前100 本畅销书前25 位中，维罗妮卡·罗斯占据四席（《分歧者》三册以及其限量版），约翰·格林与约翰·格里森姆也分别占据了两席。另外，2014 年榜单的前25 位中有13 位都在2013 年的榜单中出现过，并且两份榜单当中的大多数作家都是畅销书作家。

青少年图书销售情况经历了2012 年到2013 年的下滑又在2014 年强势恢复，其定价也经历同样的变化，从2012 年的4.42 美元下滑到2013 年的4.18 美元，又在2014 年回升。

在教育类图书方面，基础教育类图书 2014 年表现不俗，销售额有所上升。其销售额为42.2 亿美元，较2013 年增加3.8 亿美元。但高等教育类图书2014 年销售额为49.2 亿美元，虽较2013 年的48.1 亿美元有所提升，但距2012 年的销售高峰还有一定的距离。

专业类图书近年来表现平稳，2012 ~2014 年其销售额实现了三连跳，分别为31.9 亿美元、32.7 亿美元和34.1 亿美元。

2. 电子书出版

亚马逊在2007 年发布了kindle 阅读器，连锁书店巴诺在2009 年也发布了Nook 阅读器。自此后，整个出版业界一直担忧实体书出版市场份额将在几年之内逐渐缩小。如今距离苹果发布第一代 iPad 已经有五年了，事实证实出版行业夸大了电子书出版对行业的影响。尽管电子书出版对一部分细分市场图书冲击较大，但是纵观整个出版业，电子书出版市场份额仍然很小，远低于预期。所占份额虽小，但近两年电子书市场已走出前些年的销售阴影，2014 年其销售额开始反弹，达到3.37 亿美元，高于2012 和2013 年的收益3.25 亿美元（见表17）。

表17 2012 ~2014 年纸质书和电子书销售情况

单位：亿美元

类别	2012 年	2013 年	2014 年
纸质书	119.5	110.6	114.5
电子书	32.5	32.5	33.7

资料来源：《美国出版商协会年度报告》2015 版

亚马逊的 Kindle 以及众多电子书阅读器的兴起，抢夺了纸质书的部分出版市场。但电子出版商并没有足够多的平台来与纸质书抗衡。这些因素促进了电子书出版市场的迅速崛起，又使得其逐渐放缓，但同时纸质书与电子书的对抗仍在继续。

《美国出版商协会年度报告》(Statshot) 较往年的年度报告相比新增加了订阅音像下载和订阅电子书等类别作为亮点。但因其利润太少，所以在计算收益时常常被忽略不计。2013 年订阅音像下载收益达到 0.236 亿美元，2014 年达到 0.298 亿美元。同时，电子书订阅收益从 0.062 亿美元上升至 0.2 亿美元。通过对 20 家运营电子订阅业务的公司进行数据监测可以看出，此种收益模式还尚处在起步阶段。电子订阅市场尽管体量小，但值得重视（见表 18）。

表 18　2013～2014 年订阅音像下载和订阅电子书销售情况

单位：亿美元

类别	2013 年	2014 年
订阅音像下载	0.236	0.298
订阅电子书	0.062	0.2

资料来源：《美国出版商协会年度报告》2015 版

三、期刊业发展状况

（一）出版发行情况

近些年，整个出版市场可以说受数字化冲击不断，期刊行业也在劫难逃，新刊每增加三种就会有一种停刊。从 2014 年的统计数据来看，这种疲软的状态再度来袭。每新出两种刊物就会面临一种停刊。根据 MediaFinder 的统计数据显示，2014 年美国期刊增加 190 种新刊，数量和规模都高于 2013 年，同时也有 99 种刊物停刊，停刊的期刊中汽车类和工艺类占到大多数（见图 4）。

受 2008 年的金融危机的波及，美国当年停刊的期刊数量高达 428 种，即使有新的刊物出现也难以弥补此次危机为当年期刊业带来的重创。2012 年，全球经济复苏，期刊行业的窘境有所缓解，增加新刊 145 种，2013 年增加 129 种，2014 年增加了 91 种。虽然 2014 年新刊增加数量并不耀眼，但就近几年整体情况而言仍显示出平稳发展的趋势。

2014 年美国主要期刊类型依然没有大的变动，依然分为消费期刊、专业期刊、商业期刊以及组织期刊。其中消费期刊比 2013 年增长了 49 种，达到了 7289 种，但是比近十年的巅峰年 2012 年少了 101 种，与十年来最低值的

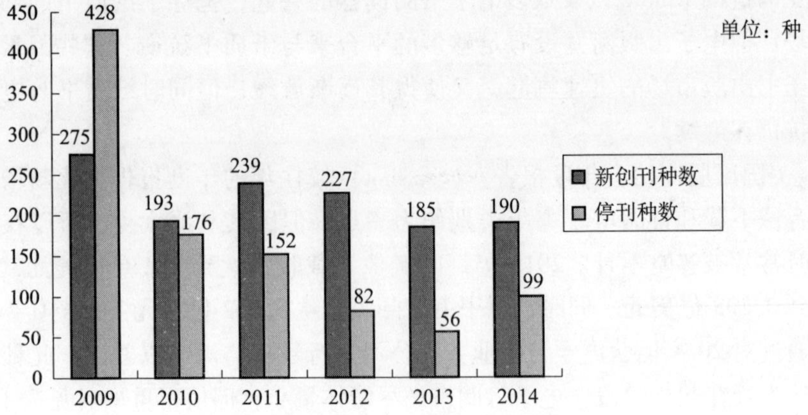

图4　2009～2014年新刊、停刊数量

资料来源：媒体搜索（MediaFinder）

2005年相比，又增长了15.24%（见图5）。在2014年消费类的期刊中，地区类期刊以23种位列第一，健康类期刊为8种位列第二，美食类以6种位列第三。此外2014年专业期刊新增刊物47种，停刊27种，较2013年增长幅度十分明显。此外，MediaFinder的数据显示，2014年第一季度美国共推出45种新杂志，比2013年的27种高出67%。在这些新出的刊物中，既包括全新问世的杂志，也包括像《新闻周刊》和《奥兹医生美好生活》等重新复刊的杂

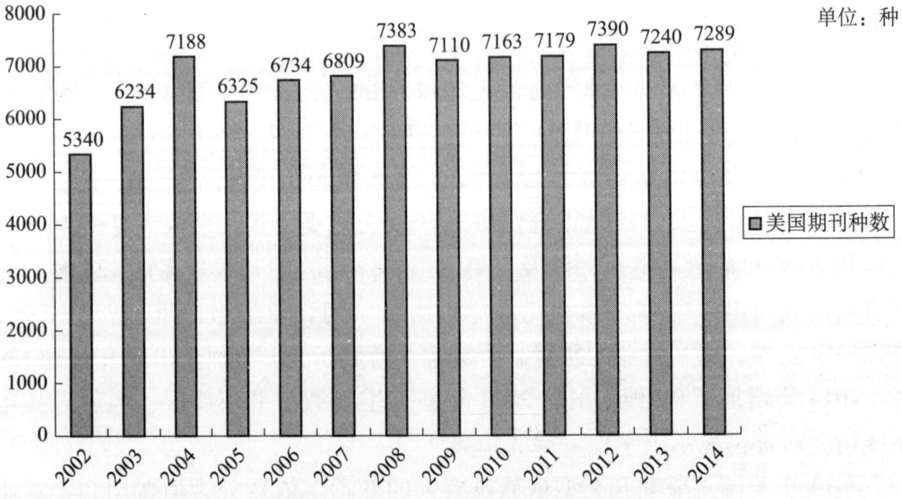

图5　2002～2014年期刊种类数

资料来源：数据统计公司 www. statista. com

志，也包含9种企业内部期刊，如《纽约投资》和《南佛罗里达经理人》。同时第一季度有14种期刊停刊，如知名的《加利福尼亚家居设计》和《经理人旅行》。在此特别值得一提的是美国老牌期刊《新闻周刊》的回归。2012年12月31日，最后一期美国《新闻周刊》以黑白主色调正式向印刷版告别，此消息曾经让无数出版人为传统纸质期刊的命运哀叹。但2014年《新闻周刊》整装待发，以全新的姿态回归传统纸媒市场，这一消息又给传统出版人以莫大的鼓舞。

美国媒体审计联盟统计了2014年上半年美国发行量排名前25种期刊的发行量。结果显示，与2013年上半年相比，大多数期刊的发行量皆出现了不同程度的下滑。具体而言，在排名前25的期刊中有15种都出现下滑，只有少数刊物有小幅增长（见表19）。

表19　2013～2014年上半年发行量TOP25

单位：册

刊物名称	2013年上半年发行量	2014年上半年发行量	同比变化率
《美国退休人员杂志》	21931184	22837736	+4.1%
《美国退休人员公告》	21701445	22173316	+2.2%
《美好家园》	7624505	7639661	+0.2%
《游戏快讯》	7829179	7099452	-7.3%
《好管家》	4396795	4315330	-1.9%
《家庭圈》	4014881	4015728	0.0%
《国家地理》	4001937	3572348	-10.7%
《人物周刊》	3542185	3510533	-0.9%
《读者文摘》	5241484	3393573	-35.3%
《女性生活》	3394754	3288335	-3.1%
《时代周刊》	3301056	3286467	-0.4%
《妇女家庭杂志》	3229809	3226731	-0.1%
《体育画报》	3065507	3043698	-0.7%
《大都市》	3017987	3019778	+0.1%
《预防》	2884542	2826547	-2.0%
《南都生活》	2824751	2804454	-0.7%
《家庭美食》	3207340	2501098	-22.0%
《O，奥普拉》	2417589	2385199	-1.3%
《魅力》	2300854	2318521	+0.8%
《红皮书》	2229809	2221393	-0.4%
《美国射击杂志》	1938564	2163349	+11.6%

续表

刊物名称	2013 年上半年发行量	2014 年上半年发行量	同比变化率
《ESPN 杂志》	2128345	2144967	+0.8%
《家庭娱乐杂志》	2130223	2133171	+0.1%
《美国军团杂志》	2232287	2129891	-4.6%
《父母》	2068756	2125414	2.7%

资料来源：美国审计媒体联盟（Alliance for Audited Media）

根据上表数据显示，所有类别刊物的发行量大多数都出现了不同程度的缩减。其中，缩减程度最大的当属《读者文摘》，与 2013 年上半年发行量相比骤降近 185 万册，同比下降 35.3%。只有少部分期刊出现了小幅度的增长，其中《美国射击杂志》的表现尚佳，发行量较 2013 年上半年增加了 11.6%。

（二）广告收入状况

在电子期刊广告崛起的重压之下，纸质期刊的广告投放状况令人担忧。2014 年上半年，美国媒体集团（Source Interlink）有 12 种期刊停刊，公司旗下的知名期刊如《汽车之家》（*Automobile*）和《汽车族》（*MotoTrend*），即使发行量不错，但是广告页数都有所缩减。手工业类知名期刊商《全美手工》（*All American Crafts*）直接取消了大量广告业务，而这种局面也进一步加剧了美国期刊的生存困境。但是从 2014 年整体来看，纸质期刊依然是广告载体的主力军。2014 年美国排名前 50 名的期刊广告商总计向纸质杂志投放了 68.26 亿美元广告费。其中欧莱雅以 8.38 亿美元位列第一，宝洁以 7.74 亿美元位列第二，辉瑞制药 3.67 亿美元、路易威登 2.91 亿美元、强生 2.33 亿美元。

自 2011 年以来，期刊广告呈现出整体下滑的趋势，从 2013 年的第四季度开始，美国杂志广告页数开始减少，最高减幅达 4.8%，此后的连续衰退让人们认识到此种情况并非偶然事件，这种情况持续至 2014 年。2014 年第一季度，期刊广告页面减少 7.6%，是自 2012 年第三季度以来降幅最大的一次。根据美国出版商信息局（Publishers Information Bureau，PIB）监测的 189 种期刊数据显示，该季度总广告页从 2013 年一季度的 31889.34 页下滑至 2014 年一季度的 29476.07 页。同时第一季度的期刊广告收入也随之下降，排除折扣和赠品，期刊广告收入下降 3%，从 44.9 亿美元降至 43.5 亿美元。一些知名杂志如《读者文摘》，与 2013 年同期相比下降 44%，又如《玛莎斯图尔特生活》下滑了 35%。但是其中也有少数大刊能够逆势增长，例如杂志《旅行 + 休闲》，该刊广告页面同比增长 15%；《健康》杂志广告页同比增长 14%。

（三）期刊阅读情况

美国期刊出版商协会（The Association of Publishers）根据阅读载体的不同，把期刊读者大致分为纸质版受众，数字版受众以及二者兼有的混合受众。就纸质版加数字版的混合受众而言，其数量仍在增加，2014 年 18 岁以上的杂志受众为 2.16 亿，而 2013 年和 2012 年分别为 2.14 亿和 2.11 亿。其中，从美国成人阅读数字版杂志的受众数量来看，2014 年为 6%，而 2011 年仅为 1.4%，三年中增加了 4 倍。

美国市场研究机构 eMarketer 公布的数据显示（见表 20），与电视、广播、电子设备等其他媒介相比，美国人花费在期刊上的时间最少。随着数字阅读浪潮的不断席卷、电子设备更迭速度的加快以及由此造成的民众娱乐方式和阅读习惯的改变，越来越多的读者将其业余的时间和精力花费在电视、电子设备上。就阅读而言，随着生活节奏的加快，碎片化阅读占据了人们日常的大部分阅读时间。越来越多的人选择在电子移动终端设备（平板电脑、电子阅读器、手机）上浏览新闻，获得信息。而随之带来的就是以期刊为代表的纸媒的关注度一路走低（见图 6）。

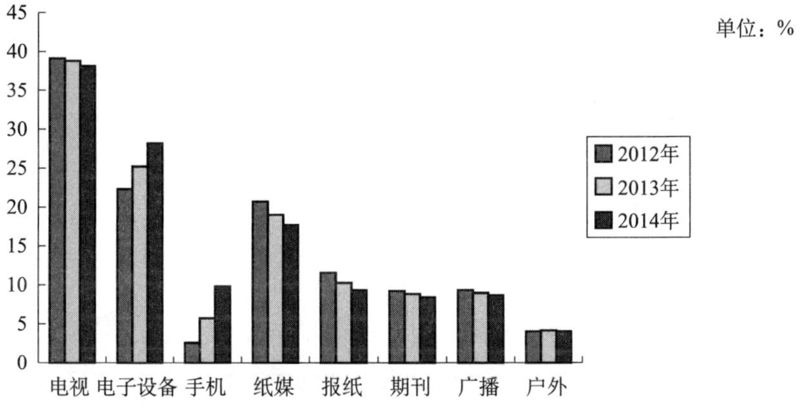

图 6　2012～2014 年民众各媒介使用对比图

资料来源：美国市场研究机构 eMarketer

表 20　2012～2014 年民众各媒介使用情况

单位：%

类别	2012 年	2013 年	2014 年
电视	39.1	38.8	38.1
电子设备	22.3	25.2	28.2

续表

类别	2012 年	2013 年	2014 年
手机	2.6	5.7	9.8
纸媒	20.7	19.0	17.7
报纸	11.5	10.2	9.3
期刊	9.2	8.8	8.4
广播	9.3	8.9	8.6
户外	4.0	4.1	4.0

资料来源：美国市场研究机构 eMarketer

参考文献

1. *Statshot*. Association of American Publishers，2015

2. *Bowker Library and Book Trade Almanac*. Information Today Inc.，2013，2014，2015

3. 美国商务部 U. S. Department of Commerce，www. commerce. gov

4. 美国劳工部劳动统计局 U. S. Bureau of Labour Statistic. www. bls. gov

5. 美国图书馆协会 American Library Association. www. ala. org

6. 皮尤研究中心 . www. pewresearch. org

7. 麦格劳 - 希尔集团官网 http：//www. mhprofessional. com/

8. 哈珀 · 柯林斯集团官网 https：//www. harpercollins. com/

9. 西蒙 · 舒斯特集团官网 http：//www. simonandschuster. biz/

10. 圣智集团官网 http：//www. cengage. com/us/

11. www. statista. com

12. eMarketer. www. emarketer. com

13. 美国期刊出版商协会 Magazine Publishers Association. www. magazine. org

14. 美国出版商信息局 Publishers Information Bureau. www. magazine. org

15. 美国审核媒体联盟 The Alliance for Audited Media. www. auditedmedia. com

（作者单位：中国新闻出版研究院）

英国出版业发展报告

侯　鹏　田以丹

一、出版业发展背景

在全球经济增速放缓，欧洲经济持续低迷的背景下，出版业作为英国经济，尤其是对外经济发展的领头羊，其地位更为凸显。2014 年英国实体与电子出版物销售收入共计 43 亿英镑，行业发展主要特点为纸质书出版已近饱和，电子书出版增长稳定。总体来看，英国出版业发展略有波动但趋于稳定。

出版业的数字化革命继续深入，数字化模式带给英国出版业新的挑战和机遇。新形势下，电子书较于传统纸质书的优势更加明显。就 2014 年出版业数据来看，英国纸质书销售收入为 27.48 亿英镑，降幅约 4.6%；而电子书销售收入为 5.68 亿英镑，增幅约 11.2%。在版权输出领域，2014 年英国电子书出口额增长了 10.1%，占全部图书出口额的 14%；而纸质书出口额则下降了 1.1%。结合近几年数据观察，英国纸质书出版发展已趋饱和并出现衰退现象，电子书出版依托数字化革命迅速跟进市场布局，并逐渐进入稳定增长期。英国出版商协会行政长官理查德·莫勒在分析 2014 年出版数据时指出英国出版业依托数字化出版模式，同时整合传统纸质书出版，继续发挥英国出版业的优势，确保英国出版业以及整个英国的创意产业在全球范围内发展强劲。

英国出版业已进入行业稳定发展期，数字化改革框架初显，电子书出版已渐具规模，纸质书出版也继续进行改革整合。英国出版业将继续保持其出版大国地位，引领世界出版行业的持续发展。

二、图书业发展状况

（一）概　况

1. 新书出版情况

据国际出版商协会（IPA）数据（见表 1），2014 年英国共计出版新书

18.4 万种，相当于每百万人口就有 2870 种新书，高居全球第一，而其中畅销书《哈利·波特》系列和杰米·奥利弗的烹饪类图书功不可没。

表 1 2014 年新统计数据下 2013～2014 年新书种数变化

单位：种

年份	新书种数
2012 年	170267
2013 年	184000
2014 年	184000

资料来源：英国出版商协会（Publishers Association）《2014 年英国出版业数据年报》

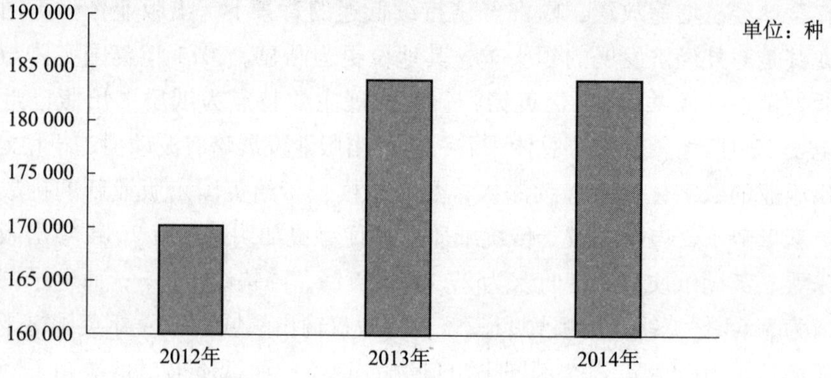

图 1 2012～2014 年新书出版种数变化图

资料来源：英国出版商协会《2014 年英国出版业数据年报》

根据英国出版商协会（PA）提供的数据，英国 44% 的图书销售市场是面向国际的，包括文化、艺术和学术等多个领域。2014 年图书销售收入整体下降 2.2%，总产值 33.11 亿英镑，其中电子书销售上升 11.2%，实体书销售下降 4.6%。尽管电子书销售增幅明显，但纸质书销售因占据主要市场份额，其波动对图书销售整体影响更大（见表 2）。

2014 年通过产业链重建，纸质书市场恢复了市场占有率。大批独立书店关闭，网络在线销售超过了实体店销售。根据尼尔森图书消费者调查报告，网络在线销售作为新的销售模式为越来越多的图书销售商所接受。图书发行商采取策略发展新型商业模式，吸引更多消费者。

2014 年纸质书的销售收入下降 4.6%，其中国内销售收入下降 6.6%，出口下降 2.0%，国内单位销量下降 9%，出口方面下降 4%，整体下降 7%。2010～2014 年纸质书销售的出口额下降了 5%，而国内销售价格下降了五分之一。销量下降的速度比5年间发货价格的降速还要快，这表现在国内与出口市场的销量分别下降了23%和13%。

表2　2010～2014年出版商图书销售情况

单位：亿英镑

年份	2010年	2011年	2012年	2013年	2014年	2010～2011年增长幅度	2011～2012年增长幅度	2012～2013年增长幅度	2013～2014年增长幅度	2010～2014年增长幅度
总销售额	33.43	32.88	34.66	33.89	33.11	-1.7	+5.4	-2.2	-2.2	-0.9
纸质书销售额	31.72	30.30	30.39	28.80	27.48	-4.5	+0.3	-5.2	-4.6	-13.4
电子书销售额	1.71	2.58	4.27	5.09	5.63	+51.1	+65.6	+19.2	+11.2	+232.4

资料来源：英国出版商协会《2014年英国出版业数据年报》

2014年纸质书平均发货价格为4.48英镑，较2013年增长2.8%。其中，国内实体书平均发货价格为4.38英镑，上涨3.1%，出口平均发货价格为4.61英镑，增幅为2.1%。比较五年数据发现，国内平均发货价格增长5.2%，而出口发货价格增长幅度更大，达到8.5%（见表3）。

表3　2010～2014年图书出版商平均发货价格

单位：英镑

类别	总体平均发货价格	国内平均发货价格	出口平均发货价格
2010年	4.19	4.16	4.25
2011年	4.24	4.13	4.40
2012年	4.26	4.13	4.45
2013年	4.36	4.24	4.51
2014年	4.48	4.38	4.61

续表

类别	总体平均发货价格	国内平均发货价格	出口平均发货价格
平均发货价格增长百分点（%）			
2011/2010 年	+1.2	-0.6	+3.7
2012/2011 年	+0.4	-0.2	+1.1
2013/2012 年	+2.3	+2.8	+1.4
2014/2013 年	+2.8	+3.1	+2.1
2014/2010 年	+6.8	+5.2	+8.5

资料来源：英国出版商协会《2014 年英国出版业数据年报》

从按销售额统计的退货率来看，2014 年纸质书的退货率达到 10.1%，相比 2013 年大幅降低，降幅达 11.9%，比 2010 年低 6.9%。在国内市场，退货率为 12.3%，比 2013 年低 8.6%。在出口方面，退货率降低更为明显，较去年降低 17.4%（见表 4）。

表 4　2010～2014 年出版商按销售额统计的退货率

年份	2010 年	2011 年	2012 年	2013 年	2014 年	2010～2011 年增幅	2011～2012 年增幅	2012～2013 年增幅	2013～2014 年增幅	2010～2014 年增幅
总体退货率（%）	10.8	11.3	11.2	11.5	10.1	+4.0	-0.9	+2.6	-11.9	-6.9
国内退货率（%）	13.5	14.2	13.7	13.5	12.3	+5.3	-3.4	-1.9	-8.6	-8.8
出口退货率（%）	6.8	7.0	7.6	8.8	7.3	+2.6	+9.3	+15.5	-17.4	+7.0

资料来源：英国出版商协会《2014 年英国出版业数据年报》

2. 图书销售情况

2014 年英国出版商销售收入下降 2.2%，总销售收入为 33.11 亿英镑，其中纸质书销售下降 4.6%，电子书上升 11.2%，电子书销售五年内几乎上涨了三倍，但同期纸质书却下降了 13.4%（见表 5）。

表 5　2010~2014 年出版商国内与出口销售数据

单位：亿英镑

年份	总销售额	实体书销售额	电子书销售额
2010 年	33.43	31.72	1.71
2011 年	32.88	30.30	2.58
2012 年	34.66	30.39	4.27
2013 年	33.89	28.80	5.09
2014 年	33.11	27.48	5.63

资料来源：英国出版商协会《2014 年英国出版业数据年报》

2014 年英国图书出口销售继续下跌，降幅为 2%。具体情况为：欧洲、中东、北非和撒哈拉沙漠以南非洲的图书出口均有下降，撒哈拉沙漠以南非洲降幅达到 10.5%，而北美、大洋洲以及东亚和南亚等地区图书出口表现良好，各有增长。2010 年至 2014 年之间，东亚和南亚是出口价值增长最快的地区，增幅达 14.1%，远远超过其他美洲及中东和北非地区。撒哈拉沙漠以南非洲出口表现最差，下降最快，达到 32.8%，同时，大洋洲和北美出口均出现两位数的跌幅（见表 6）。

表 6　2010~2014 年的图书出口（按区域统计）

单位：亿英镑

年份	欧洲	中东和北非	撒哈拉沙漠以南非洲地区	东亚和南亚	大洋洲	北美	美洲其他地区	其他地区	合计
2010 年	5.00	1.63	1.17	1.78	1.38	1.57	0.58	0.03	13.12
2011 年	4.88	1.71	1.07	1.84	1.28	1.44	0.61	0.03	12.86
2012 年	5.13	1.66	0.93	1.90	1.40	1.47	0.64	0.04	13.17
2013 年	4.90	1.78	0.88	1.95	1.17	1.33	0.62	0.04	12.67
2014 年	4.60	1.76	0.79	2.03	1.18	1.39	0.63	0.04	12.42
图书出口总额增幅（%）									
2011/2010 年	-2.5	+5.1	-8.6	+3.7	-6.3	-8.2	+5.4	+5.5	-2.0
2012/2011 年	+5.1	-3.1	-13.3	+3.4	+9.7	+1.9	+6.3	+25.4	+2.4
2013/2012 年	-4.4	+7.3	-5.2	+2.4	-16.3	-9.5	-3.7	+0.2	-3.8
2014/2013 年	-6.1	-1.4	-10.5	+3.9	+0.5	+4.4	+1.9	+16.8	-2.0
2014/2010 年	-8.0	+7.7	-32.8	+14.1	-13.5	-11.6	+9.9	+54.9	-5.4

资料来源：英国出版商协会《2014 年英国出版业数据年报》

2014 年儿童类图书出口量增长了约 23%，而小说类、非小说类和学术专业类只有个位数的增长。学校类和英语教育类出现大幅度的下跌，分别达到

14.4%和11.9%。2010年至2014年之间，除儿童类和非小说类出口量增长，其他各类图书出口均出现不同程度的下跌，而小说类和学校类的图书出口量下跌幅度最大，均达到30%以上（见表7）。

表7 2010～2014年各类图书出口量（按种类统计）

单位：亿册

类别	成人小说类	成人非小说类	儿童类	学校类	英语教育类	学术与专业类	合计
2010年	0.569	0.537	0.533	0.369	0.756	0.326	3.09
2011年	0.497	0.570	0.472	0.362	0.704	0.317	2.922
2012年	0.548	0.604	0.461	0.240	0.808	0.301	2.962
2013年	0.411	0.576	0.462	0.299	0.768	0.294	2.809
2014年	0.382	0.544	0.568	0.255	0.677	0.27	2.695
各类图书出口量增幅（%）							
2011/2010年	-12.6	+6.3	-11.5	-1.7	-7.0	-2.9	-5.4
2012/2011年	+10.3	+5.9	-2.4	-33.7	+14.8	-5.0	+1.4
2013/2012年	-25.0	-4.6	+0.1	+24.3	-4.9	-2.4	-5.2
2014/2013年	-7.0	-5.7	+23.0	-14.4	-11.9	-8.1	-4.1
2014/2010年	-32.8	+1.3	+6.5	-30.7	-10.5	-17.3	-12.8

资料来源：英国出版商协会《2014年英国出版业数据年报》

在图书出口总额方面，2014年图书出口销售下降2%。2014年儿童类图书出口增长明显，达到28.3%，学校类图书也有小幅增长。除此之外，其他各类图书出口额均表现不佳，出现下降，降幅在5%左右。在2010年至2014年之间，儿童类和学校类图书出口有大幅增长，其中学校类增长达20.9%，其他类均有下降（见表8）。

表8 2010～2014年各类图书出口额（按种类统计）

单位：亿英镑

类别	成人小说类	成人非小说类	儿童类	学校类	英语教育类	学术与专业类	合计
2010年	1.62	2.10	0.88	1.03	2.58	4.90	13.12
2011年	1.46	2.16	0.84	1.08	2.41	4.90	12.86
2012年	1.61	2.21	0.77	1.06	2.75	4.79	13.17
2013年	1.25	2.19	0.79	1.17	2.60	4.67	12.67
2014年	1.17	2.08	1.02	1.24	2.48	4.43	12.42

续表

类别	成人小说类	成人非小说类	儿童类	学校类	英语教育类	学术与专业类	合计
各类图书出口额增幅（%）							
2011/2010 年	-10.2	+3.0	-4.8	+5.6	-6.6	-0.0	-2.0
2012/2011 年	+10.5	+1.9	-8.7	-2.6	+13.8	-2.3	+2.4
2013/2012 年	-22.6	-0.9	+3.1	+11.2	-5.2	-2.5	-3.8
2014/2013 年	-6.4	-4.6	+28.3	+5.7	-4.7	-5.2	-2.0
2014/2010 年	-28.1	-0.8	+15.0	+20.9	-3.9	-9.7	-5.4

资料来源：英国出版商协会《2014 年英国出版业数据年报》

3. 畅销书情况

2013 年的大众图书出版市场，排名前五十的畅销书的纸质书和电子书的总销量达到 1820 万册，其中 30% 的销量来自于电子书市场，具体情况如下：《消失的爱人》（*Gone Girl*）纸质书与电子书总体总销量占据榜上第一，共售出 1038260 册，在纸质书销售量排行榜上也高居第三位。而单论纸质书销量，市场排名第一的则是安利克斯·弗格森的回忆体传记《我的自传》（*My Autobiography*），仅纸质书销量就达到了 803084 册的成绩。在电子书销量排行榜上成绩突出的是杨·马泰尔的《少年派的奇幻漂流》（*Life of Pi*）和乔纳斯·乔纳森的《百岁老人翘家去》（*The Hundred-Year-Old Man*），其电子书销量分别为约 453000 和 463000 册（见表 9）。

表 9　2013 年前十名畅销书情况

排名	书名	作者	出版商	定价（英镑）	实体书销量（册）	电子书销量（册）
1	《消失的爱人》（*Gone Girl*）	吉莉安·弗林（Gillian Flynn）	猎户星出版社（Orion）	3.85	627097	411163
2	《地狱》（*Inferno*）	丹·布朗（Dan Brown）	环球出版社（Transworld）	3.85	640676	328960
3	《我的自传》（*My Autobiography*）	安利克斯·弗格森（Alex Ferguson）	霍顿 & 斯托顿出版社（Hodder & Stoughton）	3.85	803084	44292
4	《百岁老人翘家去》（*The Hundred-Year-Old Man*）	乔纳斯·乔纳森（Jonas Jonasson）	金星出版社（Hesperus）	4.96	223966	462608

续表

排名	书名	作者	出版商	定价（英镑）	实体书销量（册）	电子书销量（册）
5	《快速饮食》（*The Fast Diet*）	莫斯利 & 史宾赛（Mosley & Spencer）	短书出版社（Short Books）	3.85	497200	174129
6	《少年派的奇幻漂流》（*Life of Pi*）	杨·马泰尔（Yann Martel）	卡农盖特出版社（Canongate）	6.29	164675	452536
7	《临时空缺》（*The Casual Vacancy*）	J. K. 罗琳（J. K. Rowling Little）	布朗出版社（Brown）	3.85	321940	193636
8	《迷情科洛斯3：炽爱》（*Entwined with You*）	希维亚·黛（Sylvia Day）	企鹅出版集团（Penguin）	3.85	255713	252464
9	《一个人的朝圣》（*The Unlikely Pilgrimage of Harold Fry*）	乔伊斯·蕾秋（Rachel Joyce）	环球出版社（Transworld）	7.19	324545	180804
10	《吉尼斯世界纪录2014》（*Guiness World Records 2014*）		吉尼斯出版集团（Guinness World Records）	6.80	437207	59787

资料来源：《书商》（*The Bookseller*） www.thebookseller.com

2014年最畅销的是约翰·格林的《无比美妙的痛苦》（*The Fault in Our Stars*），电子书售出392522册，纸质书售出871815册，总销售量为1.26百万册，比销量第二的《消失的爱人》销量超出30万册，《消失的爱人》在2014年售出93.9万册。这两本书都出版于2012年5月，它们的成功得益于2014年流行电影改编类书籍的盛行。《消失的爱人》已经连续第二年在销量上大获成功，2013年此书居于畅销书榜首。《无比美妙的痛苦》则从第24位上升到榜首。

表10　2014年前十名畅销书情况

排名	书名	作者	出版商	定价（英镑）	实体书销量（册）	电子书销量（册）
1	《无比美妙的痛苦》（*The Fault in Our Stars*）	约翰·格林（John Green）	企鹅出版集团（Penguin）	3.99	871815	392522
2	《消失的爱人》（*Gone Girl*）	吉莉安·弗林（Flynn Gillian）	凤凰出版社（Phoenix）	3.85	529602	409113

续表

排名	书名	作者	出版商	定价（英镑）	实体书销量（册）	电子书销量（册）
3	《可怕的姑妈》（*Awful Auntie*）	大卫·沃廉姆斯（Walliams David）	哈珀·柯林斯出版公司（Harper Collins Children's）	3.49	553921	19493
4	《我的世界：正式施工手册》（*Minecraft: The Official Construction Handbook*）	艾格蒙特公司（Egmont UK Ltd）	艾格蒙特公司（Egmont UK Ltd）	3.85	548017	0
5	《我真正想要的》（*The One You Really Want*）	吉尔·曼塞尔（Mansell Jill）	短书出版社（Short Books）	3.85	39 540	540648

资料来源：《书商》（*The Bookseller*） www.thebookseller.com

（二）细分出版市场情况

英国出版市场主要包括大众图书市场、教育与培训类图书市场和学术与专业类图书市场。2014 年对于英国的外语教材类图书而言，是比较低迷的一年，总销售收入下降了 3.9%。这一类图书中的电子书出版规模同样也很小，约为 4%。五年间，英国外语教材类图书在销量上下降了 10.5%，而同一时期内该类图书的销售价格上涨了 7.4%，填补了销量减少带来的损失（见表 11）。在该类图书的版权输出方面，欧洲市场整体销售情况不容乐观，特别是面临经济困境的希腊、意大利、西班牙和葡萄牙等。在英国教材类图书的出口市场当中，欧洲市场的销售收入已经从曾经的 54% 下降到了 46%，而中东地区占到了 19%，东南亚地区也占 19%，拉丁美洲地区共占 15%。

表 11　2010～2014 年出版商分类图书销售数据

单位：亿册

类别		2010 年	2011 年	2012 年	2013 年	2014 年
大众图书	成人小说类	1.857	1.66	1.672	1.293	1.144
	成人非小说类	1.917	1.911	1.914	1.85	1.688
	儿童类	1.773	1.643	1.652	1.599	1.657
	合计	5.565	5.214	5.238	4.742	4.489
教育与培训类		1.379	1.319	1.313	1.324	1.161
学术与专业类		0.636	0.605	0.58	0.541	0.486
总计		7.562	7.139	7.132	6.608	6.137

资料来源：英国出版商协会《2014 年英国出版业数据年报》

1. 大众图书市场

(1) 成人小说图书市场

英国出版商协会统计年鉴显示，2014 年小说类图书的销售额持续下滑（见图 2、图 3）。2014 年英国小说销售收入下降了 4.1%，数额为 5.74 亿英镑，但在数字出版这一领域销售收入上升了 5.5%，这一板块收入达到 211 万英镑。纸质书出版销售的发货价格下降了 9.0%，相较 2010 年整体下降了 33.6%。由于数字出版领域的上涨，五年内小说板块的销售额增长了 1.8%。

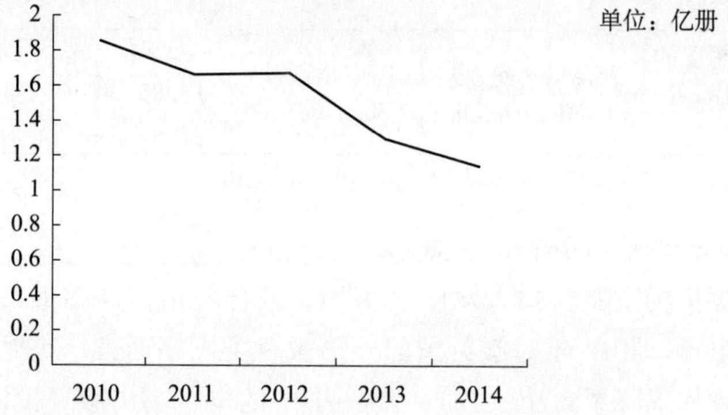

图 2　2010 ~ 2014 年成人小说类图书销量曲线图

资料来源：英国出版商协会《2014 年英国出版业数据年报》

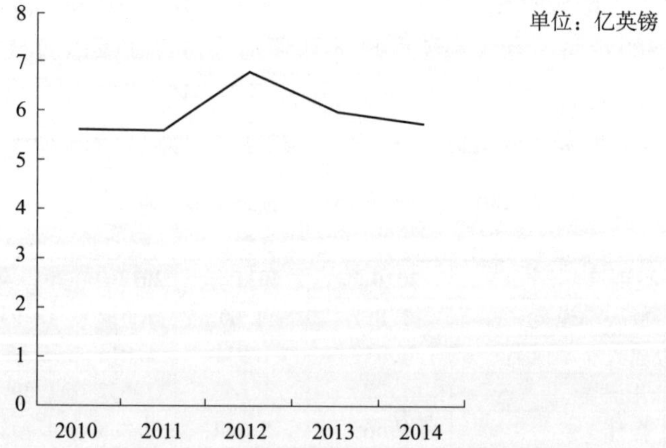

图 3　2010 ~ 2014 年成人小说类图书销售额曲线图

资料来源：英国出版商协会《2014 年英国出版业数据年报》

数字出版（包括电子书和有声读物下载）占2014年所有小说销售收入的37%，2013年这个比例是33%，2012年是26%。其中英国市场小说类电子书销售收入增长8.2%，纸质书销售额下降10.1%，国内市场小说销量整体下跌3.8%。小说出口销售额整体下降4.8%，其中纸质书市场下降了6.4%，电子书市场上升了1.2%。

2014年小说纸质书出口销售收入整体下降9%，其中国内市场下降10.1%，出口市场下降了6.4%，同时二者的单位销量降速稍快。2010年至2014年，英国国内市场的小说纸质书销售额和销售量均下降了1/3以上，出口方面下降低于1/3。

2014年小说纸质书市场的销售下降主要由于精装书在销售收入和销量方面的下降所致，降幅分别为15.1%和13.3%，同时当年平装书销售收入下降了7.1%，单位销量下降11.2%。从2010年至2014年，平装书的销量和销售收入分别下降了39.6%和34.5%，而精装书下降了29.8%和30.2%。从2010年到2014年的5年内，精装书的市场份额稍有增加，销售额以及销售量占比分别从21%增长到22%，从12%增长到14%。

小说类纸质书在2014年的平均发货价格上升了2.9%，国内市场发货价格上升了4.1%，数额为3.24英镑。平装书价格增长了4.7%，提高到2.88英镑。同年，精装版价格下降了2%，价格为5.09英镑，而小说纸质书出口也仅略有增长。2010年至2014年，小说纸质书的国内销售和国外出口各上涨了7.7%和8.3%，平装本的价格上涨了8.3%，精装本则略有下降。

（2）成人非小说图书市场

2014年非小说图书的销售收入下降了8.5%，下降到7.48亿英镑。主要原因来自于纸质书的下降，其销售额下降了9.0%，只有6.94亿英镑。非小说类图书的数字出版也有略微下跌，获得收入0.54亿英镑。自2010年至2014年，非小说类图书销售收入下降了8.9%，其中纸质类图书销售收入下降了14.9%，数字出版类收入增加近9倍（见图4、图5）。

2014年，自传和传记、食品和饮料以及历史和军事三大体裁的小说类图书纸质版销售额均有下降。自传和传记类销量下降了7%。2013年亚历克斯·弗格森自传销售业绩非凡，英国所有零售商的销售额共计超过1000万英镑，这是有记载以来最成功的自传畅销书，但2014年该书仅增长了3%。

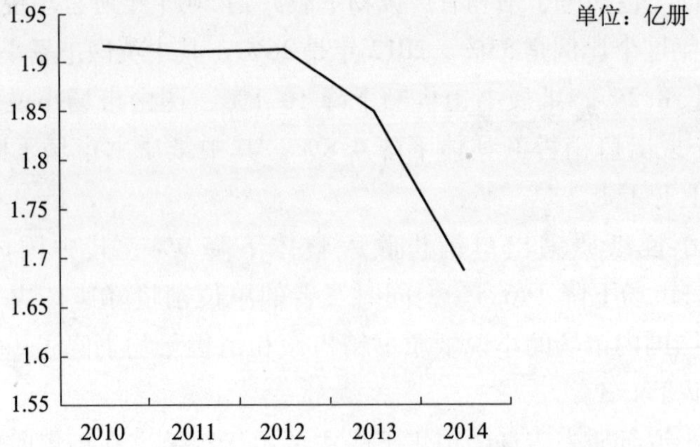

图 4 2010～2014 年成人非小说类图书销量曲线图

资料来源：英国出版商协会《2014 年英国出版业数据年报》

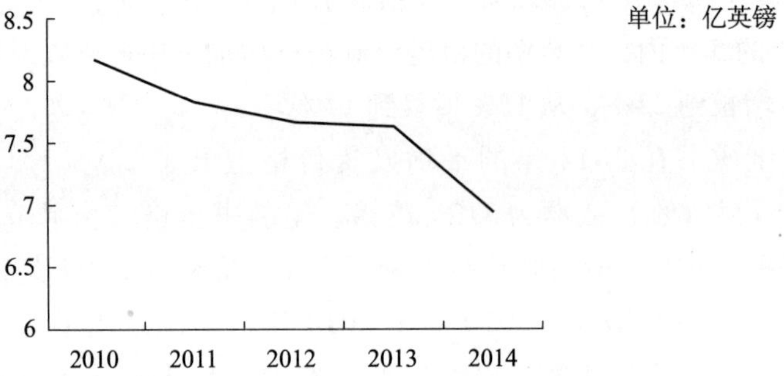

图 5 2010～2014 年成人非小说类图书销售额曲线图

资料来源：英国出版商协会《2014 年英国出版业数据年报》

在历史和军事图书领域，第一次世界大战相关的图书居首，然而与黑斯廷斯战役①相关的图书没有像预期中那样获得大量销售。尽管 2014 年是战争周年纪念日，战争类图书的印刷量却下降了 5%。大多数其他类型的图书印刷量都在下降，2014 年唯一获得销售增长的图书类型是与心灵、身体和精神、流行科学、健康和家庭等相关的。

2014 年平装本非小说销量最高的是公路法规相关类图书，这是这类图书自 2008 年后第一次位居榜首。8～12 月圣诞期间有 21 种精装本非小说类图书

① 黑斯廷斯战役（Battle of Hastings）：1066 年 10 月 14 日，哈罗德国王（Harold II）的盎格鲁—撒克逊军队和诺曼底公爵威廉一世（William of Normandy）的军队在黑斯廷斯（英国东萨塞克斯郡濒临加来海峡的城市）地域进行的一场交战。

售出超过 7.5 万册，而其中只有 14 种的销售水平较有影响。推动圣诞节图书销售市场的有艾伦·约翰逊的回忆录，精装版和平装版综合销售接近 20 万册。原版图书《鹰》（*Hawk*）销售 7.2 万册，鲍里斯·约翰逊的《丘吉尔：一个人创造了历史》（*Churchill Factor*）销量超过 120000 册，琼斯的《建立》（*Establishment*）卖出了 47000 册。

平装版的图书缺乏销量惊人的图书，因此一些重版书销量增加使其成为当年的最畅销书。凯莉·史密斯的《做了这本书》（*Wreck This Journal*）售出 17 万册，而史蒂夫·彼得斯的《黑猩猩悖论》（*The Chimp Paradox*）实现了 13.6 万册的销售量。

（3）儿童图书市场

英国出版协会统计年鉴显示，儿童类图书的销售收入增长了 11%，从 2013 年的 3.14 亿英镑税收总额增加到 2014 年的 3.49 亿英镑，销量从 1.60 亿册上升到 1.66 亿册，表现出色（见图 6）。

根据英国出版商协会的统计，2009 年儿童图书销售额为 3.32 亿英镑，2013 年儿童图书销售额为 2.98 亿英镑，2014 年的销售额为 3.28 亿英镑（见图 7）。2014 出口销售特别强劲，销量上升 23%，销售额上升了 28%；平均销售价格上涨 6%，有助于提高整体收入。儿童电子书的销量上升了 36%，但仍仅占总量的 6%，共计 2200 万英镑的营业收入。

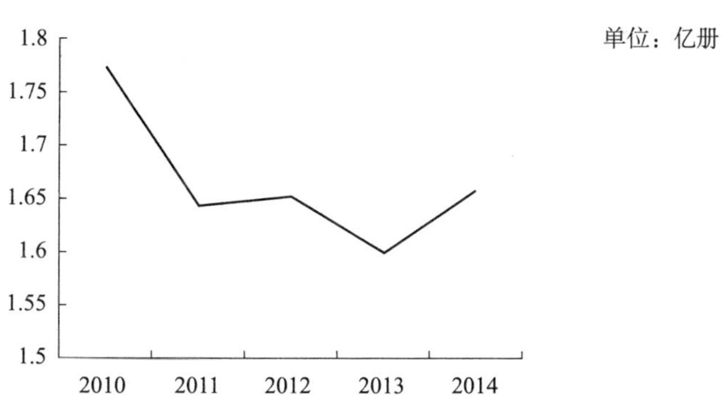

图 6　2010～2014 年儿童类图书销量曲线图

资料来源：英国出版商协会《2014 年英国出版业数据年报》

尼尔森的调查显示，销售的儿童电子书一半是青年小说的内容，超过 60% 的 18 岁以上的人购买了这部分图书。可见，儿童图书市场，纸质书仍占主导地位。其电子书的销售令人惊讶，研究显示，71% 的家庭拥有平板电脑，

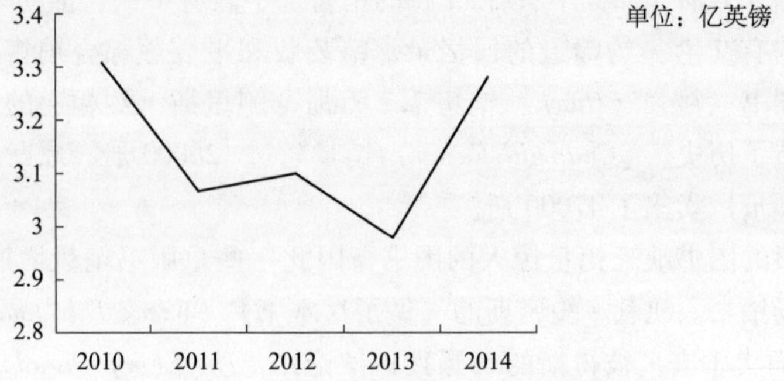

图7　2010～2014 年儿童类图书销售额曲线图

资料来源：英国出版商协会《2014 年英国出版业数据年报》

随着儿童个人平板电脑保有量的不断增加，1/3 的 5 岁到 15 岁的孩子有他们自己的平板电脑设备。然而，根据尼尔森的数据显示，只有 23% 的儿童使用他们父母的设备来阅读电子书，而 84% 的儿童主要使用平板电脑玩游戏。

到目前为止，纸质书仍是儿童图书购买者最受欢迎的选择。对书店来说，儿童类纸质书是一项关键的资产。根据尼尔森的图书与消费者调查，网络零售商亚马逊的儿童图书销售市场份额从 33% 增加到 36%，而高街①零售商保持了 30% 的市场份额。

儿童市场 2014 年表现优异。尼尔森数据显示，儿童和青年小说是出版行业收入的主要来源。2014 年，著作的电影改编对青少年市场的重要性愈发凸显。五部主打年轻成人市场的图书被搬上荧屏，其中维罗尼卡·罗斯（Veronica Roth）的《分歧者》（*Divergent series*）和约翰·格林的《无比美妙的痛苦》最为醒目。一个名字叫作 zoella 的博客传感器，分析透过互联网可实现与作者的亲密接触。这表明，互联网可以带来和纸质书一样的即刻接触效应。

虽然儿童图书市场呈现缩减趋势，但是目前来看儿童图书的市场还是具有相当的稳定性的，儿童图书对于纸质书的销售作出了积极的贡献。尽管儿童类图书出版商存在严重的两极分化现象，但他们共同承担风险，不断用独特的眼光发掘国内国外市场。目前他们的首要任务是培养儿童阅读的兴趣，

① 高街（The High Street）是一个城镇主要的商业与零售的街道。在大城市，每个区域都有自己的高街，譬如北京的西单、王府井，上海的淮海路和南京路等都算是当地的“高街”。

发展其未来的读者。然而不能忽视的是：在英国，学校和图书馆比图书市场更能为儿童提供海量资源。

2. 教育与培训类图书市场

（1）教育类图书

总体来看，2014 年相较于 2013 年教育类图书的总体销售情况有所好转：电子类和数字类教育图书的国内销售总额和出口市场销售额同比增长 1%（从 2013 年的 2.91 亿英镑增长至 2.93 亿英镑），其中出口税收同比增长 7%，出口市场价格同比增长 24%。国内市场的印刷图书价格同比增长 9%，但国内和出口的教育类印刷图书销售分别下降了 12% 和 14%。

从出书价格来看，英国出版的教育类图书发货价格在 2014 年同比增长了 1%，总价值 2.93 亿英镑。教育类出版的国内平均销售单价在 2014 年上涨了 9%，达到 7.38 英镑，2010 年至 2014 年整体上涨了 13%。五年内，教育纸质书的平均价格上升了 75%，2014 年当年增加了 24%，达到了 4.86 英镑。实体类教育图书的平均发货价格 2014 年上升了 16%，上升到 6 英镑，与 2010 年相比增长了五分之二。2014 年数字出版（包括电子书、在线订阅和其他数字产品）的发货价格增长了 8%，占教育类出版总发货价格的 4%，这个数字比 2013 年的数值略高。

教育类图书的增长主要体现在数字出版上，其总价值同比增长 20%，达 0.13 亿英镑；同时纸质书销售价值也略有上涨。2010 年至 2014 年，教育类图书的价格整体上升 12%，其中数字类产品增长了 115%，纸质教育类图书增长了 9%。

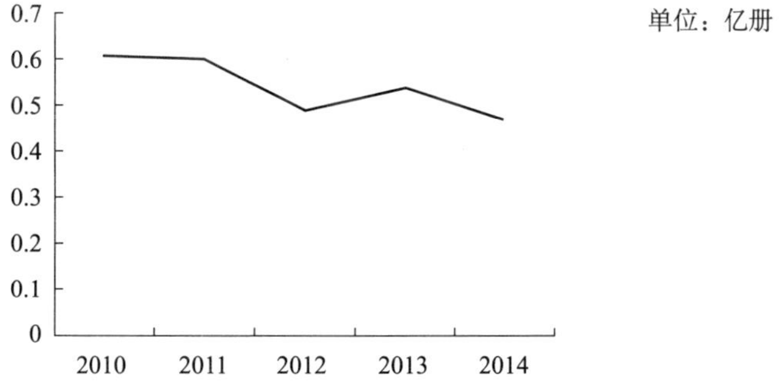

图 8　2010～2014 年教育类图书销量曲线图

资料来源：英国出版商协会《2014 年英国出版业数据年报》

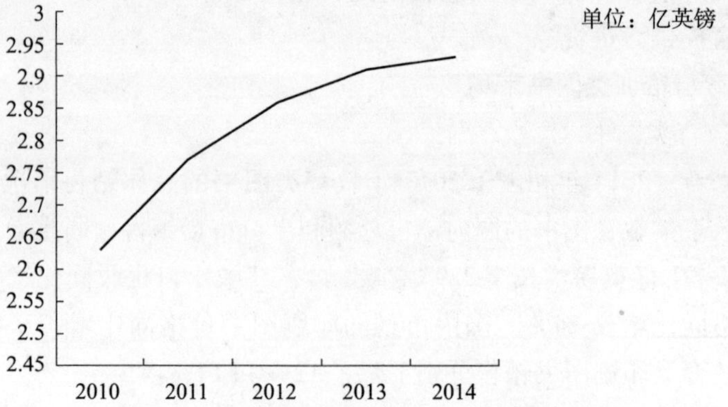

图9 2010～2014年教育类图书销售额曲线图

资料来源：英国出版商协会《2014年英国出版业数据年报》

在销售方面，从国内来看，纸质的儿童类图书国内销售额下降了4%，国内教育类图书整体下降了3%。与此同时，教育类图书的出口增势喜人，教育类出版销售额增长了7%，其中纸质类销售增长6%，而数字出版尽管其基数较低，但增幅超过300%。

2014年，纸质教材销量有轻微增长，主要受益于出口的增长，单位纸质教材销量在出口和国内市场都有双位数的下降，其中所有种类图书的单位销量有13%的下降。2010年至2014年，纸质类教育图书销量下降了23%，国内销量下降了近1/3。相反，五年内纸质书出口销售总额上升了1/5，促使教育类图书销售额整体上升了9%（见图8、图9）。

2014年英国教育纸质图书出口欧洲、东南亚、澳洲和北美各国，成功拉动出口发货价格的增长，增幅超过10%；而出口到非洲撒哈拉沙漠的收入则有所下降。纵观2010年至2014年，教育图书出口至中东/北非、东亚/南亚、欧洲、北美和美洲其他地区的销售量大幅上涨，非洲撒哈拉以南地区和澳大拉西亚的出口量则有所下降。

（2）培训类图书

与教育类图书市场相比，2014年的培训类图书市场情况不容乐观。统计年鉴显示英语教材国内销售和出口的数量和销售额均在下降。从销售额上看，国内销售收入下降了5%，基本每一年都会下降1%；出口额下降4%，整体市场销售下降1%。在销售数量方面，国内英语教学纸质书销售量下降了4%；出口销量的变化更令人担忧，出口印刷量从0.77亿册下降到0.68亿册，下降了12%。2010年至2014年，英语教学类图书整体销量下降了3%，纸质书销售税收收入下降了5%，而数字销售增长了一番，总收入为0.11亿英镑（见图10、图11）。

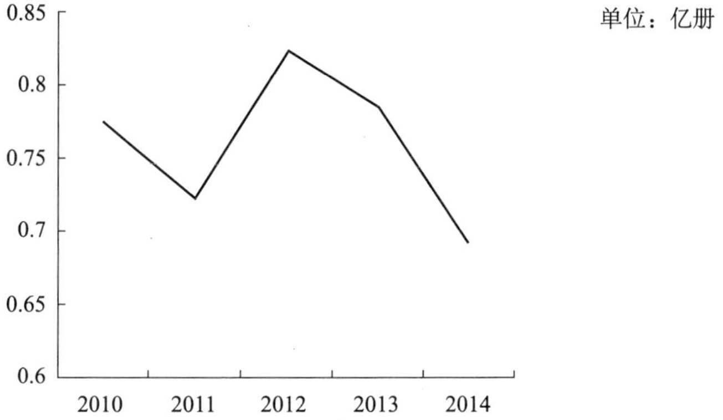

图10　2010～2014年培训类图书销量曲线图

资料来源：英国出版商协会《2014年英国出版业数据年报》

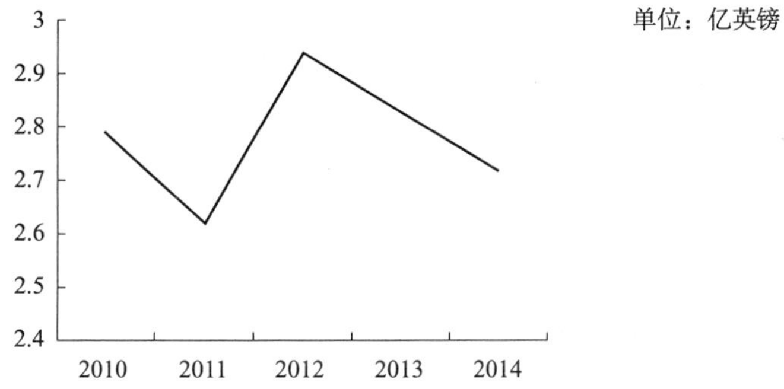

图11　2010～2014年培训类图书销售额曲线图

资料来源：英国出版商协会《2014年英国出版业数据年报》

从出书价格来看，2014年英国英语培训类图书的发货价格下降了4%，下降到2.72亿英镑，其中纸质书销售价值下跌了5%，数字出版（包括电子书、在线订阅和其他数字图书销售）占培训类整体销售发货价格的4%，这个比例比往年略高。

再看英国国内外市场情况。总体来看，2014年国内销售量和销售总额分别下降了4%和7%，英国培训类出口量下降12%，销售总额下降了5%。2010年至2014年，培训类纸质书国内销量下降了3%，收入下降了18%；出口市场分别下跌11%和4%。英国国内英语语言培训类图书的发货价格增长了15%，而国内纸质书市场销售额下降了7%，整体销售下降了5%。英语培训类的出口销售总体下降了4%，其中纸质销售下降了5%，电子出版增长了27%。总体来说，培训类图书的整体销售价值（包括印刷和数字出版）对出口的依赖仍是非常明显的。

在电子书出版与纸质书出版的销售方面，培训类电子出版销售税收收入占英国整体市场的8%，出口份额占整体市场的4%，两个比例都比2013年稍高。培训类纸质图书的平均发货价格上升了8%，上升到3.76英镑，出口价格以同样的速度上升，但在国内市场，销售价格下降了3%。五年间，英语教学出口市场的平均价格上涨了7%，上涨到3.67英镑，而国内市场的平均销售价格下降了16%，下降到7.53英镑。过去五年内，培训类纸质书的平均发货价格整体趋势变化和出口销售额变化基本保持稳定，尤其在2010年至2013年一直稳定，但在2013年至2014年，突然直线上升。而英语书销往国内市场价格一直保持下降。

3. 学术和专业类图书出版市场

学术与专业类图书市场销售情况自2010年开始就呈现颓势，一路下滑。从销量上看，从2013年的0.54亿册下降为2014年的0.49亿册，再创历史新低（见图12）。从销售额上看，2013年学术专业类图书销售额为10.82亿英镑，2014年下降到10.73亿英镑。2014年，学术和专业类图书的全球销售额从10.82亿英镑下降到10.74亿英镑，下降了1%；同一年，纸质出版下降了5%（见图13）。

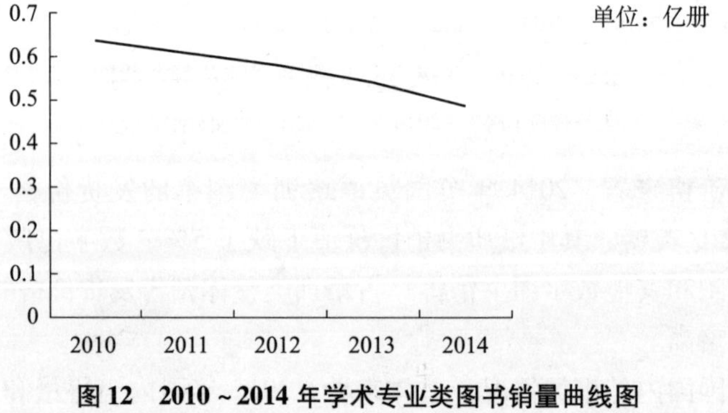

图12 2010～2014年学术专业类图书销量曲线图

资料来源：英国出版商协会《2014年英国出版业数据年报》

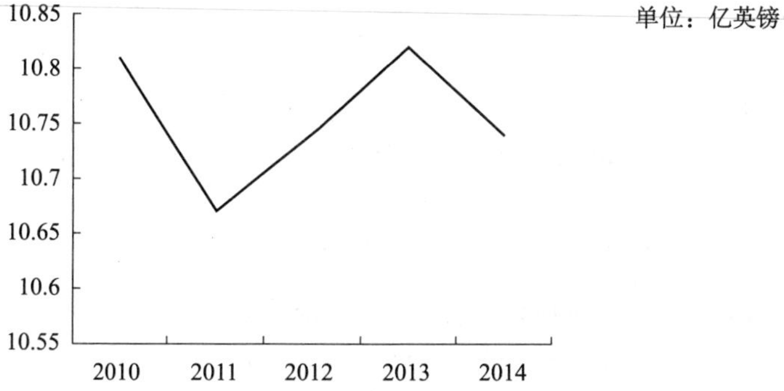

图 13　2010～2014 年学术专业类图书销售额曲线图

资料来源：英国出版商协会《2014 年英国出版业数据年报》

然而在这其中，2014 年数字出版（包括电子书和在线订阅）仍取得了不错的成绩，其销售额占学术和专业类图书整体销售额的 24%，这一比例从 2010 年的 12% 起就保持稳步上升。

从学术和专业领域分类来看销售情况，社会科学和人文类销售量最高，整体增长 1%，其中电子出版增长了 16%，而纸质出版的税收收入下降了 4%。科学/技术/医学板块整体销售下跌 4%，电子出版 20% 的增长并不足以抵消纸质出版 9% 的下降值。2010 年至 2014 年，人文社科类图书的电子出版物销售几乎翻了一番，增长至 193 万英镑，科技医药板块的电子出版增长超过了两倍，达到 5900 万英镑。同时，科技医药类的纸质书出版销售额五年内下降了 22%，人文社科类下降了 10%。

具体来说，科技医药类的国内电子出版销售在 2014 年增长了 1/5，将纸质出版销售 3% 的下降比例扭转为 4% 的增长，电子出版的国内市场税收收入从 2013 年的 26% 增长至 2014 年的 31%；电子出版的出口销售从 16% 增长至 18%，但由于这一类别纸质书的出口税收收入下降了 4%，电子出版领域 7% 的增长不足以补足空缺，所以整体出口量下降了 2%。

人文社科类国内电子出版销售增长了 1/5，纸质书销售量 10% 的下降最终导致了整体市场销售下降 7%。出口市场整体下降了 2%，纸质书出版下降了 8%，电子出版增长了 20%。

在发货价格方面，英国电子出版的全球整体销售发货价格增长了 17%，低于 2013 年的增长幅度。学术和专业类的纸质图书平均发货价格在 2014 年增长了 6%，增长至 1690 万英镑，相较 2010 年上升了 14%。国内市场的平均价格上涨了 9%，达 17.52 英镑，五年内上升了 19%。出口平均价格在五年内增长了9%，2014年当年上涨3%。

全年学术和专业类图书的发货价格下降了1%，总价值为10.74亿英镑。这其中除去电子出版领域17%的增长，纸质书出版整整下降了五个百分点。电子类学术和专业图书的税收收入比2010年增长了将近两倍，同期纸质出版下降了13%。

（三）电子书的发展情况

整体来看，2014年英国出版商的图书销售发货价格下降了2%，跌至33.11亿英镑，纸质书销售量下降了5%，整体销售额下降了13%。但这其中，电子书销售势头良好，销售量增长了11%。电子书销售总额也从2010年的1.69亿英镑增长至2014年的5.63亿英镑，增长了三倍以上（见表12、表13）。

在销售价格方面，2014年电子出版行业销售（包括电子书、音频下载、在线订阅和其他数字图书销售）占图书销售总发货价格的17%，而在2010年这个比例还仅仅是5%，2013年仅达15%。

国内市场，2014年英国出版商销售至国内的数字图书的发货价格增长13%，但国内市场纸质书整体销售价值下降了7%，图书业销量整体下跌3%。出口销售整体下降了1%，纸质书有2%的微小下跌，电子书上涨8%。出口市场，英国出版出口市场的电子出版份额同期从13%上涨到14%。

表12 2012~2014年电子书销售量

单位：册

年份	2012年	2013年	2014年
电子书	57999	69599	75167

资料来源：英国出版商协会《2014年英国出版业数据年报》

表13 2012~2014年出版物销售额

单位：亿英镑

年份	2012年	2013年	2014年
电子书	4.24	5.06	5.63
纸质出版物	30.39	28.80	27.48
总体	34.63	33.86	33.11

资料来源：英国出版商协会《2014年英国出版业数据年报》

在英国苹果阅读星（iBooks）商店发布的“2014年畅销榜单”中（见表14），阅读星平台的付费作品中销量最高的大多是被改编成电影的原著。如小说类作品，约翰·格林的《星运里的错》在英国苹果阅读星平台的销量最高，紧随其后的是吉利安·弗林的《消失的爱人》和马克斯·苏萨克的《偷书贼》，年销量分别位列第二和第七。据悉这三部作品都已被改编成电影，并已于2014年上映。此外，E. L. 詹姆斯的作品《五十度灰》也已改编成电影，计划于2015年2月上映，此书在英国阅读星销量排行榜上位列第三。该系列的第二和第三部的销量也很引人注目，分别位列第六和第八。

表14 2014年阅读星电子书销售排行榜

排名	书名	作者
1	《森林》(*The Woods*)	哈兰·科本 (Harlan Coben)
2	《我真正想要的》(*The One You Really Want*)	吉尔·曼塞尔 (Jill Mansell)
3	《日内瓦骗局》(*The Geneva Trap*)	斯特拉·里明顿 (Stella Rimington)
4	《时间会证明一切》(*Only Time Will Tell*)	杰弗里·阿切尔 (Jeffrey Archer)
5	《了不起的盖茨比》(*The Great Gatsby*)	弗·斯科特·菲茨杰拉德 (F Scott Fitzgerald)
6	《如何在一周内减掉10磅》(*How to Lose 10 Pounds in a Week*)	珍妮·艾伦 (Jenny Allan)
7	《恋爱学分》(*Starter for* 10)	戴维·尼克尔斯 (David Nicholls)
8	《iOS7.1用户指南》(*iPad User Guide for iOS*7.1)	苹果公司 (Apple Inc)
9	《刺客正传》(*Assassin's Apprentice*)	罗宾·霍布 (Robin Hobb)
10	《沉默》(*Silence*)	娜塔莎·普雷斯顿 (Natahsa Preston)

资料来源：根据英国阅读星平台所提供数据整理

J. K. 罗琳以笔名罗伯特·盖尔布莱斯创作的《布谷鸟的呼唤》年销量排名第四，乔治·R. R. 马丁的《权利的游戏》年销量排名第五，榜单上排名第十的是苏珊·柯林斯的《嘲笑鸟》，而排名第九位的是作家娜塔莎·普雷斯顿的《打破沉默》，值得关注的是娜塔莎是2014年付费作品畅销榜单中唯一的自助出版作家。

改编电影的影响力同样体现在非小说类作品的销售榜单中，所罗门·诺萨普的《为奴十二载》和乔丹·贝尔福特的《华尔街之狼》获得榜单前两名席位。自传类作品同样大受欢迎，琳达·贝灵汉的《有件事我一直想告诉你》

于2014年10月刚刚问世，如今已在非虚构类作品销售榜单中位列第七，而同样在10月发行的另一部作品——罗伊·基恩与罗迪·多伊尔合著的《另一半》则位列第四。2013年圣诞节销量第一的《我的自传》在该榜单中排名第十。

2014年免费图书下载量的统计结果也一并揭晓。下载量最高的是哈兰·柯本的再版作品《森林》，其次是吉尔·曼塞尔2008年首发作品《我真正想要的》。下载量前十名的免费图书中，值得关注的还有戴维·尼克尔斯2004年的首发作品《恋爱学分》和杰弗里·阿切尔的《时间会证明一切》，两位作家均于2014年秋季发布了新作。

电子书的销售量相对较低，《在线女孩》《可怕的姑妈》《长途》销量位于纸质书销售排行榜的前三位，然而这三本书的电子书销售额仅占到整体销售额的5%左右。非小说类表现也不佳，《铁路劳工》（总销量216458册）和《菲洛梅娜》（总销量214159册）两本书是流行电影改编图书，表现较好，电子书销量占到总销量的1/3左右，但纸质书仍然占主导地位。仅有11本非小说类畅销书进入了电子书销量前50名。

2014年，只有《消失的女孩》《我真正想要的》《森林》三本书的电子书销售超过了40万册，其中《我真正想要的》《森林》两书超过了50万册居于榜首。

在2014年《书商》畅销书排行榜中，前五十名的电子书共有40本，比去年增加25本。2013年《书商》畅销书排行榜中，前五十名的电子书共有15本。（见表15）

表15 2014年《书商》畅销书排行榜中进入前五十名的电子书

排名	书名	作者	纸质书销售量（册）	销售额（英镑）
1	《星运里的错》（*The fault in our stars*）	约翰·格林（John Green）	871815	4593035
4	《消失的爱人》（*Gone girls*）	吉利安·弗林（Gillian Flynn）	529602	2994911
9	《长途》（*The long haul*）	杰夫·科尼（Jeff Kinney）	381842	2264667
10	《地狱》（*Inferno*）	丹·布朗（Dan Brown）	347701	1598434

续表

排名	书名	作者	纸质书销售量（册）	销售额（英镑）
11	《有件事我一直想告诉你》（*There's Something I've Been Dying to Tell You*）	琳达·贝灵汉（Bellingham Lynda）	330625	3021530
12	《生生不息》（*Life after life*）	凯特·阿特金森（Kate Atkinson）	297898	1545413
13	《玛丽贝瑞烹饪》（*Mary berry cooks*）	玛丽·贝瑞（Mary Berry）	267875	2877125
14	《金翅雀》（*The Goldfinch*）	唐娜·塔特（Donna Tartt）	267107	1680569
16	《分歧者》（*Divergent*）	维罗妮卡·罗斯（Veronica Roth）	240623	1265305
17	《单身日记：为男孩儿着迷》（*Bridget Jones：Mad About the Boy*）	海伦·菲尔丁（Helen Fielding）	240196	1199068

资料来源：《书商》

（四）主要出版企业情况

根据国际出版咨询公司鲁迪格·威辛巴特出版的《2015 全球出版业 50 强收入排名报告》（榜单以 2014 年度数据作为排名依据），培生集团继续占据榜首，紧随其后分别为汤姆森路透、励德爱思唯尔集团、威科集团和企鹅兰登书屋（见表 16）。

表 16　2014 全球出版业 50 强排行榜——前五强

单位：百万欧元

2014 年排名	2013 年排名	出版商	国家	2014 年收入	2013 年收入
1	1	培生（Pearson）	英国	5809	5655
2	3	汤姆森路透（Thomson Reuters）	加拿大	4729	4015
3	2	励德爱思唯尔（Reed Elsevier）	英国/荷兰/美国	4405	4417
4	4	威科集团（Wolters Kluwer）	荷兰	3660	3565
5	5	企鹅兰登书屋（Penguin Random House）	德国	3324	2655

资料来源：根据鲁迪格·威辛巴特图书咨询公司所提供数据整理，该排名由美国《出版商周刊》、英国《书商》杂志、《法国图书周刊》、德国《图书报道》和巴西《出版新闻》共同发布 http：//wischenbart. com/upload/Global-Ranking-of-the-Publishing-Industry _ 2014_ Analysis. pdf

与2014年榜单相比，今年的排名变化不大。培生集团依然牢牢占据着榜首位置，2014年实现营收58.09亿欧元，超越位居第二的汤姆森路透10.8亿欧元。

2014年的榜单上，前十家出版商收入占榜单总收入的54%，比2013年下滑1%；56家出版商的总收入达536.41亿欧元，而2013年54家出版商的总收入达543.03亿欧元。对比2010年和2014年的榜单上前十家出版商的收入，学术出版商的收入比重从45%缩小到42%，大众出版商的收入比重从30%缩小到23%，而教育出版商的收入比重从30%增加到35%，教育出版和大众出版的差距在继续拉大。这表明教育业务仍是书业最有竞争性的领域。

总体来说，前五十强排名在过去几年中一直比较稳定，变化和浮动不是很大。但2014年的数据却反映出第一梯队的力量在明显加强，排名前十的出版集团合计收入达到318亿欧元，较之2013年提高12%，占本报告所涉公司总收入的54%，比头两年上升了一个百分点（2012年、2013年前十强在总排名公司中的收入比重均为53%）。

多年来，强者愈强的趋势越发显现，进入榜单的所有企业都是各地区、各出版领域的市场领导者。该排行榜是国际出版业针对出版企业进行排名的唯一榜单，已连续发布近10年，被认为是全球出版业变化的“晴雨表”和“风向标”。2015年榜中现身的56家公司，2014年的出版销售收入皆达到1.5亿欧元以上，所有公司的收入合计达到593.28亿欧元，较2013年提高了11%。

报告执行人吕迪格·魏申巴特称今年排名报告有三大看点：其一，更关注全球书业的数字化和全球化转型；其二，中国出版企业高调浮出，四家出版集团晋身其中，更有两家集团进入十强；第三，此次全球五十强的排名列举了最新业内并购情况。

2015的排名报告显示出，前十强在出版领域所专注的板块有如下发展特征：首先，如同前几年的情形，全球最顶尖的出版商的梯队没有太大变化，要么是专注于教育的培生，要么是在科技和专业信息板块发力的汤姆森路透、励德爱思唯尔或威科。其次，专业信息服务提供商的增长最为注目，以汤姆森路透作为标杆，其延展了产业的广度，并且在数字化转型、续费收入模式（订阅模式）上大有斩获。

英国出版商协会公布的《2014英国出版商协会统计年鉴》，统计并分析了2014年英国出版商协会会员纸质书和电子书的销售情况，这些出版商在英国出版业中占75%的市场份额。

2014年英国纸质书、电子书以及杂志销售收入共计43亿英镑（约合人民币410.57亿元），与2013年相比变化不大。2014年，英国纸质书销售收入降低至27.48亿英镑，降幅约5%；而电子书则增长至5.68亿英镑，增幅约11%。综合来看，英国图书销售收入从2013年的33.86亿英镑下降至33.11亿英镑，降幅约为2%。

2010年英国有3%的小说以电子书的形式销售，而2014年，这一数字已增长至37%。与此同时，少儿类电子书的销售收入也已呈现两位数的增长趋势。专业类电子书的销售收入在所有电子书中占45%，教材类电子书的销售收入略有增长，仅仅占到电子书销售的2%左右。可见，虽然数字出版销售收入增速有所减缓，但在出版行业仍占据重要地位。

三、期刊业发展状况

（一）概　况

2014年上半年，报纸与期刊的消费者价格指数（CPI）保持稳定，从1月份至6月份同比增加了0.8%。截至2014年6月份，消费者价格指数稳定在151.5，比2013年增加了7.3%，整体比往年增加1.9%。①

英国期刊交易市场2014年1月至6月市场销售额同比下降了5.2%，销售额为3.66亿英镑，销量为2.665亿册，同比下降了8.6%；主要是由于运动类和男性生活方式类的杂志销售大幅下降，未成熟随机（RSV）指数分别下降了40.1%和37.9%；女性时尚类和电视类杂志同期下降幅度最小，分别下降了2.9%和3.9%。

青少年类杂志表现抢眼，RSV指数与2013年同期有8.2%的增幅。儿童类杂志也表现不俗，销售额同比增长1.5%，《迪士尼》的公主系列以及《托马斯和他的朋友》（Thomas and Friends）表现强劲。电视类期刊与2013年同期相比继续保持较高水平，同比增长1.2%，在整个报刊市场中处于较高水平。

2014年上半年，英国杂志总发行量为3.74亿份，同比下降10.7%，所有

① 由于英国期刊协会（Periodical Publishing Association，简称PPA）2014年下半年的相关数据未发布；“英国2014年消费类杂志的购买情况”“2014年广告主”“2014年英国广告投入领域比重分布”的相关数据《媒体周刊》及英国广告协会未公布，故本文将不在以上方面展开报告。

类型的杂志都经历了一定的降幅，最小降幅为5.2%。

英国新闻业销售额继续保持最大的市场份额，同比增加0.6%，占77.0%，电视或频道付费途径的贡献最大，同比增长0.9%，占ABC市场总额的15.4%。其他销售途径同比下降1.2%，至4.7%。

表17 2014年1~7月消费类杂志购买量排行榜前十

排名	名称	2013年1~7月总发行量（册）	2013年7~12月总发行量（册）	2014年1~7月总发行量（册）	总发行量与同期相比	卖点广告
1.	《电视选择》（*TV Choice*）	1282276	1374813	1303011	+1.6%	-5.2%
2.	《电视周刊》（*What's on TV*）	1081176	1074346	1033376	-4.4%	-1.3%
3.	《轻松一刻》（*Take a break*）	713778	688264	651162	-8.8%	-5.4%
4.	《广播时代》（*Radio Times*）	577338	592981	513583	-11.0%	-13.4%
5.	《瘦身世界》（*Slimming World Magazine*）	408348	420085	431647	+5.7%	+2.8%
6.	《新》（*New!*）	382794	368710	320165	-16.4%	-13.2%
7.	《靠近》（*Closer*）	341084	326287	303251	-11.1%	-7.1%
8.	《魅力》（*Glamour*）	315461	297644	300007	-4.9%	+0.8%
9.	《谈天说地》（*Chat*）	316086	318184	295450	-6.5%	-4.1%
10.	《妇女周刊》（*Woman's Weekly*）	273680	264785	265657	-2.9%	+0.3%

资料来源：根据英国期刊协会提供数据整理

与同期相比，2014年上半年多数主流杂志总体订阅量呈下降趋势。发行量排行前十名的杂志中，只有《电视选择》（*TV Choice*）和《瘦身世界》（*Slimming World Magazine*）保持了正向的增幅，《瘦身世界》同期发行量增幅最大，达5.7%；而《电视选择》发行量最多，为130.3万册，同期发行量增长1.6%。卖点广告也基本呈下降趋势，跌幅最大的为《广播时代》（*Radio Times*），同比下降13.4%。（见表17）

上半年，电子期刊发行量为30.1万册，同比增加了30.5%，表现强劲，所占市场份额从原来的1.1%上升到1.5%。发行量最大的电子杂志类读物是女性兴趣类杂志，占市场份额的22.4%，所占市场份额同比下降0.1%；销售量的增幅从 2013 年的 1.5% 增加到 2.1%。其中《妇女周刊》表现最好，增幅达 12.5%，销售同比增长 97%，共售出 3.75 万册。数字音乐类销售同比增幅最大，达 574%，市场份额上升了 1.4%，数字销售占总体销售份额比值从 0.3% 增加到 2.4%。

（二）分类期刊情况

女性名人周刊板块销售量呈现不同比例的下降：《北部 & 核心新闻》（*Northern & Shell's New!*）销售量最高，达到了 32.02 万册，然而同期相比依旧下降了 16.4%。《你好》（*HELLO!*）跌幅最小，同比下降 1%。《明星》杂志下降幅度最大，降幅达到了 18.4%。

女性期刊中《女人》（*Woman*）、《女性专属》（*Woman's Own*）和《女性周刊》（*Woman's Weekly*）三本传统女性周刊与去年同期相比均有增长。其中《女人》杂志增长最高，比上一年增长 2.5%。《放松时刻》（*Take a Break*）的市场销量仍然保持第一的位置，但与去年同期相比下降了 8.8%，流行指数下降了 5.4%。

电视类期刊的税收收入同期上涨了 2.7%，表明这个板块从价格战等因素中恢复过来了。《电视选择》（*TV Choice*）仍然保持了市场第一的位置，同期增长了 1.6%。《电视播什么》（*What's On TV*）保持了第二的位置，售出 1033376 本，流行指数下降 1.3%。

时尚生活类在 2014 年有一个良好的开局，一半种类的杂志获得了同比销售和流行指数的增长。《魅力》（*Glamour*）保持了第一的位置，流行指数方面有 0.8% 的一个较小的增长。《女人与家》（*Woman and Home*）保持了第二的位置，比 2013 年同期增长了 2.3%。《全球时尚》（*Cosmopolitan*）、《红色》（Red）和《时尚芭莎》（*Harper's Bazaar*）同比都出现了双位数的下降。

儿童杂志前半年的税收收入同比增长了 1.5%。《开心学——粉红猪小妹》（*Fun to learn-Peppa Pig*）销售领先，售出 8.79 万册。《小兔皮特》（*Peter Rabbit*）是这个时期唯一的新发轫者，首发就在全英新闻交易市场以 3.65 万册销售数占据半壁江山。《蜘蛛侠》（*Spectacular Spiderman*）增长了 2.9%。

半数的家庭兴趣杂志在 2014 年都有增长。《理想家园》（*Ideal Home*）邮政销售量达到了 13.2 万册，位居榜首。《家居风格》（*Style at Home*）销量继续增加，同比增长 10%，在同类型杂志的销量中保持第三的位置。

新闻时政类杂志在 2014 年经历了销售量同比和流行指数的双重下降。其中《私家侦探》一直处于行业顶端，在全英新闻交易市场中降幅最小。而在

2013 年表现出色的《经济学人》杂志却达到最大幅度的同比下降，降幅为 16.1%。

参考文献

1. 英国出版商协会 . www. publishers. org. uk

2. 英国期刊协会 . www. ppa. co. uk

3. 尼尔森图书数据公司。www. nielsenbookdata. co. uk

4. 英国广告协会 . www. adassoc. org. uk

5. 英国出版商协会《2014 年度英国图书出版业统计报告》. UK Publishing Industry Statistics Yearbook 2013

6. 亚马逊网站 . www. Amazon. uk

（作者单位：中国新闻出版研究院、中国人民大学）

法国出版业发展报告

王 珺

一、出版业发展背景

（一）经济环境

2014 年，法国经济继续低迷，经济增长缓慢，公共财政赤字降幅未达预期，失业问题持续恶化。根据法国国家统计与经济研究所（Institut National de la Statistique et des Etudes Economiques）的数据显示，2014 年，法国国内生产总值约为 2.13 万亿欧元，经济增长率为 0.4%，低于欧元区平均增幅水平。欧盟委员会公布的数据也表明，2014 年，法国在世界经济排名榜上被英国超越，降为全球第六大经济体。另一方面，法国公共财政赤字居高不下，2014 年公共财政赤字占国民生产总值的比例高达 4.4%，比政府承诺的指标多了 0.8 个百分点，未达欧盟规定的硬性指标。2014 年前 3 个季度，法国完全失业人口达到 343.25 万人的峰值，失业率达到 10.4%。

国际知名信用评级机构于 2014 年 12 月将法国主权信用评级从“AA +”降至“AA”。欧盟对法国经济指标不达欧盟要求表示不满和忧虑，并将法国列入需密切监控的国家行列，要求法国采取解决经济失衡的决定性措施。与此同时，得益于市场价格稳定，2014 年，法国家庭支出增长 0.6%，娱乐和文化消费支出重现增长，家庭储蓄率自 2000 年以后首次提高。

在进出口贸易与投资方面，根据法国海关数据，法国 2014 年出口总额 4278 亿欧元，比上一年下降 1.7%；进口总额 5031 亿欧元，同比增长 1.3%，贸易逆差较上一年有所扩大。在法国主要贸易伙伴中，中国占有较为重要地位。法国从中国进口总额占总量的 8.5%，向中国出口占总量的 3.8%。中国是法国在亚洲的最大贸易伙伴。2014 年，中法经贸关系特点为，一方面，法国对中国出口增速远高于法国从中国进口的增长；另一方面，中国对法国投资增速加快，投资以并购为主。该年是中国企业收购法国企业最活跃的一年，达 13 笔，总价超过 40 亿美元，单笔最高报价 13 亿美元。如此密切的贸易往来为中法两国的文化交流打下了良好基础。

（二）文化政策环境

2014 年，受国家公共财政赤字的影响，法国文化部（Le Ministère de la Culture et de la Communication）年度财政预算被继续收紧，为 72.6 亿欧元，比 2013 年减少了 1.47 亿欧元，降幅达 2%。其中，书报刊及文化产业总预算较上年减少 6100 万欧元，降幅达 7.8%，这是几年间书报刊及文化产业总预算降幅最大的一次（见表 1）。分给书报刊及文化产业的预算虽减少较多，但多是减少对市场化程度较高报刊业的支持。文化部用于报刊领域的预算当年降幅为 11%。对于有文化产业内容源头作用的图书业，预算减少 600 万欧元，降幅 1.5%，低于文化部预算平均降幅。

表 1 2012～2014 年文化部用于书报刊及文化产业方面的预算

单位：亿欧元

预算种类	2012 年	2013 年	2014 年
文化部总预算	**75.43**	**74.1**	**72.63**
书报刊及文化产业总预算	**8.08**	**7.82**	**7.21**
报刊预算	5.33	5.16	4.59
图书与文化产业预算	2.75	2.68	2.62

数据来源：《法国文化部预算报告（2014 年）》（*Projet de loi de finance*，2014）

2014 年 8 月，文化部长由 41 岁的韩裔社会党人芙乐·佩瑞林（Fleur Pellerin）接任。芙乐·佩瑞林曾在 2012 年社会党政府中任负责中小企业、创新和数字经济的部长级代表，在推动法国数字经济产业发展方面成绩突出。民众普遍期待她能在上任部长未完成的演艺界临时工作者问题、反对亚马逊不正当竞争、文化创新法草案等方面有所表现。芙乐·佩瑞林是现任总统奥朗德上任后的第二位文化部长，也是金融危机以来法国第四位文化部长。虽然每任部长都会顺应时代的发展保留部分既有文化政策，但每两年更换一次文化部的领导人，且日益年轻化，无疑会给本应长期实施才能彰显成效的文化政策带来诸多变数。

近年来，法国文化部为帮助独立书店免受大型网络书店和数字化阅读的冲击采取了许多措施，其中最为突出的就是直接增加资金支持和通过禁止网络书店免费送货的法律。

法国对独立书店的支持已经持续多年。2014 年，法国文化部在上一年启动的“书店扶持计划”（plan librairie）基础上，专门拨付 100 万欧元用于在全国范围内建立紧密而多样性的独立书店销售网络。同时，文化部对独立书店强化财务状况提供短期资金支持。若将之前针对加强独立书店建设、维护其图书运输渠道等专项资金一并考虑在内，2014 年文化部针对独立书店的专项扶持资金总额约 900 万欧元，与上一年持平。相关申请统一由法国国家图书中心（Centre National du Livre，简称 CNL）受理并拨付。

2014 年 7 月 10 日，法国开始实行《2014 年 7 月 8 日法》（LOI n° 2014 - 779 du 8 juillet 2014）。该法律禁止大型网络书店为已经打折销售的图书提供免费送货，以阻止网络书店折本倾销。在法国文化部看来，该方案可以避免不公平竞争，凸显法国维护独立书店和实体销售渠道的决心。

法国国家图书中心资金的主要来源是行业税收，另外还接受资助，也同时有其他收入。2014 年，该中心的行业税收比上一年减少 370 万欧元，其他收入减少 54 万欧元，是五年来收入最少的一年。事实上，法国国家图书中心自 2012 年开始改革后，获得的资助性收入从之前每年的数百万欧元已降至 2014 年的 6 万欧元。综合以上因素，该中心 2014 年收入较上一年下降 10.4%，成为五年来第一次低于 4000 万欧元的年份（见表 2、图 1）。

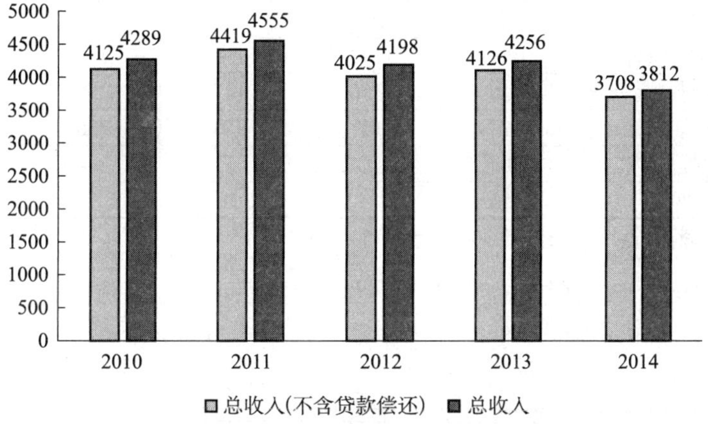

图 1　2010～2014 年国家图书中心收入变化情况

表 2　2012～2014 年国家图书中心资金来源情况

单位：万欧元

资金来源	2012 年	2013 年	2014 年
生产税净额	3463	3467	3097
其他收入	552	659	605
资助	10	0	6

续表

资金来源	2012 年	2013 年	2014 年
总收入	4198	4256	3812
贷款偿还	173	130	104
总收入（不含贷款偿还）	4025	4126	3708

数据来源：《法国国家图书中心年度报告（2014 年）》（*Rapport d'activité du CNL*）

资金的大幅减少最终影响了法国国家图书中心对出版领域各类活动、机构和人员的资助、补贴和贷款金额。2014 年，有 1656 家申请者的 2712 个项目获得资助。虽然资助项目数量比上一年多了 10 个，但申请通过率下降了 1%，资助总额更是减少了 19.5%（见表 3）。

表 3　2013～2014 年国家图书中心资助情况表

资助项目	2014 年情况			2013 年	2014/2013
	获资助者（家）	获资助项目（个）	资助金额（万欧元）	资助金额（万欧元）	
作家与译者①	428	435	267	266	+0.6%
出版商（非杂志）②	353	1258	863	877	-1.6%
杂志	193	250	92	156	-41%
文学活动组织者	190	199	430	445	-3.4%
书商③	312	386	497	1234	-59.7%
图书馆④	177	181	856	720	18.9%
多样化推广⑤	3	3	5	44	-87.8%
合计	1656	2712	3011	3742	-19.5%

数据来源：《法国国家图书中心年度报告（2014 年）》

在资助经费较为紧张的情况下，法国国家图书中心坚持努力扶持法国原创作品的创作和译介的一贯做法，保持了对作家与译者的资助总额度；坚持

① 法国作家协会（Société des Gens de Lettres）获得 2 项资助，共计 10 万欧元。

② 法国出版国际推广办公室（Bureau International de l'Edition Française，简称 BIEF）获得 1 项资助，共计 256 万欧元。

③ 其中，版权期限内文献的数字化类（numération de documents sous droits）获得 41 项资助，共计 144 万欧元；法国创意书店发展协会（Association pour le Développement de la Librairie de Création）获得 1 项资助，共计 23 万欧元；法国书商协会（Syndicat de la librairie française）获得 1 项资助，共计 8 万欧元；法语地区国际书店联盟（Association internationale des librairies francophones）获得 1 项资助，共计 6 万欧元。

④ 法国国家图书馆（Bibliothèque Nationale de France）版权期限内文献的数字化类项目获得 5 项资助，共计 750 万欧元。

⑤ 版权期限内文献的数字化获得 2 项资助，共计 4 万欧元。

对国民阅读环境改善的支持，大幅提高了对图书馆的资助；坚持对公共数字资源的整合与建设，将支持国家图书馆的绝大部分经费用于开展版权保护期内的文献数字化工作。

从内容种类上看，法国国家图书中心坚持对小众内容生产的扶持，历史、哲学、人文社科，艺术，诗歌、戏剧，科学文献等4类内容获资助的比例远远高于其市场份额，获资助额度达到资助总额的一半以上。这样的资金支持保护了出版方生产小众内容的积极性，维护了文化产品的多样性（见图2）。

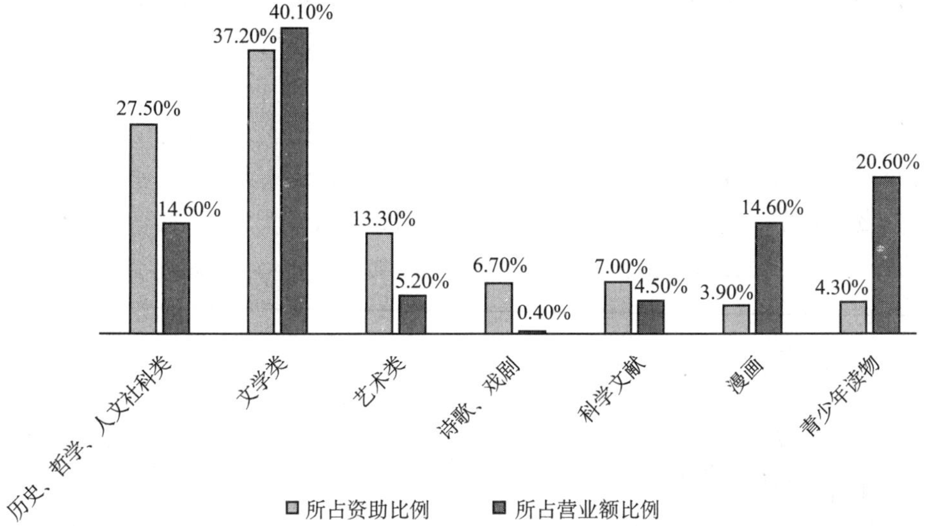

图2　各类内容产品获资助比例及其营业额比例对比

（三）国民阅读状况

法国并非每年都对国民阅读状况进行全国性官方调查，图书馆借阅情况也发布得较为滞后。法国国民的阅读情况可从一些市场调查机构或非营利机构开展的调查中了解。

根据法国公众阅读监督协会（Observatoire de la lecture publique）最新公布的数据，2013年，法国市级图书馆借出各类介质的资料共计2.65亿份（次），较上一年下降4%；其中，图书借出量近2亿册，同比下降2%。最新的资料显示，法国大学图书馆2012年借出图书1190万册，较上一年下降3.4%。

法国出版商协会联合法国作家协会与法国作家权益协会（Société Française des Intérêts des Auteurs de l'Ecrit），通过观点路径研究所（Opinion-

Way）对法国民众的电子书阅读进行调查。调查结果显示，2014 年，有 15% 的法国人每年阅读 1 本以上（含 1 本）电子书，有 7% 的人有阅读电子书的计划。①

在报刊阅读方面，奥迪报刊调查公司（Audi Press）2014 年针对法国管理阶层、公务人员等精英人群的调查表明，法国此类人群对传统报刊青睐有加。有高达 96% 的精英人群每个月至少阅读一种报刊，比上一年的调查增加了 0.7%。这一增长被认为与电子阅读的发展有密切关系，因这一人群纸质报刊和电子报刊的阅读比例在 2∶1 左右。浏览报刊是精英人群使用移动设备的第四大用途，排在处理电子邮件、查看天气预报、使用社交网络之后。

据法国传媒发行量监督协会（Office de Justification de la diffusion）对法国网络媒体的调查，2014 年，法国民众对网站和应用程序的访问量 296.8 亿次，页面阅读总量 2234.2 亿面，分别比 2013 年增长 12.9% 和 1.9%。《世界报》《队报》《费加罗报》是法国民众访问最多的 3 家大众类型网站，仅世界报网站的年访问量就达 8 亿次。

二、图书业发展状况

（一）概　况

1. 出版情况

根据法国出版商协会（Syndicat national de l'édition）公布的 244 家会员出版社数据，2014 年法国出版图书 98306 种，比上一年增加 2823 种，增幅近 3%。将近 10 万种的出版能力，能够较为充分地满足日益细分且不断小众化的读者需求。2014 年，法国新版图书减少了 3000 多种，比 2013 年减少 6.5%，是 5 年来新版图书第一次减少。与之相反的是，再版书品种已经连续增长 5 年。2014 年法国年出版再版书首次超过 50000 种，比上一年增加 5841 种，同比增长近 12%。出版商对再版书的出版热情是法国年图书出版品种持续增长的一个重要原因。

与年出版种数不断增长形成对比的是印量的持续减少。2014 年，法国图书总印数减少 1870 多万册，比上一年印刷总量降低 3.3%，且新版书和再版书印量均有减少。5 年间，年图书总印数已降为高峰年份的 87.5%，减少

① 该项调查针对 15 岁及以上人群开展。

7900 多万册，这虽与近年来数字化阅读产品在法国不断发展有密切关系，但也反映了日益细分的图书市场竞争加剧的现状。图书平均印数更因品种增加而总印量减少而下降明显，年降幅6.1%，5 年内已减少2000 多册（见表4）。

表4　2012～2014 年图书出版情况

分类	2012 年	2013 年	2014 年
种数（种）	**86295**	**95483**	**98306**
新书	44678	46619	43600
再版书	41616	48865	54706
总印数（千册）	**630913**	**572033**	**553241**
新书	387389	353393	344246
再版书	243524	218640	208995
平均印数（册）	**7311**	**5991**	**5628**

数据来源：根据法国出版商协会《法国出版业国内及国际数据年度报告》（2013 年、2014 年、2015 年）（*Repères statistiques France et International* 2013、2014、2015）整理

2. 细分市场情况

2014 年出版种数的比例超过总量 10% 的有 4 类，分别是教学用书、社会与人文科学、文学和儿童与青少年读物。出版种类集中程度较 2013 年又有提高，4 类出版物的品种量已达到总量的 61.6%，比 2013 年多了一个百分点。总印数比例超过总量 10% 的有 5 类，分别是教学用书、文学、儿童与青少年读物、连环画和生活实用图书，这与 2013 年保持一致，占总印量的比例变化不大。在 2014 年实现出版品种和总印数双增长的图书有 5 类，分别是教学用书，科技、医药与管理，文献、时事与随笔，儿童与青少年读物和艺术类图书；出版品种和总印数均有减少的图书有 5 类，分别是词典与百科全书、文学、生活实用图书、地图和文献资料。2014 年法国宗教玄学类图书种数猛增32.5%；社会与人文科学的出版也较为活跃，出版种数比上一年增加了 4000 多种，增幅高达 27.08%；艺术类图书出版种数也增加了 16.56%，这三类图书成为当年法国出版商展开竞争的新焦点（见表5）。

表5　2014 年图书出版细分市场情况

类别	图书出版种数（种）			图书出版总印数（千册）			比例（%）	
	新书	再版书	合计	新书	再版书	合计	种数	总印数
教学用书	3002	6819	9820	44263	43012	87275	10	15.8
科技、医药与管理	1400	3015	4416	4867	1963	6830	4.5	1.2
社会与人文科学	9111	9887	18998	16645	10377	27022	19.3	4.9
宗教玄学	787	4660	5447	3053	2525	5578	5.5	1.0

续表

类别	图书出版种数（种）			图书出版总印数（千册）			比例（%）	
	新书	再版书	合计	新书	再版书	合计	种数	总印数
词典与百科全书	353	259	613	7640	3328	10968	0.6	2.0
文学	8098	9842	17940	86646	45625	132271	18.2	23.9
文献、时事与随笔	2258	4009	6267	11460	4123	15584	6.4	2.8
儿童与青少年读物	6503	7369	13872	67244	51131	118375	14.1	21.4
连环画	3058	3240	6298	41463	21288	62751	6.4	11.3
艺术	2637	819	3456	8156	1635	9791	3.5	1.8
生活实用图书	5306	4017	9323	45136	20602	65738	9.5	11.9
地图	1081	767	1849	7666	3387	11053	1.9	2.0
文献资料	6	1	7	5	0	5	0	0
合计	43600	54706	98306	344246	208995	553241	100	100

数据来源：根据法国出版商协会《法国出版业国内及国际数据年度报告》（2013 年、2014 年、2015 年）整理

（1）儿童与青少年图书出版发行情况

儿童与青少年图书多年来是法国印量最大的图书种类，出版种数排名第三，仅次于文学和人文社科类图书，销售额和销售册数仅次于文学类图书。

2014 年，法国儿童与青少年图书市场表现正常。出版品种较上一年增加 6.2%，印数增加 3.22%，销售额增加 4.31%，销售册数微增 0.6%。与此同时，平均印数和平均销售册数均有所下降，降幅分别为 2.8% 和 5.25%，平均销售册数的降幅高于所有图书的平均水平。即便如此，儿童与青少年图书在平均印数和平均销售册数上仍远远高于平均水平，分别是平均水平的 151.63% 和 146.77%。此类图书当年的印销比为 73.8%，比 2013 年的 75.71% 有所下降，且低于 2014 年所有图书的平均水平，这表明出版社对此类图书的出版较其他类图书更显乐观（见表 6）。

表 6　2012～2014 年儿童与青少年读物出版发行情况

印销情况	2012 年	2013 年	2014 年
出版种数（种）	13366	13062	13872
印数（千册）	117478	114682	118375
平均印数（册）	8789	8780	8534
销售额（千欧）	354270	342401	357175
销售册数（千册）	90495	86826	87367
平均销售册数（千册）	6770	6647	6298

数据来源：根据法国出版商协会《法国出版业国内及国际数据年度报告》（2013 年、2014 年、2015 年）整理

法国儿童与青少年图书可分为启蒙、儿童、涂色书，儿童、青少年虚构类和文献、百科全书类。其中，启蒙、儿童、涂色书的销售增长较为突出，2014 年在图书市场的占有率比上一年增长了 1 个百分点，且 5 年内基本呈现持续增长态势；儿童、青少年虚构类的销售与上一年基本持平，市场占有率较“哈利·波特”系列和“暮光之城”系列出版的高峰时期有所下降；文献、百科全书类比 2013 年减少了 0.3%，销售额跌至 3000 万欧元以下，是 5 年来的最低点（见表 7）。

表 7　2012～2014 年儿童与青少年读物细分市场情况

单位：千欧元

分类	2012 年	2013 年	2014 年
启蒙、儿童、涂色书	**148183**	**159208**	**181131**
份额（%）①	5.6%	6.2%	7.2%
儿童、青少年虚构类	**173177**	**150452**	**150539**
份额（%）	6.6%	5.9%	6.0%
文献、百科全书类	**32909**	**32742**	**25506**
份额（%）	1.2%	1.3%	1.0%
合计	**354270**	**342401**	**357175**
总份额（%）	13.4%	13.4%	14.2%

数据来源：根据法国出版商协会《法国出版业国内及国际数据年度报告》（2013 年、2014 年、2015 年）整理

法国儿童与青少年图书的出版集中度并不很高。虽然阿歇特出版集团、埃蒂迪出版集团、玛德里高集团和巴雅尔集团占有 53.3% 的儿童与青少年图书市场，但另有近 30% 的市场属于其他出版社，且这些集团旗下的出版社没有一家的市场份额超过 8%。紧随四家集团之后的是在法国知名度较高的 5 家儿童与青少年图书专业出版社，共占有 17.1% 的市场份额，弗勒吕斯出版社、开心学校出版社、力拓出版社等的市场份额也可排在 4 大集团下属出版社的二三名（见图 3）。

2014 年，法国输出儿童与青少年图书版权 3304 项，占法国当年版权输出总量的 25.3%，是仅次于连环画的第二大输出种类。从输出语种上看，汉语是最大的输出语种，占儿童与青少年图书版权的 29.3%，仅向中国大陆就输出 737 项。从地域上看，亚洲的中国大陆、韩国和中国台湾省，欧洲的西班牙、意大利、土耳其和俄罗斯是法国儿童与青少年图书版权输出重要目的地，上述每个国家和地区购买的版权都超过了 100 种，2014 年共计购买版权 1770

① 这里的份额和总份额是指此类图书或二级类别的图书占全部图书市场的份额，下同。

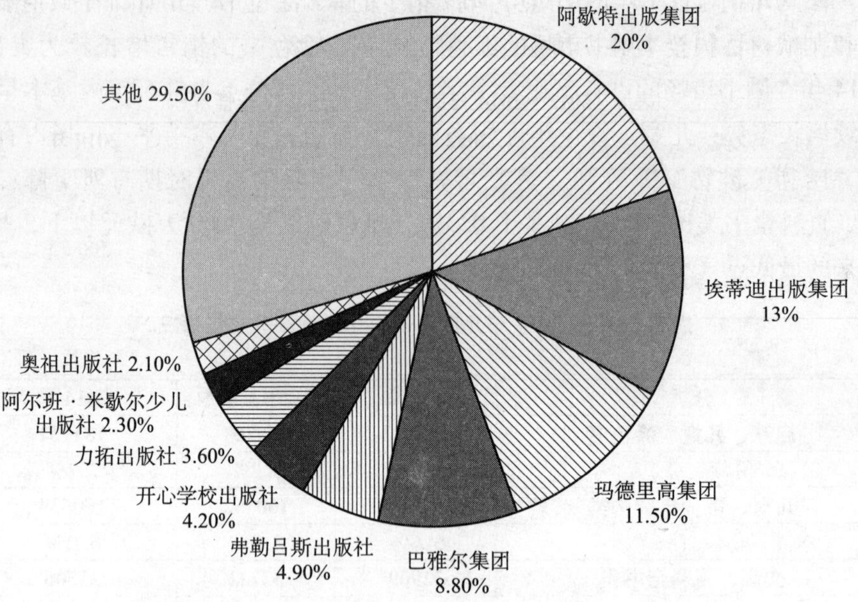

图 3 2014 年儿童与青少年图书出版社市场占有情况

种，占儿童与青少年图书版权输出总量的 60. 45% 。

（2）教学用书出版发行情况

教学用书是法国十分重要的出版种类，是继文学和儿童与青少年图书之后，在出版种数、总印书、出版社销售额和销售册数占总量比例均超过 10% 的种类。教学用书可细分为教材、教辅和师资教育与培训三类。

法国教学用书市场受国家教育改革计划和政府教育预算的影响较大。2013 年年中，法国发布政府命令，计划在未来四年内分阶段完成从幼儿园到初中的教育大纲改革。但直到 2014 年年底，这项改革计划的具体实施方案仍未正式出台。这意味着留给出版社来研发适合新教育大纲的教学用书的时间并不充裕，出版社做出应急调整的能力会十分有限，出现几年前开学时新教材还未完全到位的情况也是有可能的。同时，法国政府教育预算也在不断削减。2014 年，政府向公立初中投入的用于更新教材的预算比 2013 年削减了 56% ，学校购买和更新公用教材的能力大大降低。

从数据上看，教学用书在 2014 年除销售额比 2013 年下降了 5. 3% 外，出版种数、印数、平均印数都较上一年有所增长，销量上增长 3. 4% ，这从一定程度上表明出版商采取低定价以促进销售的出版策略是有效果的。然而，2014 年教学用书的印销比仅为 66. 6% ，低于 2013 年的 70. 8% ，更是比 2014

年的平均印销比低10个百分点。印多销少的状况一定程度上印证了政府教育预算削减对法国教学用书市场的不利影响（见表8）。

表8　2012～2014年教学用书的出版发行情况

类别	2012年	2013年	2014年
出版种数（种）	9324	9773	9820
印数（千册）	89570	79468	87275
平均印数（册）	9606	8132	8887
销售额（千欧元）	372427	323624	306584
销售册数（千册）	59013	56247	58161
平均销售册数（册）	6329	5755	5922

数据来源：根据法国出版商协会《法国出版业国内及国际数据年度报告》（2013年、2014年、2015年）整理

从教学用书的二级市场也可看到政府资金的影响。2014年，出版商在教材类图书的销售上获益减少，教材的销售额减少了5.6%，教辅减少4.2%，师资教育与培训类减少5%。教材销售额占图书市场总份额减少0.4%，这是教学用书2014年市场份额下滑的重要原因（见表9）。

表9　各类教学用书销售额及市场份额占有情况

单位：千欧元

类别	2012年	2013年	2014年
教材	**280512**	**233308**	**220161**
份额（%）	10.6%	9.1%	8.7%
学龄前与小学用书	70421	68059	70187
份额（%）	2.7%	2.7%	2.8%
普通中学用书	158420	103877	93831
份额（%）	6.0%	4.1%	3.7%
专业技术类	51670	51994	46783
份额（%）	2.0%	2.0%	1.9%
高级技术类①	—	9378	9359
份额（%）	—	0.4%	0.4%
教辅	**83652**	**80285**	**76899**
份额（%）	3.2%	3.1%	3.1%
师资教育与培训	**8264**	**10030**	**9525**

① “高级技术”为2013年新增的教学分类，此类图书也从当年开始出版。

续表

类别	2012 年	2013 年	2014 年
份额（%）	0.3%	0.4%	0.4%
合计	**372427**	**323624**	**306584**
总份额（%）	14.1%	12.6%	12.2%

数据来源：根据法国出版商协会《法国出版业国内及国际数据年度报告》（2013 年、2014 年、2015 年）整理

从《法国图书周刊》监测的教辅图书零售方面的情况看，2014 年，教辅图书零售额下降 2.8%，销售量下降 2.2%。面对这样的局面，出版社采取了多种措施。首先，降低价格，2014 年教辅图书平均销售价格比上一年下降 0.6%。其次，通过网络资源提升纸质书的“含金量”，购买教辅图书的读者可在出版社官网获取“补充内容”，参与各种游戏，获得与使用同种图书的教师、家长和学生交流的机会。最后，不断推陈出新，打造鲜明、重点突出的内容的同时，提高改编、改版的频率，实现老品牌新面孔；尝试卡片等新的出版形式，提高使用时的便捷性。

（3）翻译出版情况

法国一直是西方出版大国中引进翻译国外作品十分积极的国家，翻译图书品种占年出版总量的 12% 左右。2014 年，法国翻译出版的外版图书品种持续增长，但增幅继续放缓。本年内，翻译图书增长近 2%，低于年出版品种近 3% 的增幅，与整体出版增长幅度的差距比 2013 年有所加大。

英语是法国引进作品最多的语言，占翻译作品总量的 59.5%。日语、德语、意大利语、西班牙语紧随其后，四个语种出版的图书占翻译作品的 25.4%。仅这 5 个语种的图书就已超过万种，达到翻译作品的 84.9%。2014 年，英语、日语、意大利语、斯堪的纳维亚语、荷兰语、阿拉伯语、葡萄牙语、波兰语的作品都较上一年有不同程度的增长，其他语言翻译作品量也比 2013 年增加了近 150 种。本年中，法国翻译出版汉语作品较 2013 年有明显减少，这符合法国十年来引进汉语图书“大小年”的规律（见表 10）。

表 10　2012～2014 年翻译图书出版种数

单位：种

语种	2012 年	2013 年	2014 年
英语	6653	6993	7060
日语	1191	1296	1396
德语	754	714	644

续表

语种	2012 年	2013 年	2014 年
意大利语	554	511	538
西班牙语	403	450	439
斯堪的纳维亚语①	242	260	284
俄语	117	118	118
荷兰语	102	96	115
阿拉伯语	91	89	98
东欧语言	86	120	78
汉语	66	102	76
葡萄牙语	76	70	72
韩语	87	60	45
波兰语	41	35	38
其他语言	850	709	858
合计	11313	11623	11850

数据来源：根据《法国图书周刊》（*Livres Hebdo*）总第 948 期、992 期、1036 期整理

法国翻译图书的种类较为集中，小说、儿童与青少年读物、漫画、社会与人文科学的作品是最多的，均超过 10%，艺术类图书、生活实用类图书一年也有数百种的引进量。小说一直是法国译介出版的重点，2014 年这一比例虽较上年稍有减少，但仍占翻译总量的 1/3（见图 4）。

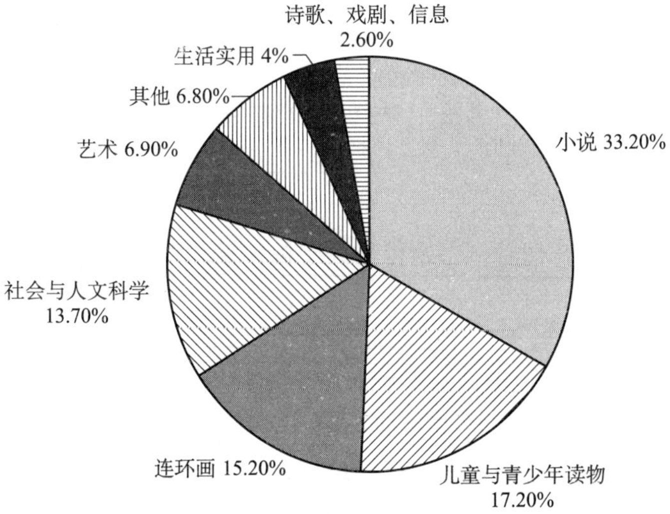

图 4　2014 年法国翻译出版的图书类别

① 指瑞典语、丹麦语和挪威语。

法国对不同语种的引进种类较符合原语言出版特色。英语、斯堪的纳维亚语、俄语、葡萄牙语、东欧语言等的小说翻译比例都在40%以上，而翻译的日语作品中，大部分为漫画。法国出版的日系漫画中，有近9成是从日文翻译而来（见表11）。

表11　2012～2014年翻译类小说出版种数

单位：种

语种	2012年	2013年	2014年
英语	2680	2919	2981
日语	47	50	54
德语	121	171	126
意大利语	121	135	116
西班牙语	181	171	179
斯堪的纳维亚语①	176	172	186
俄语	52	62	56
荷兰语	12	25	26
阿拉伯语	21	22	26
东欧语言	48	54	32
汉语	17	33	21
葡萄牙语	43	39	44
韩语	11	20	15
波兰语	11	10	8
其他语言	92	78	71
合计	3633	3961	3941

数据来源：根据《法国图书周刊》总第948期、992期、1036期整理

3. 发行销售情况

（1）出版社销售情况

2014年，法国出版社图书销售仍处于销售额和销售量双双下降的状况之中，好在降幅都有不同程度的放缓。当年，法国出版商协会的244家成员单位实现销售26.52亿欧元，比上年同期减少1.3%，下降幅度是2013年的近4%。销售额的减少是由实物销售下降造成的，出版社版权转让收入同比增加了700万欧元，电子书销售更是好于往年。销售量方面，2014年共计减少402.2万册，比2013年减少0.9%，大大少于上一年1408.5万册和3.2%的数据，一定程度上体现了法国图书市场的相对平稳（见表12）。

① 指瑞典语、丹麦语和挪威语。

表 12　2012 ~ 2014 年出版社图书销售情况

类别	2012 年	2013 年	2014 年
销售额（百万欧元）	2771	2687	2652
实物销售（百万欧元）	2639	2559	2517
版权转让（百万欧元）	133	128	135
销售量（千册）	440900	426815	421793

数据来源：根据法国出版商协会《法国出版业国内及国际数据年度报告》（2013 年、2014 年、2015 年）整理

2014 年，法国出版社图书平均印销比进一步提高，达到 76.2%，重新回到 5 年前的高点。从另外一个方面看，图书平均印数和平均销售册数不断减少已是大势所趋。平均印数在 2008 年曾出现较为明显的提高，平均销售册数在 2009 年也有过回升，但从此之后，这两个数据一降再降，2014 年的平均印数和平均销售册数均已不足 5 年前的 70%（见表 13）。

表 13　2012 ~ 2014 年出版社图书平均出版和销售量

类别	2012 年	2013 年	2014 年
平均印数（册）	7311	5991	5628
平均销售册数（册）	5109	4470	4291
平均印销比例（%）①	69.9	74.6	76.2

数据来源：根据法国出版商协会《法国出版业国内及国际数据年度报告》（2013 年、2014 年、2015 年）整理

与 2013 年相比，科技、医药与管理，社会与人文科学，文献、时事与随笔，儿童与青少年读物，艺术，地图等 6 类图书的销售额和销售册数呈现双增长；词典与百科全书、文学、连环画、生活实用图书等 4 类图书出现了不同程度的双下滑（见表 14）。

图书市场也反映了社会关注点。2014 年，政治类图书销售了 60 多万册，比上一年增长了 10 倍不止，表明读者对来年法国 6 年一届的大区选举充满了兴趣；生活实用类图书中，包含涂色类图书的艺术活动性图书增长 14.6%，这与利用涂色书减压的读买热情成正相关。青少年图书销售额增长 4.3%，销量增长 0.6%，这得益于作品被搬上银幕和特许销售对图书的再次推动，只是这样的获益图书品种有限。某出版领域的年度销售状况容易被当年的畅销书情况所掩盖。与上一年相比，连环画市场在 2014 年表现一般。没有《高卢英雄历险记》（*Astérix et Obélix*）的辉煌战绩，2014 年连环画总销量下降了

① 据法国出版商协会相关数据计算得出，即平均销售册数占平均印数的百分比。

3.5%。而事实上，大多数连环画出版社当年的销售都比上一年有所增长。

表 14 2014 年出版社图书销售细分市场

类别	销售额（百万欧元）	比例（%）	销售册数（千册）	比例（%）
教学用书	306.6	12.2	58161	13.8
科技、医药与管理	78.9	3.1	4880	1.2
社会与人文科学	258.5	10.3	17935	4.3
宗教玄学	38	1.5	6058	1.4
词典与百科全书	64.7	2.6	14281	3.4
文学	626.8	24.9	106296	25.2
文献、时事与随笔	89.3	3.5	11528	2.7
儿童与青少年读物	357.2	14.2	87367	20.7
连环画	234.3	9.3	38312	9.1
艺术	88.6	3.5	7946	1.9
生活实用图书	332.3	13.2	56043	13.3
地图	41.8	1.7	12981	3.1
文献资料	0.3	0	8	0
合计	2517	100	421793	100

数据来源：根据法国出版商协会《法国出版业国内及国际数据年度报告》（2013 年、2014 年、2015 年）整理

（2）渠道销售情况

2014 年，法国图书发行渠道实现税前销售收入 42.68 亿欧元，比 2013 年减少 3.02%。这些销售收入是由多个渠道实现的，其中发行机构占 76%，批发和零售商占 8.2%，邮购和网络销售为 7.3%，读书俱乐部为 7.1%，团体和政府采购占 0.3%，其他渠道为 1.2%。上述渠道中，批发和零售商、邮购和网络销售这两个渠道的税前销售收入比 2013 年增长了 1 个百分点，读书俱乐部的收入减少了 0.8%（见表 15）。

在零售渠道中，一级书店的市场份额在 2014 年继续缩小，缩小规模在 3000 万欧元左右。这部分份额大多被二级书店、网络书店及其他零售渠道分割，这中间，网络书店和获得政府资金资助的独立书店是主要获利方。两年间，文化用品大卖场和超市图书销售点的市场份额近乎稳定。这些体现的当然是渠道整体的情况，对于渠道中的具体销售点而言，情况则不尽相同。

表 15　2012 ~ 2014 年零售渠道份额变化表

单位:%

标准	2012 年	2013 年	2014 年
一级书店	29.5	28.3	27.6
二级书店①、网络书店及其他②	26	27.4	28.0
文化用品大卖场③	28.5	27.6	27.6
超市	16	16.7	16.8

数据来源：根据法国出版商协会《法国出版业国内及国际数据年度报告》（2013 年、2014 年、2015 年）整理

不同零售渠道销售的图书品种多有差异。传统的一二级书店以文学类和人文社科类图书为主要销售种类，文化用品大卖场倾向于文学、儿童和青少年读物、连环画和口袋书，超市中的零售点则主打口袋书、儿童和青少年读物、生活实用图书、词典、教辅等。

4. 对外贸易情况

（1）进出口情况

2014 年法国的图书实物贸易实现顺差，出口额比进口额超出了 1110 万欧元，是 5 年里出现的第二次顺差。图书出口在 2014 年有 0.5% 的轻微增幅，达到 6.92 亿欧元，占法国出版社年销售额的近 21%。虽然增长微弱，但这是在法国出版社和发行渠道年销售额同时下降、法国本土的零售渠道连续 5 年下滑的背景下出现的，实属不易。同年，法国图书进口下降 3%，减少 2120 万欧元，这主要是因为从意大利和中国的进口分别减少了 1130 万欧元和 1300 万欧元④。欧盟和亚洲与大洋洲是法国图书贸易逆差最为明显的地区，进口额比出口额分别高出 1.74 亿欧元和 1.1 亿欧元（见表 16）。

表 16　2012 ~ 2014 年图书进出口额

单位：百万欧元

年份	2012 年	2013 年	2014 年
出版社年销售额	2771	2687	2652
出口额	712.5	688.7	692.1

① 一级书店是指经营 10000 种图书以上的书店，二级书店一般经营几千种图书。

② 含文化用品专营店、报刊亭等。

③ 如福纳克（Fnac）、文化视野（Cultura）等经营图书、文具、音像制品、相关耗材等文化产品的综合性卖场。

④ 法国图书进口的统计包含国外印制的法国版图书，意大利和中国是法国版图书的两大印制中心。

续表

年份	2012 年	2013 年	2014 年
向法国海外省出口额	49.8	47.2	43.1
进口额	724.2	702.2	681.9

数据来源：根据法国出版商协会《法国出版业国内及国际数据年度报告》（2013 年、2014 年、2015 年）整理

从地域上看，法国图书出口的主要国家和地区变化不大，向 50 个主要国家和地区出口总额在 2014 年增长了 0.9%。西欧非欧盟国家、非洲撒哈拉沙漠以南法语地区和东部欧洲是法国图书出口市场中持续增长的地区，向欧盟国家、法国海外领地出口的份额不断减少（见表 17）。

法语国家向来是法国图书出口的优势地区，但在 2014 年，法国向这些国家出口的图书比上一年减少 410 万欧元，占法国图书出口总额的比例降至 73.7%，远低于 5 年前的 77.9%。比利时、加拿大、瑞士和卢森堡是其中的主要国家。2014 年，法国向上述 4 国的出口占总额的比例下降到 52.5%，比上一年又下降了 1.1 个百分点，是 4 年来比例最低的一年。比利时是法国最大的图书出口国，2014 年法国向其出口图书减少了 1400 万欧元，降幅达 7.4%，远高于比利时图书市场 2% 的降幅。

表 17　2012 ~ 2014 年图书主要出口地区

单位:%

地区	2012 年	2013 年	2014 年
欧盟	46.2	45.4	44.9
北美	14.5	13.9	13.2
西欧非欧盟国家	13.2	14.4	15.7
法国海外领地	8	8	7.3
马格里布地区①	6.5	6.1	6.2
非洲法语区②	4.7	5.3	6.1
近、中东地区	2.3	1.9	2.1
亚洲与大洋洲	2.3	2.7	2.0
拉丁美洲	1.3	1.2	1.1
东欧	0.3	0.6	0.7
安的列斯群岛	0.3	0.2	0.2
非洲非法语区	0.4	0.2	0.2

数据来源：根据法国出版商协会《法国出版业国内及国际数据年度报告》（2013 年、2014 年、2015 年）整理

① 非洲摩洛哥、阿尔及利亚、突尼斯三国的总称。

② 特指非洲撒哈拉沙漠以南地区。

（2）版权贸易情况

2014年，法国出版商协会会员签订图书翻译权转让协议13046项①，比上一年增长6.6%。法国图书版权转让在近几年较为活跃，5年来仅转让数量就增加了37.7%。同年，法国出版社获得版权转让收益1.35亿欧元，为5年中最高值。平均来看，版权转让收入可占法国出版社年销售收入的5%～7%。

从版权输出的种类上看，连环画是2014年海外授权翻译最多的，占输出品种总量的28.8%。连环画、儿童与青少年读物、小说、社会与人文科学的版权输出都超过了1000项，这四类图书输出综合占输出品种总量的79.5%。文献、时事与随笔，生活实用类图书版权转让总量也超过了10%，即便是教学用书的转让也达到近500项（见表18）。

表18　2012～2014年图书引进和输出情况

单位：种

重点类别	2012年	2013年	2014年
合计	10798	11892	13046
连环画	2895	2578	3685
儿童与青少年读物	3167	4124	3304
小说	1621	1758	2075
社会与人文科学	1233	1226	1315
文献、时事与随笔	816	604	836
生活实用	632	985	762

数据来源：根据法国出版商协会《法国出版业国内及国际数据年度报告》（2013年、2014年、2015年）整理

从转让的语种来看，汉语、西班牙语、韩语、意大利语、德语、英语、葡萄牙语、荷兰语、波兰语和日语是2014年法国图书翻译权转让最多的语种。这其中，汉语、西班牙语、波兰语和日语的版权较上一年均有增加，其他语种有不同程度的减少，意大利语更是减少了550种之多。

汉语成为法国第一大输出语种已有3年时间，2014年已达到总量的14.2%。本年中，法国向中国大陆输出版权有小幅增长，向中国台湾省地区输出增幅达到了55.9%。近5年中，法国向中国大陆输出的版权在持续增长，向中国台湾省地区的输出在2011年遇冷，直到2013年才恢复到原有水平（见表19）。

① 2014年，法国出版商协会共有244家成员向协会报告了年度数据，其中报告图书翻译权转让情况的有106家，基本与上一年持平。

表19 2012~2014年向汉语地区转让版权情况

单位：种

年份	2012年	2013年	2014年
总量	**10798**	**11892**	**13046**
汉语区	**1235**	**1524**	**1639**
中国大陆	1103	1315	1336
中国台湾省	132	186	290
中国香港地区	—	23	13

数据来源：根据法国出版商协会《法国出版业国内及国际数据年度报告》（2013年、2014年、2015年）整理

鉴于引进版权并不是出版社的直接收益，出版社在日常工作中对此项数据没有较为统一、明确的整理，向协会报告版权引进数据较为困难且积极性不高，2014年，法国出版商协会放弃了从会员单位收集版权引进数据的方法，改为使用法国国家图书馆版本缴纳过程中获得的当年出版的翻译图书数量。2014年，法国国家图书馆收缴的翻译图书12527种，略高于《法国图书周刊》发布的大众市场上翻译图书的品种数，能较全面体现引进版权在当年的实际出版情况。

5. 畅销书情况

从《法国图书周刊》连续公布的畅销书榜单数据看，2014年法国畅销书销量有130多万册的增长。但因为数据来源有变化，这两年的畅销书销售量和销售额并不能进行直接比对。① 2014年，法国单册销量超过40万册的畅销书有7种，30万~40万册的有7种，这14种图书的销量总和达到畅销榜的46.05%（见表20）。

表20 2012~2014年畅销书出版和销售情况

类别	品种（种）			销量（万册）		
	2012年	2013年	2014年	2012年	2013年	2014年
口袋书	22	25	19	456.16	539.31	588.50
小说	17	15	16	353.03	379.91	392.45
儿童与青少年读物	4	0	4	74.25	0	94.14

① 2014年，《法国图书周刊》更换了数据采集公司，由捷夫凯调查公司（GfK）接替益普索市场调查公司（Ipsos）完成相关数据的采集。捷夫凯调查公司的数据采集范围涉及法国本土（不含海外省）约4000个一级书店、二级书店、文化用品大卖场、超市和网络书店，读书俱乐部和邮购不包括在内。根据捷夫凯调查公司对法国2013年和2014年畅销书情况的跟踪调查，2014年法国畅销书前50名共计销售1331.59万册，销售额1.74亿欧元，比上一年分别减少5.5%和4.7%。

续表

类别	品种（种）			销量（万册）		
	2012 年	2013 年	2014 年	2012 年	2013 年	2014 年
连环画	4	4	4	76.65	179.53	78.83
随笔、纪实	2	6	4	26.18	102.09	131.89
生活实用	1	0	1	25.95	0	15.56
综合畅销书榜	50	50	50①	1012.22	1200.84	1331.59

数据来源：根据《法国图书周刊》总第938期、982期、1026期整理

本年中畅销书出版的集中度并不高，共有26家出版的作品进入畅销书榜，总销量超过100万册的仅有3家，占畅销书总销量的41.42%。口袋出版社（Pocket）、口袋书出版社（Livre de poche）、阿尔班·米歇尔出版社（Albin Michel）分别以9种、5种和5种上榜图书，销售267.72万册、171.78万册和112.05万册成为当年畅销书品种最多的三家出版社。

一年中，法国畅销书市场再次出现了非虚构类作品称雄综合榜单的情况。法国总统奥朗德的前女友瓦莱丽·特里耶韦莱（Valérie Trierweiler）于2014年9月出版了名为《感谢这一刻》（*Merci pour ce moment*）的自传作品，至12月底不到4个月就已大卖60.33万册，成为当年销量冠军，14个国家的图书翻译权迅速售出。法国各类文学奖项的获奖作品或获奖作家在2014年表现并不突出，文学奖最高单本销量仅为33.82万册，当年诺贝尔奖获得者帕特里克·莫迪亚诺（Patrick Modiano）的获奖作品也只销售了28.54万册。

对于儿童与青少年读物而言，2014年的畅销作品与影视作品的上映、游戏的推出有较为密切的联系。少年小说中，4个系列共20部作品均受到影视作品的带动，绘本和插画类作品中有9部与2013年11月上映的《冰雪奇缘》有关，累计销量达到53.03万册。一年中，阿歇特童书出版社（Hachette Jeunesse）成为儿童与青少年畅销书的大赢家，仅儿童与青少年读物口袋书榜单就有16种是该出版社出版的，这也表明迪士尼公司②当年在法国童书市场斩获不少。

生活实用类图书有1种进入综合畅销榜榜单，那就是2013年2月就已出版的涂色书《秘密花园》，2014年的销量为15.56万册。涂色书在生活实用类图书排行榜的比例迅速上升，2014年有23种在榜，这与2013年仅有1种涂色书进入此分榜单形成鲜明对比。

① 2014年《法国图书周刊》公布的小说，口袋书，儿童与青少年读物，连环画，随笔、纪实，生活实用和美文这些分榜单中进入综合榜单的共48种，另有2种不在该刊公布的上述榜单中。

② 迪士尼公司与法国阿歇特童书出版社是特许经营的合作关系。

（二）主要企业情况

1. 出版企业情况

根据《法国图书周刊》公布的“法国出版社200强排名”，2014年，法国有204家出版社年销售额在100万欧元以上，合计实现销售收入59.5亿欧元。与2013年相比，上榜出版社数量与合计销售额的降幅分别为8.1%和6.2%。法国业界认为，近年来法国经济的持续低迷是图书市场销售额持续下跌的主要原因。

除营业额下降外，法国出版上游市场面对的另一个现实是集中度不断提高。2014年，进入《法国图书周刊》排名的204家出版社分属于127家独立出版商或集团，而上一年这两个数字还分别为222家和144家。集中度的提高还体现在重点出版机构销售额占上榜出版社的比例上。2014年，法国前十家出版集团的销售额占该榜单总额的82.2%，多年来第一次超过80%，比2013年提高了3.3个百分点。

十大出版集团中，有9家曾在上一年进入过前10名的榜单，其中前8名的顺序都没有发生变化，可见2014年法国出版上游市场相对平稳，没有巨大的并购、拆分等资本事件影响。这10家集团中，埃蒂迪出版集团、萨吕特出版社、媒体参与集团、马尔蒂尼埃集团、阿尔班·米歇尔集团、律商联讯等6家的销售额在两年间变化不大，玛德里高集团在2014年实现销售额增长4.6%，仅有法国娱乐集团和阿歇特出版集团降幅明显，分别为4.8%和3%。2014年的排名中，2013年排名第九的地图出版社在2014年遭遇重大困难，营业额同比减少75.5%，员工减少43.9%，排名跌至30名以外（见表21）。

表21 前10家出版集团情况

2014年排名	出版社	所属国家	销售额（百万欧元）			员工数量
			2014年	2013年	2012年	2014年
1	阿歇特出版集团（Hachette Livre）	法国	2004	2066	2077	6982
2	埃蒂迪出版集团（Editis）	西班牙	662.8	662	693	—
3	玛德里高集团（Madrigall）	法国	437	417	421	—
	其中：弗拉马里翁有限公司（Flammarion SA）	法国	255.9	237	264	—
	其中：伽利玛出版社（Editions Gallimard）	法国	140.7	130.8	131	—

续表

2014年排名	出版社	所属国家	销售额（百万欧元）			员工数量
			2014年	2013年	2012年	2014年
4	萨吕特出版社（Editions Lefebvre Sarrut）	法国	396.7	398.6	333.1	2252
5	媒体参与集团（Média-Participations）	比利时	349.8	348.3	337.7	1106
6	法国娱乐集团（France Loisirs）	美国	325	341.5	351	—
7	马尔蒂尼埃集团（La Martinière Groupe）	法国	240	238	264	802
8	阿尔班·米歇尔集团（Albin Michel）	法国	167.6	167.8	165.2	486
9	艾泰集团（ETAI）	法国	—	138	120	—
10	律商联讯（LexisNexis）	荷兰	135.9	135.6	—	416

数据来源：根据《法国图书周刊》总第969期、1013期、1058期整理

2. 零售企业情况

法国图书实体零售渠道中，传统书店无疑是最重要的渠道之一。从《法国图书周刊》公布的“法国图书零售渠道10强”排名看，只有福纳克和接力这两家的图书销售额占本渠道销售总额的比例较低，分别为11.6%和5.1%，其他渠道这一比例均在50%以上，玛德里高集团更是达到89.8%。

两年间，这些渠道的经营状况相对稳定，但图书销售收入多有不同程度的减少。从零售店数量上看，福纳克、文化空间分别增加了9家和4家分店，得希特、北方白鼬和接力保持了稳定发展，吉贝尔·约瑟夫和出版之家则分别减少了1家和18家。从图书销售额看，仅北方白鼬和玛德里高集团实现了增长，其他各家有少则40万多则380万欧元的缩减（见表22）。

2014年进入零售渠道10强的企业与上一年相比虽变化不大，但鲜明体现出两年间维珍（Group Virgin）和书章（Chapitre）两家连锁店倒闭对行业的影响。2013年6月倒闭的维珍已从2014年的榜单中消失，2014年初倒闭的书章连锁店既影响了其原母公司阿克提西亚集团的排名，又因其出售原有分店而使一些出版社成为零售渠道的重要参与者。玛德里高集团和阿尔班·米歇尔集团分别上升到该排名的第十位和第十五位都与收购了书章的一家或多家分店有直接关系。至2014年8月，原书章连锁店旗下57家实体书店中有34家被其他企业收购或被个人购入，剩余23家因无人接管而关门停业。书章连

锁书店部分转为独立书店继续经营使得2014年“法国书店400强”中的独立书店数量从上一年的309家增加到337家。

表22 2014年图书零售渠道十强

2014年排名	公司名称	零售点（家）	图书零售销售额（百万欧元）①		
			2014年	2013年	2012年
1	福纳克（Fnac）②	111	450	452	459
2	亿乐客（Leclerc）	—	360	—	—
3	阿克提西亚集团（Actissia）③	—	300	—	—
4	文化空间（Cultura）	64	200	—	—
5	吉贝尔·约瑟夫（Gibert Joseph）	29	83	83.5	85.4
6	出版之家（Maison de la presse）	651	79	79.4	80
7	得希特（Decitre）	9	60.4	64.2	63
8	北方白鼬（Le Furet du Nord）	16	52.9	50	47.8
9	接力（Relay France）	540	47	49	50
10	玛德里高集团（Madrigall）	9④	37	31.3	—

资料来源：根据《法国图书周刊》总第946期、990期、1034期整理

排在“法国书店400强”前10名的书店在两年间连排名都没有变化，只是各自的销售情况略有差别。吉贝尔青年·左岸书店因销售品种中教材和相关参考资料比重较大，而法国教材改革最终的时间表迟迟不能确定，2014年的销售额刚刚达到2500万欧元，降幅达到14.4%。这10家书店中，6家的图书销售有不同程度的减少，3家有数十万欧元的增加（见表23）。

即便在同一榜单中，书店的规模差别仍是很大。2014年排名第一的吉贝尔·约瑟夫书店的图书销售额达到了排名第400位的100多倍，营业面积是19.6倍。之前提到的吉贝尔青年·左岸书店2014年图书销售额比上一年减少了400多万欧元，相当于一家排名在360名左右的书店全年的图书销售收入。

---

① 此处为税后销售额。

② 含福纳克网上书店的销售收入。

③ 该集团主要拥有法国娱乐集团与其所辖读者俱乐部门店、月读书店（Le Grand Livre du mois）和书章网站（Chapitre. com）。

④ 含伽利玛旗下书店6家，弗拉马里翁旗下书店3家。

表 23　2014 年图书销售前十位书店

2014 年排名	公司名称		图书销售额（万欧元）			员工数量	营业面积（m^2）	在架图书（种）
	法文名称	中文译名	2014 年	2013 年	2014/2013			
1	Gibert Joseph	吉贝尔·约瑟夫	3728.7	3680.6	+1.31%	—	4900	—
2	Gibert Jeune rive gauche	吉贝尔青年·左岸	2500.4	2921.8	-14.4%	162	2300	272000
3	Mollat	莫拉书店	2493.8	2494	0	108	2700	171083
4	Furet du nord	北方白鼬	1835.1	1879.7	-2.42%	104	4700	—
5	Sadel	萨德尔	1504.5	1535.3	-2.0%	100	—	—
6	Sauramps	索航	1343	1445.1	-7.01%	92	2050	131500
7	Librairie-papeterie Cufay	居飞书具	1150	1080	+6.48%	—	—	—
8	L'Appel du livre	书集	1027.6	1060	-3.01%	20	470	—
9	Ombres blanches	白色暗影	975.2	930.9	+4.76%	47	1550	107000
10	La Procure	教士书店	823.3	869.6	-5.32%	—	800	81000

资料来源：根据《法国图书周刊》总第 990 期、1034 期整理

（三）电子书销售情况

2014 年，法国含物理介质与非物理介质的电子书销售超过 1.6 亿欧元，比 2013 年增长 53.3%，比 2012 年几乎翻了一番。电子书销售收入已占当年法国出版商销售收入的 6.4%。无论是物理介质还是非物理介质的电子书均有增长。物理介质电子书中，CD/DVD 的增长十分明显，而包含 U 盘在内的其他介质已不到物理介质电子书总额的 8%。非物理介质电子书中，整册下载和内容许可使用的销售稳步增加；章节下载和网页在线阅读销售降幅显著，分别仅为上一年收入的 1/5 和 1/3；APP 移动阅读同比增长 229%；其他类型的非物理介质电子书已超过此类电子书总额的一半，非物理介质形式有待进一步细分（见表 24）。

法国电子书热销的动力在于专业类电子书增长迅速和大众类电子书进一步获得读者的认可。包含人文社科和科技医药在内的专业类电子书销售从 2013 年的 6881 万欧元增加到 2014 年的 1.1 亿欧元，增幅 53.3%。其中，法律类电子书更是增长 70%，科技医药类增长 31.1%。大众类电子书 2014 年销售占比为 2.9%，高于去年 2.3% 的份额。其中，儿童与青少年电子书销售同

比增长70%；文学类电子书已达到2472.2万欧元，比上一年增长41.2%；生活实用类电子书增长20.6%（见表25）。

表24 2012~2014年出版商电子书收入情况

单位：万欧元

分类		2012年	2013年	2014年
物理介质出版	CD/DVD	981.89	869.32	1583.21
	USB介质	181.73	226.54	—
	其他介质	7.59	33.13	136.27
	总计	1171.21	1128.98	1719.49
	占数字出版总量的比例（%）	14.3	10.7	10.7
非物理介质出版	整册下载	1405.2	3192.72	3583.74
	章节下载	908.66	844.11	184.40
	网页在线阅读	3202.32	3338.96	1196.93
	APP移动阅读	27.06	35.09	115.54
	内容许可使用	1306.99	1546.24	2020.67
	其他	154.65	444.58	7342.59
总计		7004.9	9401.7	14423.05
占数字出版总量的比例（%）		85.7	89.3	89.3
数字出版收入总额		8176.11	10530.68	16142.53

数据来源：根据法国出版商协会《法国出版业国内及国际数据年度报告》（2013年、2014年、2015年）整理

与此同时，有几类大众电子书的销售出现下降。其中，宗教玄学类同比减少14%，连环画下降14%，艺术类图书更是减少了55%。这一部分原因在于这几类书的电子书格式转换较为复杂，另一部分原因则是连环画类电子书受到盗版的困扰越来越大。

表25 2012~2014年不同类别电子书收入比例情况

单位:%

类别	2012年	2013年	2014年
教学用书	6.2	5.2	4.7
科技、医药与管理	1.5	1.9	1.6
社会与人文科学	70.2	57.6	63.8
宗教玄学	0.5	0.5	0.3
词典与百科全书	1.6	1.8	1.5
文学	9.4	16.6	15.3
文献、时事与随笔	1.7	1.2	1.1
儿童与青少年读物	1.2	2.8	3.1

续表

类别	2012 年	2013 年	2014 年
连环画	1.3	1.3	0.7
艺术与生活实用图书	6.4	10.8	7.6
地图	—	0.2	0.3

数据来源：根据法国出版商协会《法国出版业国内及国际数据年度报告》（2013 年、2014 年、2015 年）整理

大众类电子书的销售增长与法国民众更多使用移动终端和电子书价格下降有较直接的关系。2014 年，49% 的法国人使用智能手机，34% 的人拥有平板电脑，使用中的电子阅读器近 100 万台。[①]仅电子阅读器数量就比上一年增长近一倍。同年，法国电子书平均定价为 7.7 欧元，比 2013 年下降 9.4%。一增一降，或可提升读者购买和阅读电子书的热情。

三、报刊业发展状况

（一）整体情况

2014 年，法国报刊发行量为 38.4 亿份，比上一年减少 1.7 亿份，降幅为 4.2%。其中，法国境内报刊发行量 37.6 亿份，同比减少 1.1 亿份；境外发行量 128.1 万份，同比减少 7.1 万份。境内发行占法国报刊发行的绝大多数，境外发行只占发行总量的 3% 左右。

在各种境内发行方式中，零售量和订阅量一直大幅下降。2014 年，法国境内报刊零售量减少了 1.3 亿份，降幅 7.2%，订阅量减少 1762 万份，同比下降 2.1%。与此形成对比的，是数字版本的迅猛增长。2014 年，法国报刊数字版发行量突破 7000 万份，比上一年增加 2700 多万份，增幅 61.2%，在付费发行总量中的比例也从 2013 年的 1.2% 增加到 2014 年的 1.9%（见表 26）。

表 26　2012～2014 年境内大众与专业报刊发行量统计

单位：份

发行方式	2012 年	2013 年	2014 年
付费发行	**3924361654**	**3781713740**	**3659753653**
零售	1941362993	1795469905	1664782933

① 该调查数据由捷夫凯调查公司向法国出版商协会提供。

续表

发行方式	2012 年	2013 年	2014 年
订阅	844235218	831512130	813890854
上门销售	1098467580	1096421726	1097095597
其他方式	13102244	14080655	12701216
数字版本	27193619	44229324	71283054
免费发行	**87356006**	**95122804**	**102120337**
发行合计	**3924361654**	**3876836544**	**3761873990**

数据来源：根据法国传媒发行量监督协会发布《报刊发行量调查》（*Observatoire de la presse*，2013、2014、2015）数据整理

从报刊出版周期上看，日报是法国发行最大的定期出版物，占发行总量的一半以上，其次是期刊，发行量超过 40%，周报或周刊仅占总量的 7.6%（见图 5）。

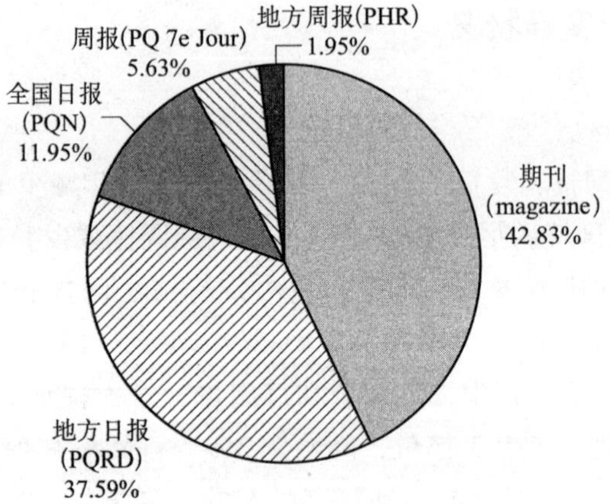

图 5　2014 年各类报刊发行量占比情况

（二）大众期刊情况

2014 年，法国通过各类渠道发行的大众期刊为 15.9 亿册，再创多年新低，是 5 年前年发行总量的 86%。法国大众期刊发行总量仍在减少，但降幅放缓。付费发行比上一年减少 5404.8 万份，降幅 3.4%，比 2013 年的 7954 万册和 4.9% 有所好转。令人欣慰的是，大众期刊除零售外，在订阅、上门销售、数字版本和免费发行方面都有不同程度的增加（见表 27）。

从不同种类大众期刊占比情况看，2014 年，青少年、男性和新闻时事类期刊的市场比例有所提高，女性期刊在持续增加了两年之后有小幅回落，电视指南和家居类期刊持续三年下滑（见表 28）。

表 27　2012～2014 年大众期刊境内发行量统计

单位：份

发行方式	2012 年	2013 年	2014 年
付费发行	**1686913310**	**1609293254**	**1555245212**
零售	872422926	808636877	746640178
订阅	579579446	551340689	552128485
上门销售	216041554	224953193	227085089
其他方式	13098942	14041967	12688712
数字版本	5770442	10320528	16692748
免费发行	**28144267**	**26222777**	**36769961**
发行合计	**1715057577**	**1635516031**	**1592015173**

数据来源：根据法国传媒发行量监督协会发布《报刊发行量调查》（2013、2014、2015）数据整理

表 28　2012～2014 年各类大众期刊发行量比例

单位：%

分类	2012 年	2013 年	2014 年
电视指南	40.99	40.61	40.48
女性	22.21	22.29	22.09
新闻时事	21.43	22.21	21.97
娱乐	9.53	9.16	8.54
家居	3	2.86	2.36
青少年	2.17	2.19	3.84
机构杂志	0.49	0.5	0.5
男性	0.18	0.16	0.22
总计	100	100	100

数据来源：根据法国传媒发行量监督协会发布《报刊发行量调查》（2013、2014、2015）数据整理

2014 年法国最畅销的 10 种期刊有较大变化。《家庭与教育》从上一年的第八位上升到第六位，单期发行量增加 2.8 万多册，增幅 3.4%。《我们的时光》单期发行量增加近 1.5 万份，排名上升到第九位。以中老年人为对象的《充实生活》在多年之后重新进入此榜单，超过 2013 年曾上榜的《流行女性》。除上述 3 种杂志外，其他 7 种杂志单期发行量有 3 万至 7 万不等的减少（见表 29）。

表29 2012~2014年单期平均发行量排名前10位的期刊

2014年排名	杂志名称		单期平均发行量（份）		
	法语刊名	中文译名	2014年	2013年	2012年
1	*TELE Z*	Z电视节目	1239241	1308880	1392306
2	*TELE 7 JOURS*	7日电视节目	1225642	1284329	1332184
3	*DOSSIER FAMILIAL*	家居档案	1027593	1066327	1076023
4	*TELE STAR*	电视明星	892505	944284	1004286
5	*TV GRANDES CHAINES*	电视频道	875477	917478	956023
6	*FAMILLE ET EDUCATION*	家庭与教育	858451	829998	817986
7	*TELE LOISIRS*	电视娱乐	844027	891929	968327
8	*TELE 2 SEMAINES*	两周电视	841908	878190	936010
9	*NOTRE TEMPS*	我们的时光	744582	729845	871634
10	*PLEINE VIE*	充实生活	703909	—	—

数据来源：根据法国传媒发行量监督协会发布《报刊发行量调查》（2013、2014、2015）数据整理

（三）科技与专业期刊情况

2014年，法国科技与专业期刊共计发行4647.3万份，其中，境内发行4591.5万份，境外发行47.9万份，境内外发行量均比2013年减少7.5%。5年间，科技与专业期刊的境内付费发行减少1767.3万份，减少38.5%。其中，仅订阅量减少了900万份。订阅是法国科技与专业期刊最重要的发行方式，订阅量占发行总量的近70%。在其他方式的发行量都在下降时，只有数字版本在上升，2014年这一方式更是比2013年增长了134%，发行量比有统计以来①增加4.3倍（见表30）。

表30 2012~2014年科技与专业期刊境内发行量统计

单位：份

发行方式	2012年	2013年	2014年
付费发行	**39370105**	**36936315**	**33636611**
零售	1742865	1552446	1288180
订阅	37477187	35185322	31918092
其他方式	39559	20102	12155
数字版本	110503	178445	418184
免费发行	**13529557**	**12724832**	**12278691**
发行合计	**52899662**	**49661147**	**45915302**

数据来源：根据法国传媒发行量监督协会发布《报刊发行量调查》（2013、2014、

① 法国传媒发行量监督协会对数字版报刊的统计始于2011年。

2015）数据整理

从分类上看，2014 年各类科技与专业期刊发行量占比排名有所调整，经济和协会刊物占比下降，旅游和专业技术期刊排名提前，且占比增长已持续两年。农业、经济、协会刊物、汽车这四类期刊的占比有不同程度的下降，经济类期刊减少了 2.7 个百分点（见表 31）。

表 31　2012～2014 年各类科技与专业期刊付费发行量比例

单位：%

分类	2012 年	2013 年	2014 年
农业	36.44	37.59	36.76
旅游	11.46	11.86	14.23
经济	14.03	14	11.35
专业技术	8.26	9.56	11
协会刊物	9.52	9.88	9.68
建筑	7.89	7.93	7.92
医药	5.37	4.62	5.13
汽车	4.2	4.47	3.92
信息	2.83	—	—

数据来源：根据法国传媒发行量监督协会发布《报刊发行量调查》（2013、2014、2015）数据整理

参考文献

1. 法国出版商协会.《法国出版业国内及国际数据年度报告》（2013 版、2014 版、2015 版）Syndicat national de l'édition, ed. Repères statistiques France et International（12/13. 13/14. 14/15）. Syndicat national de l'édition, 2013. 2014. 2015

2. Syndicat national de l'édition, ed. L'édition en perspective（2015）. Syndicat national de l'édition, 2015

3. Livres Hebdo. 2013. 2014. 2015（部分）

4. 法国文化部. www. culture. gouv. fr

5. 法国国家图书中心. www. centrenationaldulivre. fr

6. 法国国家统计和经济研究所. www. insee. fr

7. 法国传媒发行量监督协会. www. ojd. com

（作者单位：中国新闻出版研究院）

德国出版业发展报告

彭　斯

一、出版业发展背景

（一）经济环境

经过经济和金融危机之后的复苏期，2014 年德国经济已经恢复到一个相对稳定增长的阶段。据德国联邦统计局统计，德国全年国内生产总值 29037.9 亿欧元，同比增长 1.6%。2014 年对德国的对外贸易来说也是值得记录的一年，不论是出口额还是进口额都有所增长，其中出口总额同比增长 3.7%，为 11335 亿欧元，进口总额增长了 2.1%，为 9166 亿欧元。2014 年德国印刷业总产值为 151.5 亿欧元，基本保持 2013 年的水平，其中图书类印刷品总产值为 10.5 亿欧元，同比减少 2.2%。

2014 年德国图书市场没有出现大幅度的增长，全年图书销售额为 93.22 亿欧元，同比下降 2.2%。总体来说，德国的图书市场处于一个稳定的结构，无论是印刷书籍还是电子书籍，无论是实体书店还是线上书店，都保持着稳定的发展态势。

2014 年对于德国图书行业来说，一个重要的课题就是亚马逊的经营政策，这一电商集团给更多大型的、国际化的出版社带来了巨大的压力，其中受到影响的波尼尔媒体公司（Bonnier Media）出版集团和巴斯泰吕博（Bastei Lu-ebbe）出版集团。经过几个月的交涉并入了亚马逊集团。有关专家担心，像亚马逊这样的垄断型企业会越来越多地控制市场导向，从而起到越来越重要的作用。

（二）国民阅读状况

2014 年，德国四家出版集团[①] 的消费者分析（VA）和“意愿特征”

① 阿克塞尔·施普林格集团（Axel Springer）、鲍尔媒体集团（Bauer Media Group）、古纳亚尔集团（Gruner + Jahr）、博达媒体集团（Hubert Burda Media）对 45000 位受访者进行的调查。此项调查已是第二次进行。

（TdW）研究的结果显示，德国14岁以上人群2014年最喜欢的十项休闲活动分别是：看电视、在家休息、听收音机、阅读日报、和家人共享天伦、听音乐、上网、烹饪、使用电脑和阅读杂志。

根据2014年的情况来看，相较于读书，德国人更喜欢拿着铲子在花园里干活，“读书”这项休闲活动由2013的第14位降至了第15位。在所有受访者中，20.4%经常看书，29%偶尔看书，27.8%几乎不看书，22.8%从不看书。“听有声读物”依然排在第四十五位，1.6%的受访者经常听有声读物，6.4%的受访者偶尔听有声读物。

对于德国6～13岁的儿童来讲，根据一项叫作“儿童与媒体（KIM）”的调查研究显示，“读书”在他们的兴趣排行中排名第12位，在“读书”越来越不受人喜欢的今天，儿童对于书本的好感甚至有所提升，在所有受访的儿童中有51%对读书有兴趣，其中16%非常有兴趣，而这一数字在2012年为14%。

阿伦斯巴赫市场研究公司2014年的研究结果表明，德国14岁以上的人群的购买行为无巨大变化，60%的受访者在过去的一年中购买过图书，43%的受访者购买3本以上的图书，26%的受访者购买5本以上的图书，12%的受访者购买10本以上图书，购买超过20本图书的受访者占5%。

从性别来看，女性仍是最主要的图书购买群体，67%的女性受访者购买过图书，男性受访者中只有53%购买过图书。从不同性别购买频率看，男性和女性中每年购买一到两本书的人数均占17%，无明显差别。但是在其他分档中，差别比较明显。

从年龄段来看也只有很小的变化，调查数据显示，14～19岁的受访者中有59%在2014年购买过图书。可喜的是更多的青少年读者在一年中购买20本以上的图书，这一比例由2013年的2%升至2014年的3%。

从人口规模来看，十万居民以上的大城市中65%的受访者在2013年购买过图书，仍是主要的图书购买力集中地。有趣的是，在这些人中，月收入在3000欧元以上的高收入人群的比重比2013年下降了1个百分点，而月收入不足1000欧元的低收入人群比重却上升了1个百分点，可能的原因是，高收入人群会更多地使用平板电脑、手提电脑、智能手机等设备（见表1）。

2014年德国人阅读情况有着很大的改变。每天读书的人群在各个年龄段中的占比相较于2013年几乎均有所下降，只有在70岁以上人群这一档中，依然保持42%。其中，变化最大的是14～19岁的受访者，只有38%的人每天

表1 2014年德国成年人图书购买调查情况

单位:%

	是	1~2本	3本以上	5本以上	10本以上	20本以上
性别						
女	67	17	49	31	14	6
男	53	17	36	21	10	4
年龄						
14~19岁	59	22	37	20	7	3
20~29岁	60	19	42	25	10	4
30~39岁	62	19	43	25	12	4
40~49岁	64	18	45	29	14	6
50~59岁	63	17	46	29	14	6
60~69岁	61	16	45	28	14	5
70岁以上	51	14	37	22	10	4
教育程度						
初中	42	16	26	14	6	2
中学或职高	62	20	42	24	10	3
高中或大学	80	16	63	43	21	9
家庭收入						
1000欧元以下	50	15	35	23	12	5
1000~1500欧元	48	15	33	20	9	3
1500~2000欧元	53	18	36	21	9	3
2000~2500欧元	58	18	40	23	10	3
2500~3000欧元	60	18	42	24	11	4
3000欧元以上	69	18	51	32	16	6
职业						
学生	72	19	53	33	15	5
全职工作	59	19	41	24	11	5
兼职工作	71	19	52	34	16	6
无业	57	15	42	25	12	4
退休	54	15	39	24	11	4
人口规模						
5000人以下	55	18	37	21	9	4
5000~20000人	56	17	39	23	10	4
20000~100000人	61	18	43	26	12	5
100000人以上	65	16	49	31	15	6
总计	60	17	43	26	12	5

来源:《图书与图书贸易数据》(*Buch und Buchhandel in Zahlen*)

读书，比 2013 年整整下降了 6 个百分点。从性别来看，女性的阅读频率依然高于男性。

根据 2014 年“儿童与媒体”（KIM）研究显示，德国 6～13 岁的儿童的阅读情况还是十分乐观的，其中每天读书的儿童两年内由 7% 增长到了 12%。有趣的一点是，12～13 岁的儿童成了各年龄段儿童中阅读频率最高的人群，尽管他们也会使用智能手机等设备，但这一年龄段的儿童中有 18% 每天都读书，而这一数字在 2012 年为 12%。更加值得注意的一点是，从不读书的儿童所占的比例在两年内下降了 6 个百分点，为 2014 年的 17%（见表 2）。

表 2　2014 年德国成年人图书阅读调查情况

单位：%

	每天或每周多次	每周或每两周一次	每月一次或很少读书	总计
性别				
女	45	19	36	100
男	27	18	55	100
年龄				
14～19 岁	38	19	43	100
20～29 岁	31	20	50	100
30～39 岁	31	20	49	100
40～49 岁	35	19	46	100
50～59 岁	37	19	44	100
60～69 岁	41	17	42	100
70 岁以上	42	16	43	100
教育程度				
初中	24	15	61	100
中学或职高	35	20	45	100
高中或大学	53	21	26	100
家庭收入				
1000 欧元以下	36	17	47	100
1000～1500 欧元	33	16	51	100
1500～2000 欧元	33	17	49	100
2000～2500 欧元	35	17	48	100
2500～3500 欧元	35	19	46	100
3500 欧元以上	40	20	40	100
职业				
学生	51	19	30	100
全职工作	29	20	52	100
兼职工作	45	20	35	100

续表

	每天或每周多次	每周或每两周一次	每月一次或很少读书	总计
无业	41	17	42	100
退休	40	16	44	100
人口规模				
5000 人以下	31	15	53	100
5000~20000 人	33	18	49	100
20000~100000 人	37	19	44	100
100000 人以上	41	20	39	100
总计	**36**	**18**	**45**	**100**

来源：《图书与图书贸易数据》

（三）有声读物购买情况

德国图书购买情况的调查把有声读物单独作为一个研究项目进行了统计分析。相较于 2013 年，2014 年有声读物的购买者有所下降，由 4.1% 降至 3.8%。一直以来，有声读物的主要阅读人群为全职工作人群，因为有声读物可以使他们的上下班路程显得没有那么漫长（见表 3）。

表 3 2014 年德国成年人有声读物购买调查情况

单位:%

	购买	1 本	2 本以上	3 本以上	4 本以上	5 本以上
性别						
女	4.1	2.8	1.3	0.8	0.5	0.4
男	3.4	2.4	1.0	0.7	0.4	0.3
年龄						
14~19 岁	1.0	0.9	0.0	0.0	0.0	0.0
20~29 岁	2.7	2.1	0.6	0.3	0.1	0.1
30~39 岁	5.5	3.3	2.2	1.4	0.9	0.6
40~49 岁	5.2	3.4	1.8	1.1	0.7	0.5
50~59 岁	4.4	3.1	1.3	0.8	0.6	0.5
60~69 岁	4.0	2.5	1.5	1.0	0.6	0.4
70 岁以上	2.4	2.0	0.4	0.2	0.1	0.1
教育程度						
初中	2.3	1.7	0.6	0.3	0.1	0.1
中学或职高	3.8	2.7	1.1	0.7	0.4	0.3
高中或大学	4.6	3.0	1.6	1.0	0.7	0.5
家庭收入						
999 欧元以下	2.3	1.5	0.8	0.5	0.5	0.4
1000~1499 欧元	3.0	2.1	0.9	0.7	0.5	0.3

续表

	购买	1 本	2 本以上	3 本以上	4 本以上	5 本以上
1500～1999 欧元	3.7	2.5	1.1	0.8	0.4	0.2
2000～2499 欧元	3.6	2.7	0.9	0.4	0.2	0.2
2500～2999 欧元	3.5	2.5	1.1	0.4	0.3	0.2
3000 欧元以上	4.8	3.2	1.7	1.1	0.7	0.6
职业						
学生	1.7	1.3	0.4	0.4	0.0	0.0
全职工作	4.8	3.1	1.6	0.9	0.7	0.5
兼职工作	4.3	2.9	1.3	0.7	0.4	0.3
无业	4.2	2.9	1.3	1.0	0.4	0.3
退休	3.2	2.3	0.8	0.6	0.4	0.3
人口规模						
4999 人以下	2.9	2.2	0.7	0.3	0.2	0.1
5000～19999 人	3.8	2.7	1.1	0.8	0.6	0.4
20000～99999 人	3.6	2.4	1.2	0.9	0.5	0.4
100000 人以上	4.4	3.0	1.4	0.7	0.4	0.3
总计	3.8	2.6	1.2	0.7	0.5	0.3

来源：《图书与图书贸易数据》

二、图书业发展状况

（一）概　况

1. 出版情况

2014 年，德国出版社出版成绩不容乐观。从数据来看，全年出版新版图书（初版和再版图书）种数严重下滑，为十年来的最低点。2014 年初版和再版图书共计 87134 种，比 2013 年减少了将近 6500 种，相较于 2007 年和 2011 年超过 96000 种的出版峰值，2014 年的成绩相差较大。

从过去十年的数据来看，德国出版业呈波动式前进，2005 年和 2014 年的出版种数成了这一波动图的两个低点。不考虑再版图书，单纯看初版图书，德国出版社 2014 年的出版计划明显缩紧，初版图书仅 73863 种，比 2013 年减少了 9.8%。2014 年出版新版图书中，初版图书占 84.8%，2013 年这一数值为 87.5%。从初版和再版之间的比例关系看，德国的图书出版方向一直向增加初版的比重倾斜，在20世纪90年代中期，初版和再版的比例还为7比3(见表4)。

表4 2005~2014年出版情况

单位：种

年份	出版新版图书
2005年	89869
2006年	94716
2007年	96479
2008年	94276
2009年	93124
2010年	95838
2011年	96273
2012年	91100
2013年	93600
2014年	87134

来源：德国国家图书馆，(《可供货图书名录》Verzeichnis Lieferbarer Bücher)

从2012年开始德国出版社就开始对一些种类的初版种数进行削减，即使是纯文学类和儿童及青少年图书也无一例外。经过2013年的最大量削减后，2014年德国出版社又对几乎各个种类的图书初版种数进行了削减，特别是文学类、社会科学类、技术类、医学类、应用科学类图书。

与2013年相同，纯文学类图书的初版种数排名第一位，共计14111种，占全部初版种数的19.1%。排名第二位的为德国文学类图书，占全部初版种数的14.2%，共计10478种，比2013年下降了11.8%。儿童以及青少年图书排名第三，初版数共计8142种，比2013年的8268种仅下降了1.5%。儿童以及青少年图书近年来在德国出版业中比五年前扮演了更为重要的角色，2010年只有9.6%，2014年则已经增长至11%。

教材类图书2014年初版4399种，相较于2013年的4522种下降了2.7%，但在全部初版图书中所占的比重也由5.5%增长至6.0%。

不仅是纯文学类图书、儿童及青少年图书和教材类图书，其他很多类别的图书初版种数也有所下降，如技术类、医学类、应用科学类图书，单是上述3类图书就比2013年的初版种数减少了1100种。当然也有一些图书种类初版种数有小幅上升，如家政类中的饮食餐饮类图书和手工类图书，比2013年增长了0.9%，共计2265种。(见表5)

表5　2013～2014年各类图书在全部初版图书中所占份额情况

单位：%

类别	2013年	2014年
纯文学类图书	19.1	19.1
德国文学类图书	14.5	14.2
儿童和青少年图书	10.1	11.0
教材类图书	5.5	6.0
医学类图书	5.1	5.2
神学和基督教类图书	4.5	4.7
法律类图书	4.2	4.0
管理类图书	3.9	4.1
经济类图书	3.2	3.1
社会科学和社会学类图书	3.6	3.8
心理类图书	2.7	2.8
教育类图书	3.5	3.8
家政类图书	2.7	3.1
其他类图书	17.4	15.1

来源：《图书与图书贸易数据》

2014年，口袋书在全部初版图书中所占的份额由2013年的13.4%下降至13.3%。而2010年，这一份额还仅为11.2%。但是2014年德国的出版社对于口袋书的初版计划有所削减，共计9809种，比2013年同比减少10.6%。仅纯文学类口袋书，2014年的初版种数比2013年就减少了近400种（2014年为5069种，2013年为5442种）。但是值得关注的是，2014年连环画口袋书的出版种数相对2013年仍有所增长，从787种增长至809种。

在2014年的初版图书中，85.3%为德语图书，6.7%为英语图书，5.3%为多语种图书。在初版图书的语种排名中，中文图书第一次进入前十名，共计188种，占全部语种初版图书的0.3%，排行第六位。从地域角度来看，几年来，柏林和慕尼黑初版图书种数上都远高于其他地区及城市，2014年柏林以6613种排名第一，慕尼黑以6345种排名第二，但这两个城市的初版图书种数相较于2013年都大幅下降。

2. 销售情况

2014年德国的物价上涨率为0.9%，相较于2013年的1.5%和2012年的2.0%有明显的下降。在过去的几年里，图书价格增长率有时候会与德国整个物价增长率背道而驰，这一现象在2011年表现得尤为明显：2011年德国的物价上涨2.1%，而图书价格却下降了2.3%。2012年这一相反关系有所转变，二者的价格增长率之间的差距大大减小（物价增长率为2.0%，图书价格增长率为1.9%）。2013年德国图书价格的增长率大大超过物价增长率（物价增长率为1.5%，图书价格增长率为2.6%），2014年德国图书的价格又上涨了1.8%。

根据德国国家图书馆（Deutsche National bibliothek）的统计数据，2014年德国初版的纸质图书的平均价格为26.20欧元，相较于2013年的26.76欧元略有下降。从图书的种类来看，基本上各类图书的价格相较于2013年都有所下降，自然科学和数学类图书的平均价格由2013年的53.07欧元下降至48.23欧元，但依然位列榜首；第二位的综合类、信息类、信息科学类图书由2013年48.54欧元下降至43.53欧元，下降了近5欧元；排名较后的文学图书也由2013年17.76欧元下降至15.85欧元，又回到了2011年和2012年的水平；历史和地理类图书的平均价格有所上涨，由2013年的26.85欧元增长至28.37欧元，排名由第八位上升至第六位（见表6）。

表6　2014年初版图书的平均售价排行情况

单位：欧元

图书类别	2014年
自然科学和数学类	48.23
综合类、信息类、信息科学类	43.53
语言	38.73
社会科学	38.48
科技、医学、应用科学	35.42
历史和地理	28.37
宗教	27.90
哲学和心理学	27.77
艺术和娱乐	27.11
文学	15.85

来源：《图书与图书贸易数据》

2014年德国出版社继续发展不同的经营模式，将纸质图书和电子图书相结合列入自己的出版计划。德国出版社不断致力于开发富有创新性的数字化图书项目，2014年线上业务营业额增长了8.8%。但是总体来看，根据德国图书交易协会2014年的最新统计①，德国出版社总营业额相较于2013年下降了0.4%，共计55.45亿欧元。自1992年起，德国出版社的销售额就不断提高，而2014年是11年来第一次出现销售额的下滑。

① 该项调查由于每年数据都有所更新，以最新一次为参考。

从出版社各业务板块来看，图书作为出版社的核心业务，2014 年销售额下降了 0.7%；杂志期刊销售额增长了 1.3%；互联网业务作为销售额增长的重要支柱，2014 年增幅为 8.8%，与前四年的增幅相比有所下降；出版社副业的销售额继 2013 年下降 6.1% 后再降 8.1%，已经连续四年出现销售额下降的情况；德国广告业务经过 3 年的销售额增长，2013 年首次下降，减幅 3.1%，而 2014 年继续下降 1.0%；其他产品业务作为 2011 年增幅最大的板块，继 2012 年和 2013 年的下降后，2014 年再下降 4.2%。

从出版社规模来看，2014 年出版社的销售额总体有微弱下滑，但也不是所有规模的出版社都是如此，年销售额在 25 ~ 50 万欧元的较小型出版社，2014 年营业额上涨了 12.4%；年销售额在 12.5 ~ 25 万欧元之间的出版社也增长了 18.3%。营业额下降最厉害的为两类出版社，年销售额在 12.5 万欧元以下的小型出版社和年销售额在 1250 ~ 2500 万欧元的大型出版社，2014 年年销售额分别下降 12.6% 和 1.3%。

从出版社的地域分布来看，德国出版社的销售业绩主要集中在南部和西部的出版机构。同 2013 年一样，北威州的出版社销售总额以 38.6 亿欧元遥遥领先于其他州，排在第二位的是巴登符腾堡州，销售总额为 17.6 亿欧元，巴伐利亚州以 14.6 亿欧元排行第三。

3. 国际贸易情况

（1）进出口贸易

《图书与图书贸易数据》最新统计的数据显示，2013 年德国印刷品进口总额为 9.92 亿欧元，约为印刷品出口总额的一半。其中，图书与图画书的进口额为 6.02 亿欧元，占全部印刷品进口额的 60.7%，而 2012 年这一份额为 59.2%，这一大幅增长主要归因于从英国进口图书的总额增加，经过了 2011 年和 2012 年两位数的增长率，2013 年这一增长率有所下降。亚洲作为德国第二大贸易伙伴，2013 年德国从亚洲进口印刷品的总额占全部进口总额的 17.3%，特别是连环画和儿童图书的出版社，都在亚洲进行图书印刷，特别是中国，近五年都是德国的第二大印刷品进口国，仅次于英国。2013 年对于德国图书进口业务来说是一个转折点，其进口额为几年来的第一次下滑，图书进口额从 2012 年的 1.51 亿欧元下降至 2013 年的 1.19 亿欧元，而图画书也由 2012 年的 1.88 亿欧元下降至 2013 年的 1.51 亿欧元。

2013 年德国印刷品出口总额为 19.9 亿欧元，其中 1.21 亿欧元为图书和图画书出口额，占全部出口总额的 60.7%。图画书的出口总额依然有进步，

2009 年其出口总额还为 1900 万欧元，而如今已达到 3600 万欧元，占全部印刷品出口总额的 1.8%。2013 年图画书的出口额比 2012 年增长了将近 500 万欧元，同比增长 18.8%（见表 7）。

表 7 2013 年印刷品对外贸易情况

单位：千欧元

	欧洲	非洲	美洲	亚洲	澳洲	总计①
进口						
图书	402469	949	40113	118977	532	563040
图画书	6846	0	109	32133	1	39089
报纸②	7959	0	28	86	1	8074
期刊	313489	19	7968	8270	54	329800
乐谱	7800	0	1699	200	0	9699
制图产品	16526	13	1509	923	31	19002
日历	11649	46	404	11476	5	23580
总计	766738	1027	51830	172065	624	992284
出口						
图书	1009709	11092	82315	66714	3448	1173287
图画书	35193	99	84	269	103	35749
报纸	60931	152	25	166	0	61274
期刊	611496	393	3718	6767	470	622844
乐谱	16567	85	3534	2213	106	22505
制图产品	21293	329	755	2082	110	24591
日历	43520	773	2938	3491	400	51122
总计	1798709	12923	93369	81702	4637	1991372

来源：《图书与图书贸易数据》

由于同为德语国家，德国印刷品的最大出口国为奥地利和瑞士，但这两个邻国 2013 年从德国进口的印刷品总额相较于 2012 年都有所减少，其中奥地利减少 3.7%，瑞士减少了 2.3%。

尽管德国对德语国家邻国的印刷品出口额有所下降，但是法国对于德国图书的需求相较于 2012 年却有所增加，2013 年德国对法国的图书出口额增长了 8.3%，同样还有对美国的图书出口额也增长了 7.1%。总的来看，德国出版的英文图书越来越多。英国多年来一直为德国第三大或第四大图书出口国，排在奥地利和瑞士之后（见表 8）。

① 不包括附加产品。
② 包括那些每周至少出版 4 次的印刷品。

表8　2013年排名前10的图书进出口对象国

单位：千欧元

排名	进口对象国		出口对象国	
	国别	金额	国别	金额
1	英国	155073	奥地利	296018
2	中国	110474	瑞士	242195
3	意大利	52778	英国	108535
4	法国	43835	法国	101338
5	美国	38323	美国	66018
6	瑞士	27826	意大利	40939
7	捷克	25753	荷兰	40027
8	奥地利	23681	西班牙	36007
9	中国香港地区	20534	波兰	23133
10	荷兰	18420	捷克	20895

来源：《图书与图书贸易数据》

（2）翻译图书

2014年德国出版社出版翻译图书10812种，与2013年的11567种相比减少了近750种，同比下降6.5%。由于出版社缩减初版图书，2014年翻译图书在新版图书中所占份额与2013年相同，为12.4%。其中，初版的翻译图书9962种，比2013年的10731种下降了7.2%，占德国所有初版图书的13.5%，这一份额高于2013年的13.1%。

就语种而言，2009～2013年德国翻译图书中排名前四位的都是英语、法语、日语和意大利语，而2014年瑞典语超过了意大利语，排在了第四位。英语图书毫无疑问成德国翻译图画书中最重要的外语图书，2014年65.5%的德国翻译图书源自于英语，共6527种，其中有2635种为纯文学类图书。值得一提的是，德国翻译图书很大程度上会受到"法兰克福效应"的影响，也就是法兰克福书展的主宾国对当年的翻译图书出版情况有很大的推动作用。2013年法兰克福书展的主宾国为巴西，2013年译自葡萄牙语的图书种数达到了90种，排名进入前十名，而2014译自葡萄牙语的图书仅有32种，排名降至第14位。芬兰作为2014年法兰克福书展的主宾国时，译自芬兰语的图书种数由41种升至81种，其中有58种为纯文学类图书。

从图书类别上看，2014年纯文学类图书在翻译图书中的比重依然最大，共计3755种，在翻译图书中所占比重37.7%；儿童和青少年类图书在翻译图书中的地位也不可小觑，2014年有24.5%的儿童和青少年图书译自其他语种，比2013年和2012年都有所提高。2014年，德国共出版儿童和青少年类翻译图书1997种，凭借20.0%的份额，儿童和青少年类翻译图书成为德国翻译图书中第二重要的图书类别。连环画类图书变得越来越国际化，在2014年初版的连环画图书中，有78%译自其他语种，共1365种。

（3）版权输出

2014年对于德国版权输出来说是稳定的一年，共输出6443项，与2013年的6466项相比，基本持平。就语种而言，2014年德国版权输出对象语言排名前五位的依次是汉语、英语、西班牙语、法语和俄语，与去年排名前五位的语种略有不同，法语和俄语进入了前五名，而意大利语和捷克语名次则有所下降。前五名的语种在德国版权输出总量中所占份额分别为15.3%、7.0%、6.6%、5.7%和5.3%。汉语连续五年位列第一，但2014年的份额有所下降。排名前十的德国版权输出对象国分别为中国、法国、波兰、俄罗斯、西班牙、意大利、捷克、南非、土耳其、荷兰。其中中国已经连续四年排名第一，其他国家的排名每年都略有不同。

就地域而言，2014年德国向欧洲输出的版权数量有所增加，从2013年的4182项增长至4221项。2014年，德国向波兰、俄罗斯和西班牙输出的版权都为324项，这三个国家并列第三，但相较2013年向西班牙输出的版权数有很大的减少，从457项下降至324项，波兰和俄罗斯相较2013年则都有增加，分别从286项和281项增至324项。德国向东欧国家的版权输出情况略有波动，捷克不再领跑东欧国家。2014年德国向捷克输出的版权数为280项，2013年为330项，而2010年为574项。另一个表现不佳的还有德国一直以来的可靠伙伴匈牙利，由2013年的232项下降为224项。但是也有一些国家有所上升，如马其顿由71项增加至93项，罗马尼亚由111项增加至123项，克罗地亚由55项增加至69项。

2014年德国对中国的版权输出继续向前发展。2014年，德国向中国共输出版权938项，相较于2013年的998项略有下降，然而对于排在第二位的法国，2014年仅有334项。尽管德国向世界各国输出版权的总数减少，向中国输出的版权数在全部输出版权数中所占的比例由2013年的15.4%下降至14.6%，但中国依然是德国版权输出最大目的国。纵观十年发展，总的来说，德国向中国的版权输出呈发展的趋势，特别是2011年和2012年，德国每年向中国的版权输出数一度超过1000种。

英语国家一直是德国版权贸易的重要市场，2014年对象语言为英语的版权输出总数为450种，占全部版权输出数的7%，略高于2013年的6.9%。但是对英美两国的版权输出相较于 2013 年却有所停滞，英国由 158 项减少至 127 项，美国由 196 项下降至 191 项。

就图书类别而言，2014 年儿童和青少年图书依然是德国版权输出的重要支柱，为 2362 种，占全部版权输出的 36.7%。排位第二的为纯文学类图书，为 1197 项，占全部版权输出的 18.6%，无论从数量还是份额上相较于 2013 年都略有增长，其中叙事性文学图书主要的购进国为法语、意大利语、西班牙语、荷兰语、土耳其语和英语国家。排在第三位的是指导类图书，共输出版权 815 项，占全部版权输出的 12.6%。

4. 电子书市场情况

2014 年德国电子书市场继续发展，占整个出版市场销售额的 4.3%，而 2013 年为 3.9%[①]。2014 年共出售电子书 2480 万册，比 2013 年的 2150 万册增长 330 万册，但增长率相较于 2013 年的 63% 有所放缓。

缓慢发展而非过快增长，是 2014 年德国电子书市场的明显特征。2014 年已经不再有大幅度的跳跃式增长，消费群体也有所变化。根据捷孚凯市场调查集团的消费者调查，2014 年德国有 4.4% 的 14 岁以上的受访者购买过电子书，2012 年仅有 2.3%，而从年龄划分来看，不仅是年轻人，50 ~ 59 岁的受访者中也有 6.1% 购买过电子书。2014 年平均每人每年购买 6.4 本电子书，与 2013 年相同。

2014 年每人平均花费在购买电子书上的金额为 7.08 欧元，比 2010 年的 10.71 欧元有所下降。价格结构的变化不仅仅是因为出现了更多价格便宜的电子书或者免费的私人发行的电子书，更重要的是受“订阅模式”的影响，例如斯科比（Skoobe）和亚马逊（Amazon）只要读者定时缴纳会费则可以阅读大量的电子书籍。

根据捷孚凯消费者调查的结果显示，2014 年 84% 的电子书销售额来自于纯文学类电子书，儿童和青少年电子书的销售额占 5%，比 2013 年下降了 2 个百分点。指导类电子书的销售额占比增长了一个百分点，由 2013 年的 4% 增长至 5%。非小说类通俗读物和词典类电子书的销售额占比为 6%，旅游类电子书的销售额占比小于 1%（见图 1）。

5. 企业数量情况

据《德语区书业黄页》（*Adressbuch für den deutsch sprachigen Buchhandel*），

① 私人使用，不包括教材和专业书籍。

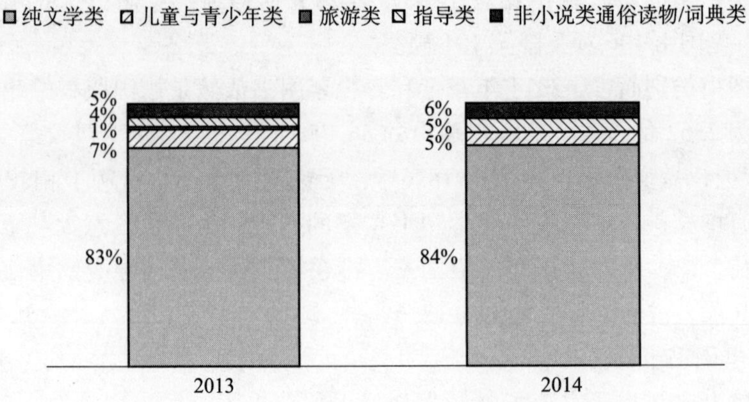

图1 2013～2014电子书分类销售额占比

2014年德国有约21600家出版发行企业，其中约15400企业为出版社或出版机构，占3/4。德国联邦统计局的销售税统计对年销售额（不含增值税）在1.75万欧元以上的企业进行统计调查①，无论是出版社、图书零售企业还是图书和专业期刊零售企业，企业总体数量都有所减少。2013年德国有缴税义务的图书出版社共2170家。其中，495家出版社年销售额在1.75至5万欧元之间，属于销售额最低的级别；23家出版社年销售额在5000万欧元以上，属于销售额最高的级别。2013年德国有缴税义务的图书零售企业共3896家。其中有将近一半的企业销售额集中在10至25万欧元和25至50万欧元之间，分别为1044家和920家；销售额较低级别的图书零售企业也不在少数，销售额在1.75至10万欧元之间的图书零售企业共有951家，而仅有9家企业年销售额超过5000万欧元。2013年德国有缴税义务的图书和专业期刊零售企业共6394家。其中有3425家企业年销售额在10至50万欧元之间；有28家企业年销售额在500至1000万欧元这一高销售级别，值得注意的是，2013年有9家企业年销售额超过了5000万欧元，这在之前的5年中是没有的（见表9）。

而从地域来看，柏林和慕尼黑两座城市在出版发行机构数量上齐头并进的时代已经过去了。2014年，柏林有出版机构167家，慕尼黑有出版机构128家，排在前五位的还有斯图加特85家，汉堡77家，科隆71家。2014年，柏林有发行机构251家，慕尼黑130家，紧随其后的还有汉堡125家，科隆110家。

① 此数据只更新至2013年。

表9　2013年有缴税义务的出版发行企业情况①　　单位：欧元

销售额级别	图书出版社	图书零售商	图书和专业期刊零售企业
1.75万~5万	459	477	773
5万~10万	377	474	853
10万~25万	450	1044	1892
25万~50万	246	920	1533
50万~100万	201	601	846
100万~200万	139	227	312
200万~500万	111	88	113
500万~1000万	65	24	28
1000万~2500万	46	26	—
2500万~5000万	17	6	—
5000万及以上	23	9	9
总计	2170	3896	6394

来源：《图书与图书贸易数据》

（二）细分出版市场情况

从版本分类上看，2014年德国图书出版业精装书/平装书所占市场份额有所增加，为72.9%；口袋书占总销售额的23.3%，同比略有下降；有声读物占总销售额的3.9%，与2013年持平。从内容分类上看，2014年德国图书出版业总销售额中，纯文学类图书占32.4%，比2013年减少1.7个百分点，纯文学类图书也是口袋书销售的一个最重要的支柱，约占口袋书总销售额的近七成，同时占有声读物总销售额的四成左右；儿童和青少年类图书占15.8%，占精装书/平装书总销售额的16%左右，在有声读物总销售额中的比重超过43%；指导类图书共占14.9%，在精装书/平装书总销售额中的比重超过18%；教材教辅占总销售额的9%左右，非小说类通俗读物占比超过10%，在精装书/平装书总销售额中的比重均超过一成（见表10）。

具体说来，纯文学类图书占德国图书市场销售额的32.4%，稳居第一位。在纯文学类图书市场上，叙事文学分别占精装书/平装书、口袋书和有声读物的四五成，悬疑类图书占精装书/平装书的两成，占口袋书和有声读物的三成。2014年纯文学类图书市场排名前三位的依然是叙事文学、悬疑类、科幻类，所占市场份额分别为52.5%、25.7%、5.9%，其中只有叙事文学类图书较2013年份额有所提升。在有声读物中，悬疑类，连环画、卡通、幽默

① 不包括销售额（不含增值税）在1.75万欧元以下的企业。

表10 2012～2014年各类图书在总销售额中所占比重（按版本划分）

单位：%

类别	总计			精装书/平装书			口袋书			有声读物		
	2012年	2013年	2014年	2012年	2013年	2014年	2012年	2013年	2014年	2012年	2013年	2014年
纯文学类	35.4	34.1	32.4	21.3	20.9	19.9	73.2	71.7	69.8	46.2	44.3	42.4
儿童和青少年类	15.5	15.7	15.8	16.8	16.6	16.2	8.5	9.1	10.0	37.9	41.6	43.2
旅行类	6.1	6.4	6.5	8.0	8.1	8.2	1.9	2.1	2.2	0.4	0.3	0.3
指导类	13.7	14.4	14.9	16.9	17.6	18.1	5.7	6.1	6.3	6.8	6.4	6.0
人文、艺术、音乐类	4.4	4.4	4.7	5.6	5.5	5.8	1.6	1.6	1.5	1.5	1.5	1.3
自然科学、医药、信息和技术类	4.3	4.2	4.0	5.9	5.7	5.3	0.4	0.3	0.3	0.2	0.2	0.2
社会科学、法律和经济类	2.5	2.5	2.6	3.0	3.0	3.0	1.5	1.5	1.7	0.4	0.3	0.2
教材教辅	8.7	8.9	9.2	11.9	12.0	12.2	0.6	0.7	0.7	3.1	2.6	2.5
非小说类通俗读物	9.4	9.4	10.1	10.7	10.6	11.2	6.6	6.9	7.5	3.2	2.8	3.8
总计	100.0	100.0	100.0	100.0	100.0	100.0	100.0	100.0	100.0	100.0	100.0	100.0

来源：《图书与图书贸易数据》

和讽刺类也占据较高的份额，达到16.6%，比2013年提高了约4个百分点（见表11）。

表11 2012～2014年纯文学类图书销售额比重

单位：%

类别	总计			精装书/平装书			口袋书			有声读物		
	2012年	2013年	2014年	2012年	2013年	2014年	2012年	2013年	2014年	2012年	2013年	2014年
叙事文学	51.6	51.7	52.5	50.5	48.0	50.4	53.0	55.3	55.3	45.7	47.2	44.3
悬疑类	26.1	26.3	25.7	21.6	23.4	21.6	29.4	28.5	28.9	29.9	29.9	30.0
科幻类	7.5	6.6	5.9	5.8	5.0	4.7	8.8	7.7	6.9	7.7	8.0	6.3
混合选集	0.2	0.1	0.2	0.1	0.1	0.1	0.2	0.1	0.2	0.2	0.1	0.5
抒情诗、剧本	1.0	1.0	1.0	1.0	1.0	0.9	1.0	1.0	1.1	1.2	1.1	1.0
双语类	0.5	0.5	0.5	0.9	0.8	0.7	0.2	0.3	0.3	0.2	0.2	0.1
连环画、卡通、幽默和讽刺类	7.2	7.9	8.1	6.6	9.0	8.5	7.0	6.5	6.8	14.2	12.8	16.6
礼品书	5.9	5.9	6.2	13.3	12.6	13.1	0.4	0.6	0.6	0.8	0.7	0.6
总计	100.0	100.0	100.0	100.0	100.0	100.0	100.0	100.0	100.0	100.0	100.0	100.0

来源：《图书与图书贸易数据》

排名第二位的依然是儿童和青少年类图书，其销售额比重略有增长，由15.7%增至15.8%，但其销售额相较于2013年下降了1.4%。自2013年起，11岁以下（含11岁）儿童读物所占份额就高于其他类别的儿童和青少年图书，2014年该类图书的销售额在全部儿童和青少年图书中也占到了27.5%，比2013年略有上升。12岁以上（含12岁）青少年读物所占比重继续下降，由24.8%下降至22.6%。2013年11岁以下（含11岁）儿童读物图书中最大的赢家依然是《格雷格的日记》（Gregs Tagebuch），这部连环画每出新的一集都会位于纯文学类图书排行榜的前列，其销售额占此类图书销售额的1.4%（见表12）。

表12　2012～2014年儿童和青少年图书类销售额比重①

单位：%

类别	总计			精装书/平装书			口袋书			有声读物		
	2012年	2013年	2014年	2012年	2013年	2014年	2012年	2013年	2014年	2012年	2013年	2014年
图画书	18.0	18.7	18.8	22.6	23.7	24.3	2.2	2.1	1.9	3.9	4.2	3.9
朗读类图书、童话、寓言、韵文、歌曲类图书	5.2	5.0	5.4	4.9	4.8	5.3	1.9	1.5	1.4	12.3	11.3	11.9
婴幼儿读物、学前读物	6.3	6.3	6.6	6.7	6.8	7.1	1.8	1.7	1.5	9.4	9.3	10.1
11岁以下（含11岁）儿童读物	26.3	27.0	27.5	21.9	22.0	22.7	35.1	34.4	31.9	49.3	53.9	55.2
12岁以上（含12岁）青少年读物	26.7	24.8	22.6	23.0	20.7	17.3	55.3	56.4	58.6	14.0	12.0	10.3
自传类读物	0.1	0.1	0.1	0.1	0.1	0.1	0.3	0.2	0.2	0.2	0.2	0.1
非小说类通俗读物/图画书	9.9	9.4	9.5	11.7	11.3	11.7	1.9	1.6	1.3	7.1	6.1	5.5
游戏类图书、学习类图书	7.5	8.6	9.4	9.1	10.6	11.5	1.4	2.1	3.2	3.8	2.9	2.9
总计	100.0	100.0	100.0	100.0	100.0	100.0	100.0	100.0	100.0	100.0	100.0	100.0

来源：《图书与图书贸易数据》

在指导类图书中，饮食类图书一直是最重要的门类，自2012年起其所占份额就在25%以上，2014年饮食类图书在指导类图书中所占份额为28%，保持了2013年的水平。在饮食类图书中，主题食谱的销售额所占份额最大，占

① 仅包含零售图书贸易、百货商店现金销售额以及电子商务。

饮食类图书的40.5%，2013年还为36.4%；排名第二位的是健康饮食类图书，所占份额从14.7%增长至15.1%，超过了之前排在第二位的基础烹饪图书；排在第三位的是烘焙类图书，其所占份额与2013年相比没有变化，但排名上升了一位；基础烹饪图书，由2013年的16.2%下降至11.4%，所占份额大大减少，排名也下滑至第四位（见表13）。

表13 2012~2014年指导类图书销售额比重

单位:%

类别	总计			精装书/平装书			口袋书			有声读物		
	2012年	2013年	2014年	2012年	2013年	2014年	2012年	2013年	2014年	2012年	2013年	2014年
爱好、房子	12.8	13.1	12.5	14.2	14.5	13.7	3.0	2.4	2.6	5.3	5.8	7.6
自然	11.2	10.7	9.9	12.5	11.7	10.9	2.0	3.6	3.0	2.7	2.0	1.9
汽车、飞机、船、太空飞行	3.4	3.4	3.2	3.8	3.8	3.5	0.5	0.4	0.5	0.0	0.0	0.0
体育	4.7	4.8	6.1	5.1	5.0	6.5	2.3	2.9	2.3	0.5	1.4	1.4
吃与喝	25.3	28.0	28.0	28.5	31.4	31.3	3.8	3.4	3.1	1.0	0.7	0.6
健康	16.8	17.2	18.1	16.2	16.3	17.0	18.2	21.7	24.6	37.4	36.8	38.2
精神方面	5.5	4.7	4.7	4.4	3.8	3.7	12.8	11.0	11.6	17.6	14.3	15.3
生活帮助、日常	16.5	14.9	14.5	12.2	10.7	10.8	49.1	47.5	45.3	32.9	36.7	32.6
法律、职业、经济	3.6	3.2	3.0	3.0	2.7	2.6	8.2	7.1	7.1	2.6	2.4	2.3
总计	100.0	100.0	100.0	100.0	100.0	100.0	100.0	100.0	100.0	100.0	100.0	100.0

来源：《图书与图书贸易数据》

在非小说类通俗读物中，政治、社会和经济类图书在欧债危机的背景下成了一类重要的图书，其所占份额为31.6%，基本与2013年持平。自然与科技类图书成了非小说类通俗读物中的一匹黑马，其所占份额几乎翻了一番，由4.8%增长至9.2%。多年来，词典和工具类图书在全部非小说类通俗读物中所占的份额逐年下降，2014年其份额已下降至12.1%（见表14）。

表14 2012~2014年非小说类通俗读物图书销售额比重

单位:%

类别	总计			精装书/平装书			口袋书			有声读物		
	2012年	2013年	2014年	2012年	2013年	2014年	2012年	2013年	2014年	2012年	2013年	2014年
词典、工具书	14.7	14.3	12.1	16.2	15.4	13.1	8.2	9.7	8.2	8.5	9.8	6.3
哲学、宗教	6.3	7.1	5.3	5.6	6.3	5.0	9.1	10.2	7.1	15.3	12.9	5.6
心理学、人类学等	8.6	10.4	9.5	7.6	9.4	8.2	12.6	14.3	15.6	16.1	17.9	10.4

续表

类别	总计			精装书/平装书			口袋书			有声读物		
	2012年	2013年	2014年	2012年	2013年	2014年	2012年	2013年	2014年	2012年	2013年	2014年
历史	14.6	16.9	16.3	14.6	17.3	16.3	14.4	15.2	16.7	16.9	17.9	10.4
艺术、文学	7.3	8.0	7.0	7.3	8.5	7.4	7.3	5.0	6.2	4.6	5.4	3.1
音乐、电影和戏剧	7.8	7.0	8.9	8.7	7.6	9.6	3.9	4.1	3.5	5.1	9.4	37.4
政治、社会和经济	35.8	31.5	31.6	35.2	30.8	30.4	38.8	34.8	38.5	31.9	30.0	19.1
自然和科技	4.9	4.8	9.2	4.8	4.7	10.1	5.7	5.7	5.1	1.5	1.3	10.2
自由类读物	0.0	0.0	0.0	0.0	0.0	0.0	0.0	0.0	0.0	0.0	0.0	0.0
总计	100.0	100.0	100.0	100.0	100.0	100.0	100.0	100.0	100.0	100.0	100.0	100.0

来源：《图书与图书贸易数据》

（三）细分发行市场情况

2014年德国图书市场总销售额按最终零售价格估算为93.22亿欧元，同比下降2.2%。根据德国图书交易协会每年进行各类图书零售渠道的统计，主要涉及综合性图书零售点、出版社直销、邮购图书贸易（含互联网图书贸易）、其他销售点、百货商场和会员制图书俱乐部。主要情况如下：

综合性图书零售点在经过2010年到2012年的销售额连续三年下滑后，终于在2013年实现了销售额的增长。然而好景不长，2014年综合性图书零售点销售额同比下降1.2%，为45.83亿欧元。出版社直销渠道在2014年销售额继续上涨，以19.04亿欧元的销售额成为第二大销售渠道，同比增长1.5%，增长幅度与2013年持平。2014年德国电商图书贸易销售额占全部图书销售额的比例继续下滑，同比减少3.1%，为15.11亿欧元。传统的邮寄图书（不含电商）曾经在图书贸易中起到过重要作用，但近年的销售额不断下降，特别是2014年，同比减少26%，仅占全部图书销售额的1.7%。

百货商场近年来销售额也在不断下降，2014年只占据全部图书销售市场的1.3%，同样下降的还有会员制图书俱乐部销售额，2014年同比下降21%，而这一数字在2013年还为10.4%。其他销售点，如折扣店、超市或加油站，2014年销售额也是出现了几年来的首次下降，但在全部图书销售额中所占的份额与2013年相同，为9.9%（见表15）。

德国图书零售贸易中，火车站和飞机场的图书销售额在过去几年不断增长，2014年第一次出现了下滑。根据德国铁路股份有限公司（Deutschen Bahn AG）的报告，2014年德国火车站图书贸易销售额共计4.08亿欧元，同比减少5.6%，火车站图书贸易企业309家，营业面积共计54850平方米。瑞士公

表15 2013～2014年图书贸易企业按最终零售价格计算的销售额及份额

单位：亿欧元

类别	2013年		2014年	
	销售额	份额	销售额	份额
综合性图书零售点	46.39	48.6%	45.83	49.2%
其他销售点	9.47	9.9%	9.22	9.9%
百货商场	1.42	1.5%	1.17	1.3%
邮购图书贸易（含互联网图书贸易）	17.77	18.6%	16.72	17.9%
出版社直销	18.76	19.7%	19.04	20.4%
会员制图书俱乐部	1.55	1.6%	1.22	1.3%
共计	95.36	100%	93.22	100%

来源：《图书与图书贸易数据》

司瓦罗拉（Valora）依然是德国火车站和飞机场图书贸易的领跑者，共有170家书店，年销售额3700万欧元；排在其后的是施密特和汉恩（Schmitt & Hahn）公司，共有75家书店，年销售额为2730万欧元；排在第三位的是LS旅游出版社（LS Travel Retail），共有94家书报店铺，年销售额为1730万欧元（见表16）。

表16 2010～2014年德国火车站图书贸易情况

年份	企业数量（家）	营业面积（平方米）	企业平均营业面积（平方米）	营业额（百万欧元）	企业平均营业额（千欧元）
2010年	298	55122	185.0	402	1349
2011年	310	55205	178.1	410	1323
2012年	312	56049	179.6	416	1333
2013年	319	55937	175.4	432	1353
2014年	309	54850	177.5	408	1320

来源：《图书与图书贸易数据》

三、期刊业发展状况

根据德国期刊出版商协会（Verband Deutscher Zeitschriftenverleger，简称VDZ）的年度报告，2014年在德国14岁以上的公民中有92.2%的受访者阅读期刊，而在14到29岁的青年人中有约九成的受访者都会阅读期刊。在对63

种杂志品牌的调查中，平均每期纸质期刊有224万读者，每期电子期刊有135万读者，其中有15.4万读者会同时阅读两种版本的期刊。2014年线上版本大众期刊在众多传统媒体形式中赢得了最多的读者，同样手机版本的大众期刊阅读量也高于其他媒体形式。

在对德国期刊读者阅读动机的调查中，有62%的受访者表示他们能够通过阅读期刊获得有趣的启发，48%的受访者表示他们需要一些日常生活中有用的建议，46%的受访者表示阅读能使他们得到放松，44%的受访者表示他们能够了解到一些以前没有关注过的有趣话题，36%的受访者表示他们能够了解一些有趣的新产品。2014年，报纸和期刊为代表的传统媒体依然是德国民众最信赖的信息来源，在德国的媒体市场中占据了超过70%的份额。而在报纸和期刊中，汽车和IT成了最为主要的主题。

2014年德国期刊出版社的工作人员超过60000人，年销售额为151亿欧元，其中有109.6亿来自国内，41.4亿来自国外，98.8亿来自纸质期刊，52.2亿来自数字期刊和其他业务。

2014年德国共出版大众期刊1583种，其中133种为初版期刊，48种停刊。据统计，2014年德国每季度平均大众期刊发行量（包括电子期刊）为1.064亿册，其中季度平均订购总量为4870万册，零售总量为4150万册，与2013年相比，各项均有下降。相比之下，专业期刊的销售量则较为稳定，2014年德国每季度平均专业期刊发行量（包括电子期刊）为1160万册，其中季度平均订购总量为1000万册。

2014年德国期刊出版社的广告业务面临更加严峻的竞争。根据媒体研究企业尼尔森公司（Nielsen GmbH）对于德国媒体广告宣传支出的市场份额的调查，2014年德国媒体市场广告总支出约为282亿欧元，其中排名第一位的依然是电视，共计130.68亿欧元，同比增长8%；第二是报刊，共计46.76亿欧元，同比下降1%；第三位是大众期刊，共计35.07亿欧元，同比下降1.3%；相比而言，互联网、广播、户外和电影院的媒体市场广告花费都有所增加，特别是电影院，比2013年增长了22.4%。

2014年德国专业期刊继续发展，根据德国专业期刊联合会（Deutsche Fachpresse）公布的数据，德国专业媒体出版社营业额相比去年增长1.3%，共计32.5亿欧元，而专业期刊成了出版社营业额增长的最重要的推动力，其销售额为18.53亿欧元，同比增长1.0%。相反的广告业务的成绩则不那么令人满意，同比减少了2.3%。2014年德国共出版专业期刊3824种，同比增长0.6%；全年共发行5.07亿册，同比增长0.4%。数字化期刊成了销售额增长强有力的助推器，占专业期刊全部营业额的18.6%，同比增长8.2%。其中，电子书的营业额增长最为迅速，同比增长24%，网页版期刊销售额增长速度较之2013年有大幅降低，为9%，而App销售额，在2014年没有增长。

德国联邦书报杂志批发商协会（Bundesverband Deutscher Buch-, Zeitungs-und Zeitschriften-Grossisten e. V., Presse-Grosso）① 的年度调查显示，2014年德国大宗期刊批发传媒公司共有58家，其中直接参与期刊出版的公司有12家。2014年年度期刊大宗批发销售总额为22840亿欧元，与去年相比减少了3.05%，平均每家公司销售额为393.80亿欧元；销售总量为20850亿册，同比下降5.04%；期刊供货销售点总量为113427个，期刊总类约6000种，平均现货种类约为1850种；单期杂志平均价格为1.10欧元。

参考文献

1.《图书与图书贸易数据》（*Buch und Buchhandel in Zahlen*）

2.《德国印刷媒体工业联盟年度报告2014~2015》（*Bvdm Jahresbericht* 2014~2015）

3. Verband Deutscher Zeitschriftenverleger. www. vdz. de

4. Deutsche Fachpresse. www. deutsche-fachpresse. de

5. Bundesverband Deutscher Buch-, Zeitungs-und Zeitschriften-Grossisten e. V. www. pressegrosso. de

［作者单位：大众汽车集团（中国）］

① 联邦书报杂志批发商协会于1950年7月20日在科隆成立，其成员都是从事经济行业批发业务的媒体批发商。该协会从供货商角度研究其成员对于公共机构和商业伙伴以及在零售业和其协会中理想的经济的和媒体政策方面的利益问题。

俄罗斯出版业发展报告

王卉莲

一、出版业发展背景

（一）经济环境

2015 年 1 月社会舆论基金会（ФОМ）对全国 100 个居民点年龄 18 岁以上的 1500 人进行了居民经济情况调查。调查显示，45% 的受访者表示自己的经济状况恶化，48% 的受访者表示经济状况未有实际性变化，7% 的受访者称自己的经济状况不错；在受访者中，有 11% 期待经济状况在未来一年中能有所改善，有 29% 认为会继续恶化，有 33% 很难做出回答。罗米尔调查中心（РОМИР）认为，2014 年俄罗斯居民购买行为更加理性，购买的商品价格由较为昂贵转向相对低廉。

（二）政策法律环境

1. 限制外商投资进入大众传媒

2014 年 10 月 14 日，俄罗斯联邦法律第 305 号对《大众传媒法》进行修订，对外商投资 20% 的俄罗斯大众传媒进行限制。2014 年 6 月，俄联邦政府向国家杜马提交联邦法律《规范对国防和国家安全具有战略意义的经济实体的外商投资》修正案。根据该修正案，必须经过政府特别委员会的同意，外国公司方可收购战略企业的 50% 以上。此前，战略企业名单仅涉及覆盖率在俄罗斯联邦人口 50% 及以上的广播电视公司、单期发行量超过 100 万册的印刷类大众传媒。

目前，受上述法律限制，战略企业则几乎涵盖了所有大型印刷类大众传媒：每周出版两次及以上的刊物，年发行量 1500 万册；每周出版一次的刊物，年发行量 250 万册；每月出版一次的刊物，年发行量 70 万册；日报年出版约 250 期，周刊约 50 期，月刊 12 期，每期发行量超过 6 万册。

联邦法律对外资进入大众传媒的限制，对不少大型出版社、电视台、大型企业创办的媒体等都产生了较大影响。这其中就有：外商独资公司——阿克塞尔·施普林格俄罗斯（Axel Springer Russia）、博达（Burda）、萨诺玛独立媒体（Sanoma Independent Media）、康泰纳仕（Konde Nast）等；大型企业——扩音器（Мегафон）电信公司旗下15家媒体，VimpelCom电信公司旗下12家媒体，手机电信系统（MTC）旗下8家媒体，俄罗斯天然气工业股份公司（Газпром）旗下超过60家媒体，俄罗斯石油公司（Роснефть）旗下十几家媒体；“CTC媒体”电视台由瑞典公司现代时代集团（Modern Times Group）控股37.9%，在纽约纳斯达克上市募集35%，25%的股份属于塞浦路斯的泰尔克莱斯特投资（Telcrest Investments）。

2. 取消对期刊订阅运费的财政补贴

近5年来，俄罗斯期刊订阅市场发展平稳，且在发行市场上占据了较大的份额。根据出版物发行商协会（АРПП）、俄罗斯邮政以及专家估算数据，就发行量指标而言，2014年期刊订阅环节占34%的市场份额，期刊零售环节占66%；在一些非大型城市，订阅环节所占市场份额超过50%；在一些更小的居民点，订阅环节可能是报刊发行的唯一渠道。这得益于2008年俄联邦政府出台的一项决议：为了将期刊订阅运费保持在2009年的水平，俄罗斯财政每年向“俄罗斯邮政”补贴约30亿卢布。

2014年3月，俄联邦政府再次出台决议，决定自2014年下半年起取消对期刊订阅运费的财政补贴，自2015年1月1日起对期刊订阅运费征收20%的税费。由此，“俄罗斯邮政”接受订阅和送达刊物的服务费用平均提高了23%，雅库特北部地区上述服务的费用高达决议出台前的3倍。这导致2014年下半年期刊订阅人数减少了500万人。

（三）国民阅读情况

2014年全俄社会舆论研究中心（ВЦИОМ）对来自42个州、边疆区和共和国130个居民点的1600人近三个月的阅读与购书情况进行了调查，误差率不超过3.4%。调查结果显示，莫斯科州、列宁格勒州、伏尔加格勒州、普斯科夫州、雅罗斯拉夫州和楚瓦什共和国是阅读最多的地区，外贝加尔湖边疆区、图瓦共和国、塔吉斯坦共和国的阅读情况不容乐观。

近三个月以来，俄罗斯人平均阅读4.55本图书，2013年、2011年这一指标分别为4.23本和3.94本，均低于20多年前的水平——1992年为5.14本图书；女性和百万人口城市的居民喜欢阅读文学作品，分别阅读5.07本和6.26本；老年人阅读量超过年轻人，60岁以上的人阅读5.28本，18~24岁的人阅读3.56本。

就阅读题材而言，言情小说是最受欢迎的，13%的受访者阅读此类小说；11%的人阅读历史类图书；各类型的侦探题材作品吸引了不少读者，受访者中有9%阅读国外侦探小说，有9%阅读俄罗斯女性侦探小说，有8%阅读国内动作类侦探小说；9%的受访者阅读国内外经典作品；8%的受访者阅读美容、保健、心理类图书；7%的人阅读回忆录；7%的人阅读俄罗斯当代作家的文学作品。

2014年36%的受访者不阅读，较2009年增加9个百分点。32%的受访者在书店购书，较2009年下降2个百分点。购书最多的群体为35～44岁年龄段的人、莫斯科人和圣彼得堡人、受高等教育者，上述人群中购书者所占比重为40%左右。在购书群体中，受访者购买新的纸质图书的平均预算为361卢布。其中，71%～73%的人为50～100卢布，54%的人为200卢布，35%为300卢布，20%为400卢布，7%为1000卢布，5%为1500卢布以上。

找亲戚朋友借书的人由2009年的37%减少至2014年的24%，阅读家庭藏书的人也由六年前的27%下降了10个百分点。2014年阅读电子书的受访者为18%，而2009年这一指标仅为5%。此外，还有15%的受访者购买古旧书。

（四）互联网使用情况

据社会舆论基金会统计，2014年俄罗斯上网人数为7380万人。全俄社会舆论研究中心调查显示，18～24岁这一年龄段的人是上网最活跃的群体，43%的受访者使用互联网购物，22%的人有互联网依赖。根据尤里·列瓦达分析中心2014年6月的统计，39%的俄罗斯人从未使用过互联网；受访者中，44%使用互联网检索有用信息，31%上网娱乐，30%用于浏览新闻，36%作为社交工具，16%检索或阅读图书和国外新闻。最受俄罗斯人欢迎的社交网站，主要是俄罗斯国内网站，排名第一的是链接（Вконтакте），其次是同班同学（Одноклассники），再次是我的世界（Мой мир）。

目前，尚未发现俄罗斯对互联网相关市场容量的官方统计。根据现有资料，俄罗斯互联网相关市场容量大致为0.7万亿到7万亿不等，相差近10倍。原因主要在于对上述市场涵盖范畴的界定存在差异。根据俄罗斯电子通讯协会（РАЭК）的估算，2014年俄罗斯互联网相关市场容量为7万亿卢布，约占俄罗斯国内生产总值的十分之一。据杰森伙伴咨询公司（J'son & Partners Consulting）统计，2014年俄罗斯互联网贸易市场总量为6830亿卢布，较上一年增长27%，约占俄罗斯零售业市场总量的3%；近5年来该市场容量年均涨幅为42.5%；未来几年市场容量涨幅将放缓，维持在7%左右，2015年由于宏观经济不景气，市场容量将减少5%，缩减至6500亿卢布，2016年增至6965亿卢布，之后增速加快，至2018年达9600亿卢布；在俄罗斯从事互联网贸易的有4万余家公司；受消费者欢迎且准入门槛低的“家用电器与电子产品”“服装与鞋子”“送餐”是市场上竞争最激烈的板块。

2014年俄罗斯所有的出版社都将互联网渠道作为一个营销方向，但大部分出版社仅限于在自己的网站上销售，尚未与专业分销商合作。绝大多数大中型出版社互联网销售额占总销售额的6%~17%，如罗斯曼占10%，埃克斯摩占13.5%，阿斯特占15%，里波尔－经典作家占13.7%，奥尔玛传媒集团占6%，字母－阿季古斯占17%。一些积极推进互联网营销的出版社，如萨莫卡特（Самокат）和阿里平纳出版（Альпина Паблишер），其互联网销售额能占到总销售额的40%~60%。中小学教科书市场上的主力军，如教育、俄罗斯词汇和谟涅摩绪涅（Мнемозина），则很少涉足互联网贸易领域，其互联网销售仅占总销售额的0.5%~2.6%。

《书业》杂志调查显示，2014年互联网渠道纸质图书销售额较上一年增加10.5%，销售册数较上一年减少9.2%，首次呈现负增长。这很大程度上是由纸质图书平均价格上涨过快引发的。此外，莫斯科地区读者互联网渠道消费饱和，地区读者对网上购书态度较保守，这也是重要影响因素。据专家测算，2015年互联网渠道纸质图书销售册数会继续缩减，预计可达20%。2014年9月对READ.ru、OZON.ru、My-shop.ru、Labirint.ru网上书店的调查显示，互联网渠道图书销售品种超过六成集中在社会政治类、儿童类和成人文学类，分别占24.3%、21.5%和20%；教材和实用类图书各占10%左右，艺术文化类图书占不到4%。

二、图书业发展状况

（一）出版情况

1. 整体情况

据俄罗斯书库统计，2014年俄罗斯联邦共出版图书和小册子112126种，依然位列世界第四，仅次于中国、美国和英国，较2013年减少7.0%，较2008年减少9.1%；总印数4.855亿册，较2013年减少10.4%，较2008年减少36.2%；总印张53.25亿印张，较2013年减少16.6%，较2008年减少45.3%；出版物平均印数4330册，较2013年减少3.7%，较2008年减少

29.8%；出版物平均印张数10.97印张，较2013年减少7.0%，较2008年减少14.3%；出版物人均占有量3.32册，较2013年减少12.2%，较2008年减少37.9%。

综上，2014年俄罗斯联邦图书和小册子出版情况不容乐观，各项指标较上一年度全面缩减，降幅在3.7%至16.6%；除出版种数、出版物平均印张数较2008年减少10%左右，其他各项指标的降幅都超过30%。（见表1）

表1　2008～2014年图书和小册子出版情况

年份	2008年	2009年	2010年	2011年	2012年	2013年	2014年
出版种数（种）	123336	127596	121738	122915	116888	120512	112126
总印数（百万册）	760.4	716.6	653.8	612.5	540.5	541.7	485.5
总印张（百万印张）	9729.8	8042.2	7889.0	7009.5	6186.2	6388.3	5325.0

资料来源：联邦出版与大众传媒署、俄罗斯书库

按出版装帧形式、版次等不同口径统计的俄罗斯出版情况如下：2014年俄罗斯出版新版书96027种，印数3.102亿册，再版书16099种，印数1.753亿册；系列书43153种，印数3.373亿册；翻译类出版物11692种，印数6150万册。

2014年再版书、翻译类出版物和系列书出版种数、印数指标较2013年均有所下降，降幅在6%～14%，所占比重较2013年变化不大。2008～2014年间，俄罗斯再版书出版量日益增加，出版种数所占比重由13.7%增至14.4%，印数所占比重由26.2%增至36.1%；翻译类出版物和系列书的出版情况则较为稳定，翻译类出版物出版种数、印数所占比重保持在10%～13%；系列书出版种数所占比重保持在40%左右，近两年其印数所占比重逼近70%，较2008年增长了十多个百分点。

从按印数级别统计的图书和小册子出版数据中可以发现，2014年印数在1000册以下的图书和小册子占总出版种数的54.1%，占总印数的4.3%；印数在5万册以上的图书和小册子占总出版种数的0.9%，占总印数的26.7%。2008～2014年印数在500册以下的图书和小册子出版种数增加了24.8%，印数增加了17.8%；印数在1000册以下的图书和小册子出版种数增加了18%，印数增加了4.5%；印数在1000册以上的图书和小册子出版种数和印数均减少超过三分之一；印数在5000至50000册的图书和小册子出版种数减少了近45%，印数减少超过40%。近年来，未标明印数的图书和小册子所占比重日益增加。（见表2）

表 2 2013～2014 年图书和小册子出版情况
（按印数级别统计）

印数级别	种数（种）		2014 较 2013（%）	2014 较 2008（%）	印数（百万册）		2014 较 2013（%）	2014 较 2008（%）
	2013	2014			2013	2014		
500 册以下	53005	51834	－2.2	＋24.8	12.8	12.6	－1.6	－17.8
500～1000 册	10946	8836	－19.3	－10.4	10.3	8.4	－18.4	－10.6
1000～5000 册	31630	27669	－12.5	－31.1	102.6	89.4	－12.9	－35.3
5000～10000 册	10373	8971	－13.5	－47.5	85.4	74.6	－12.6	－46.9
10000～50000 册	8184	7464	－8.8	－39.4	184.8	171.0	－7.5	－38.3
50000～100000 册	800	704	－12.0	－24.9	59.8	51.4	－14.0	－26.1
100000 册以上	444	340	－23.4	－38.4	85.9	78.1	－9.1	－32.1
未注明印数	5130	6308	—	—	—	—	—	—
合计	120512	112126	—	—	541.7	485.5	—	—

资料来源：联邦出版与大众传媒署、俄罗斯书库

2. 翻译图书出版情况

翻译类出版物一般包括译自外语和民族语言的作品、用外语和民族语言出版的作品。目前，俄罗斯统计的翻译类出版物主要为译自外语的作品。2014 年俄罗斯共出版翻译类出版物 11692 种，占总出版种数的 10.4%，印数 6150 万册，占总印数的 12.7%。翻译类出版物共涉及 87 种语言。按出版种数统计，涉及的语种排名前三的依然是英语、法语和德语。在翻译类出版物中，译自英语的作品 6738 种，印数约 4000 万册，占总出版种数和总印数的六成左右；译自法语的作品 955 种，印数 560 万册占，总出版种数和总印数的 8%～9%；译自德语的作品 725 种，印数 340 万册，占总出版种数和总印数的 5%～6%。

除译自外语的作品外，2014 年俄罗斯出版 1578 种由俄语译成其他语种的作品，印数 410 万册；2437 种以俄罗斯民族语言和外语出版的作品，涉及语种 61 种，其中出版最多的语种依然是英语，出版 1090 种，印数 240 万册。

3. 细分市场情况

按目的功用划分，俄罗斯出版物主要分为学术类、教材、文学艺术类和少年儿童类。2014 年上述各类出版物出版量全面缩减。

2014 年俄罗斯出版学术类出版物 25411 种，较 2008 年增长 22.3%，其印数保持在 1000 万册左右；出版教材 36860 种，较 2008 年增长 2.1%，其印数保持在 2.2 亿～2.4 亿册；出版文学类出版物 14874 种，较 2008 年减少

26.1%，印数6140万册，较2008年减少近60%；出版少年儿童类出版物10599种，较2008年减少超过6%，印数9860万册，较2008年减少34.2%，自2011年起其出版量基本保持在同一水平。

2014年学术类、教材类、参考类、文学类出版物所占比重较上一年变化不大：学术类出版物占总出版种数比重超过20%，约占总印数比重的2%；教材约占总出版种数比重的1/3，约占总印数比重的五成；参考类出版物所占出版种数比重为2.0%，所占印数比重为1.5%；文学类出版物占总出版种数和总印数比重在13%左右。少年儿童类出版物所占比重较上一年有所增长，占总出版种数比重约9.5%，占总印数比重超过20%。2011～2014年俄罗斯各类图书销售情况见表3、表4、表5。

表3　2011～2014年图书销售情况

单位:%

类别	销售册数变动幅度				销售额变动幅度			
	2011年	2012年	2013年	2014年	2011年	2012年	2013年	2014年
成人文学作品	-12.93	-4.40	-4.32	-3.69	-3.88	+2.60	+2.03	+4.44
儿童文学作品	+7.53	+7.15	-0.50	-2.46	+3.60	+10.01	+7.68	+4.07
教材	+6.93	-3.83	-3.07	-3.34	+4.70	+7.21	+6.23	-2.02
专业类作品	-7.53	-1.95	-6.66	-11.28	-5.78	+2.25	-2.29	-7.47
实用类作品①	-3.63	+1.58	-5.78	-8.81	-2.33	+4.23	-0.17	-3.65
文化、艺术	—	—	—	—	+3.10	+2.00	+1.37	-2.18
其他	—	—	—	—	+7.90	+6.30	+4.00	-3.43

资料来源：《2010～2015俄罗斯图书市场》项目、《书业》杂志

表4　2013～2014年各类图书销售额比重情况
（不含财政补助机构采购和电子书销售）

单位:%

类别	2013年	2014年
成人文学作品	27.93	30.02
儿童文学作品	21.25	23.59
教材	13.56	13.21
专业类作品	11.80	11.20
实用类作品	12.21	11.68
其他	13.25	10.30

资料来源：《2010～2015俄罗斯图书市场》项目、《书业》杂志

① 包括居家—生活—休闲、烹饪、心理、医学、秘籍。

表5 2014年主题板块和市场渠道的平均零售价格情况

单位：卢布

主题板块	超市	书店	网上书店
文学类作品	112.58	229.45	289.34
儿童类作品	110.62	177.63	263.16
实用类作品	188.46	246.49	241.25
教科书	135.47	248.13	179.52
专业类作品	161.54	192.33	251.84

资料来源：《2010～2015俄罗斯图书市场》项目、埃克斯摩出版社、《书业》杂志

4. 畅销书情况

近年来，东佐娃一直稳居文学类畅销书榜单首位。2014年东佐娃的图书总印数为168.3万册，2008年这一指标为2014年的近六倍。上榜的其他作者也存在图书总印数大幅缩减的情况：希洛娃的图书总印数2008年为374.8万册，2014年为50.6万册；乌斯季诺娃的图书总印数2008年为321.1万册，2014年为59.4万册；等等。在儿童类畅销书作者榜单中，丘科夫斯基连续三年位列榜首，在此之前斯捷潘诺夫也曾连续三年排名第一。(见表6)

表6 2014年印数最大的文学类畅销书、儿童类畅销书作者排名情况

排名	文学作品作者	出版种数	总印数（千册）	儿童作品作者	出版种数	总印数（千册）
1	东佐娃（Донцова Д.）	95	1683.0	丘科夫斯基（Чуковский К.）	127	1953.2
2	斯塔乌特（Стаут Р.）	72	1132.8	斯捷潘诺夫（Степанов В.）	57	955.0
3	波利亚科娃（Полякова Т.）	58	663.2	诺索夫（Носов Н.）	89	897.5
4	马里宁娜（Маринина А.）	50	661.2	布拉托（Барто А.）	63	871.0
5	乌斯季诺娃（Устинова Т.）	40	593.5	古里娜（Гурина И.）	41	776.0
6	罗伊（Рой О.）	41	542.0	安徒生（Андерсен Г.）	69	666.0

续表

排名	文学作品作者	出版种数	总印数（千册）	儿童作品作者	出版种数	总印数（千册）
7	克雷切夫（Колычев В.）	41	511.2	沃尔科夫（Волков А.）	48	634.1
8	希洛娃（Шилова Ю.）	38	506.0	普希金	77	524.4
9	金（Кинг С.）	61	453.5	佩罗（Перро Ш.）	30	464.9
10	维尔蒙特（Вильмонт Е.）	42	424.0	格林兄弟（Братья Гримм）	37	414.5

资料来源：联邦出版与大众传媒署、俄罗斯书库

（二）发行情况

1. 整体情况

根据俄罗斯统计局数据（不含克里米亚联邦管区），2014 年俄罗斯图书零售额 771.19 亿卢布，报刊零售额 658.09 亿卢布，办公、文具用品零售额 317.09 亿卢布，从业人员（不含小型企业）25125 人，月均工资 19659 卢布。其中：莫斯科图书零售额 262.81 亿卢布，报刊零售额 803.02 亿卢布，办公、文具用品零售额 32.78 亿卢布，从业人员（不含小型企业）4980 人，月均工资 35232 卢布；圣彼得堡图书零售额 42.37 亿卢布，报刊零售额 17.66 亿卢布，办公、文具用品零售额 12.73 亿卢布，从业人员（不含小型企业）2431 人，月均工资 24013 卢布。

据《书业》杂志统计，2014 年俄罗斯纸质图书市场容量（不含财政补助机构采购额）约为 507.4 亿卢布，较上一年增长 0.71%，主要得益于互联网渠道和超市售书领域的增长；俄罗斯纸质图书市场容量（含财政补助机构采购额）为 755 亿卢布，较上一年减少 3.22%，图书馆系统财政采购额削减是主要原因；图书市场容量（含纸质图书和电子图书）共计 770 亿卢布，较上一年减少 2.67%。（见表 7）

根据利特列斯（ЛитРес）公司和《书业》杂志的统计数据，2014 年俄罗斯数字出版市场（B2B + B2C）容量为 15 亿卢布，不到纸质图书市场容量的 2%，其中 B2B（电子图书馆系统）市场容量 9.5 亿卢布，B2C 市场容量 5.5 亿卢布。据利特列斯公司统计，利特列斯、Google Play 是俄罗斯数字出版市场的两大巨头，分别占 59% 和 12.8% 的市场份额，紧随其后的是阿伊莫比尔科（Аймобилко）、我的图书（My Book）、图书伙伴（Bookmate）和联络员

（Связной）。

据杰森伙伴咨询公司统计，70%的俄罗斯人阅读电子书，其中有92%的人通过互联网免费浏览（含盗版电子书）。专家认为，俄罗斯数字出版市场的发展存在下列不利因素：利特列斯公司在B2C领域中的市场垄断，奥迅等强有力的市场竞争者相继退出市场，电子书版权持有者对发行环境的评价较低；与此同时，也存在一些有利因素：平板电脑、智能手机、电子阅读器等电子书阅读设备的日益普及，电子阅读设备价格走低，电子阅读设备功能的逐步完善，合法电子书内容不断增加，与盗版内容的持续较量，电子书品种的不断增加。

表7　2011～2014年图书市场容量

单位：亿卢布

渠道	2011年	2012年	2013年	2014年	
				市场容量	比重
书店（含地区连锁书店）	268.5	260.2	272.9	269.8	35.73%
联邦网络	109.8	88.7	78.6	80.3	10.64%
网上书店	54.9	59.3	62.7	69.3	9.18%
报刊亭	38.6	39.7	29.9	21.3	2.81%
非专业图书零售（含超市）	64.7	69.5	59.6	66.7	8.83%
小计	**536.5**	**517.3**	**503.8**	**507.4**	
财政补助机构（图书馆、中小学、高校）	205.3	204.2	219.3	196.4	26.01%
其他销售（直销、团体客户、订购出版物、订阅出版物、俱乐部等）	64.0	66.5	56.9	51.3	6.79%
小计	**805.8**	**788.0**	**780.1**	**755.0**	**100%**
数字出版（B2B+B2C）	3.15	5.6	11.0	15.0	
合计	**808.9**	**793.6**	**791.1**	**770.0**	

资料来源：《书业》杂志

自2011年起，俄罗斯图书发行市场虽然持续萎缩，但是依靠图书价格每年上涨10%左右，图书发行市场态势一直较为稳定，图书市场容量保持在750亿～800亿卢布。但是，纸质图书销售册数却不容乐观，除电子商务渠道外，其他各渠道几乎都呈现负增长。《书业》杂志调查显示，2014年下半年图书发行市场情况急剧恶化，导致图书销售册数全年缩减13.1%；2014年图书市场通货膨胀率为16.9%。据专家预测，2015年图书销售册数缩减的趋势将更为显著，达到22%，图书平均零售价格上涨幅度在20%～25%，图书市场容量减少25亿卢布左右。

2014年图书零售价格上涨最快的是地区的线下零售和网上书店，主要集中在教育类图书领域，2014年上半年教科书价格上涨115%。跟以往一样，网上书店的平均零售价格最高。因为这一渠道的客户购买行为是经过深思熟虑的，他们一般不会购买那些拉低平均售价的价格低廉的小册子。近年来图书市场各渠道和各主题板块图书平均零售价格情况见表8、表9。

表8　2011~2014年图书市场平均零售价格情况

单位：卢布

渠道（不含财政补助机构采购）	2011年	2012年	2013年	2014年
书店	160.27	161.08	164.32	193.86
网上书店	198.36	204.14	196.21	238.72
非专业图书零售（含超市）	111.34	115.87	116.02	123.57
平均零售价格	158.71	160.83	164.84	191.09
较上一年变动幅度	—	+1.3%	+2.5%	+15.9%

资料来源：《2010~2015俄罗斯图书市场》项目、埃克斯摩出版社、《书业》杂志

表9　2013~2014年主题板块和市场渠道的平均零售价格情况

单位：卢布

主题板块	独立书店				超市		网络渠道	
	地区①		莫斯科					
	2013年	2014年	2013年	2014年	2013年	2014年	2013年	2014年
文学类作品	189.14	216.20	269.56	269.19	106.11	112.58	232.65	289.34
儿童类作品	133.66	158.40	220.95	235.34	108.36	110.62	199.83	263.16
实用类作品	167.73	189.58	355.29	417.23	170.04	188.46	235.51	241.25
教育类作品	153.47	201.92	331.89	386.74	109.67	135.47	146.05	179.52
专业类作品	163.59	152.84	378.02	310.79	119.25	161.54	284.15	251.84

资料来源：《2010~2015俄罗斯图书市场》项目、埃克斯摩出版社、《书业》杂志

近6年来，图书定价每年上涨6%~10%。2014年也不例外，10~12月出版商将图书定价提高了4%~26%不等。2014年1月图书平均定价为107.73卢布，较上一年同期上涨3.42%，而2015年1月图书平均定价则大幅上涨，为124.43卢布，较上一年同期上涨15.5%。2015年年初，出版商图书

① 远东联邦管区、西伯利亚联邦管区、伏尔加联邦管区、中央联邦管区、西北联邦管区、南部联邦管区、乌拉尔联邦管区

定价平均上涨 15%，上半年计划再增长 10% ~15%，下半年还会继续上涨，这样一来出版商给发行商的价格全年上涨至少 30%。

2. 各发行渠道情况

俄罗斯图书发行渠道主要分批发和零售两大块。俄罗斯的图书批发职能实际上是由图书批发公司、图书零售企业、出版机构共同完成的。目前俄罗斯有二十多家大型图书批发公司，其中一些公司兼做馆配、零售或网上书店业务。俄罗斯主要的图书批发商和馆配商见表 10。

表 10 俄罗斯主要的图书批发商和馆配商

城市	名称	经营范围	品种数	
			2009.4	2015.1
莫斯科	阿马杰乌斯（Амадеос）	零售、批发	20000***	15219*
	36.6 图书俱乐部（Книжный клуб《36.6》）	批发	21500***	超过 30000**
	因夫拉－姆（Инфра-М）	批发、馆配	50547*	37256*
	林荫道（Лабиринт）	批发、零售	143635*	超过 100000**
	欧米伽－尔（Омега-Л）	批发、馆配、网上书店	48594*	203237*
	格兰德－法伊尔（Гранд-Фаир）	馆配	40000***	约 100000**
	图书馆中央配送处（Бибком）	馆配	超过 100000**	超过 100000**
	阿布里斯（Абрис）	批发	30000***	超过 25000*
	尤拉伊特（Юрайт）	批发	15070*	超过 50000**
圣彼得堡	商务－报刊（Бизнес-Пресса）	批发、零售、馆配	80000***	不详
阿尔汉格尔斯克	阿夫弗图书（АВФ-книга）	批发	80000***	超过 80000**
顿河畔罗斯托夫	罗斯托夫图书（Ростовкнига）	批发	75000**	63000**
	大师（Магистр）	零售	96063**	95000**
沃罗涅日	阿米塔利（Амиталь）	零售、批发	81700**	70500**
萨马拉	基维（Киви）	零售、批发	80000***	25982**
	梅季达（Метида）	零售、批发	54278*	约 70000**

续表

城市	名称	经营范围	品种数	
			2009.4	2015.1
车里雅宾斯克	国际服务（Интерсервис）	零售、批发	55719*	132000**
叶卡捷琳堡	柳姆纳（Люмна）	零售、批发	60000***	约100000**
新西伯利亚	埃科尔图书（Экор-книга）	零售、批发	54832*	超过50000*
伊尔库斯克	普罗达利特（ПродаЛитЪ）	零售、批发	90000***	200000*
哈巴罗夫斯克	米尔斯（Мирс）	零售、批发	30000***	40000**
彼得罗巴甫洛夫斯克－勘察加	奇普科然（ЧП《Кожан С. П.》）	零售、批发	60000**	超过50000**

*——公司可供书目中的品种数
**——公司对外宣称所拥有的品种数
***——专家估算
资料来源：公司资料、专家估算

俄罗斯图书零售发行渠道主要涉及书店、联邦图书贸易网络、网上书店、非专业图书零售连锁店、报刊亭零售网络五大块。根据《书业》杂志对2014年俄罗斯图书零售市场销售额的统计，实体书店虽然数量继续缩减，但是作为传统零售渠道依然处于主导地位，所占市场份额超过五成；联邦图书贸易网络约占市场份额的16%；非专业图书零售连锁店和网上书店异军突起，各占市场份额的13%左右；报刊亭零售网络依然不景气，约占4%的市场份额。

2014年俄罗斯书店（含地区连锁书店）市场容量为269.8亿卢布，联邦图书贸易网络市场容量为80.3亿卢布。联邦图书贸易网络主要由隶属大型出版机构或发行机构的图书连锁店构成。就门店数量而言，目前排名前三的图书连锁店出资方分别是埃克斯摩、阿斯特和图书林荫道，截至2015年1月，分别拥有295家、122家、36家门店。目前俄罗斯主要的连锁书店情况见表11。

表11 俄罗斯主要的连锁书店

排序	出资方	品牌	门店数量	
			2009.4	2015.1
1	埃克斯摩	新书屋－咬文嚼字者（Новый книжный-Буквоед）	131	295
		其中：新书屋（Новый книжный）	66	33
		其中：咬文嚼字者（Буквоед）	35	75
		其中：阅读吧－城市（Читай-город）	30	175
		非品牌商店	—	12
2	阿斯特	字母（Буква）、从А到Я（От А до Я）	314	122
3	图书林荫道（Книжный Лабиринт）	图书林荫道	30	36
4	莫斯科市政府（Правительство Москвы）	莫斯科图书之家联合中心（ОЦ Московский Дом книги）	38	42
5	瓦季姆·德莫夫（Учредитель Вадим Дымов）	共和国（Республика）	8~9	16
6	图书铺（Книжная лавка，加里宁格勒）	图书铺	18	25
7	阿夫弗图书（АВФ-книга，阿尔汉格尔斯克）	中央图书之家（Центральный дом Книги）、铅笔（Карандаши）、专用文献（Спецлит）、读书人（Грамотей）、图书码头（Книжная пристань）	20	13
8	阿米塔利（Амиталь，沃罗涅日）	阿米塔利	31	36
9	大师（Магистр，顿河畔罗斯托夫）	大师	23	21
10	罗斯托夫图书（Ростовкнига，顿河畔罗斯托夫）	火炬（Факел）、图书铺（Книжная Лавка）、图书之家（Дом Книги）、图书（Книги）、图书世界（Книжный Мир）、知识（Знание）	15	15

续表

排序	出资方	品牌	门店数量	
			2009.4	2015.1
11	阿伊斯特－普列斯（Аист-Пресс，喀山）	阿伊斯特－普列斯、最爱图书（Любимый книжный）	25～30	21
12	佩加斯（Пегас，喀山）	图书之家	34	42
13	梅季达（Метида，萨马拉）	梅季达	17～18	18
14	恰科纳（Чакона，萨马拉）	恰科纳	12	24
15	柳姆纳（Люмна，叶卡捷琳堡）	生动语言（Живое слово）	10	17
16	亚里士多德（Аристотель，新西伯利亚）	BOOK-LOOK、BOOKля、伊凡·费尔多罗夫（Иван Фёдоров）、马可·奥勒留（Марк Аврелий）、柏拉图（Платон）、小普林尼（Плиний Младший）、老普林尼（Плиний Старший）、索克拉特（Сократ）、西塞罗（Цицерон）、笛卡尔（Декарт）	4	22
17	普罗达利特（ПродаЛитЪ，伊尔库茨克）	普罗达利特	37	45
18	米尔斯（Мирс，哈巴罗夫斯克）	米尔斯、知识（ Знание）、书写与阅读（Пиши-Читай）	38	45
19	海滨图书之家（Приморский дом Книги，海参崴）	海滨图书之家	32	39

资料来源：上述公司数据

2014 年非专业图书零售连锁店市场容量为 66.7 亿卢布。其图书品种主要为低价位的文学作品、儿童无字图画书、烹饪/休闲/爱好/园艺等实用类图书。目前在俄罗斯并非所有大中型出版机构都直接与非专业图书零售连锁店合作，一般以像埃克斯摩和林荫道等大型批发商为中介。2014 年该渠道的主要合作伙伴有欧尚、麦德龙（Metro Cash & Carry）、马格尼特（Магнит）、纽带（Лента）和地球仪（Глобус）。

“欧尚”有 90 家卖场，其中莫斯科 18 家，圣彼得堡 10 家。“麦德龙”在俄罗斯49座城市设有79家卖场，其中莫斯科地区有18家。“马格尼特”在南方联邦管区、北高加索联邦管区、中央联邦管区和伏尔加联邦管区有986家商店。“纽带”在俄罗斯各地区有73家大型超市。“地球仪”有9家大型超市。

2014年报刊亭售书市场容量为21.2亿卢布。与出版商合作的报刊亭运营商主要有：阿里阿－证据与事实（АРИА-АиФ）、戈尔印刷（Горпечать）、铁路普列斯－格普（Желдорпресс-ГП）、普列斯－物流（Пресс-Логистик）、罗斯印刷（Роспечать）、塞尔斯（Сейлс）、媒体信息（МедиаИнфо）、生意人（Коммерсант）、媒体市场特快（Экспресс Медиа Маркет）。

2014年俄罗斯网上书店市场容量为69.3亿卢布，其参与者主要有林荫道（Labirint. ru）、奥逊（Ozon. ru）、逻各斯－互联网（Read. ru）、我的商店（My-shop. ru）、我的玩具（My Toys）、俄罗斯图书（Книга. ру）等。其中，奥逊和林荫道是俄罗斯互联网贸易市场上的两大巨头。

2014年奥逊可供书目230万种，其中俄罗斯本土图书180万种，国外图书50万种。这一年，奥逊在股权和投资领域发生了一系列变化。2014年4月，奥逊获得了来自“系统”（Система）公司及其子公司“移动电视系统”（Мобильные Телесистемы）1.5亿美元的投资。上述两家公司均获得10.8%的股权。但奥逊的最大股东依然为Baring Vostok私募股权基金（Baring Vostok Private Equity Fund）。2014年奥逊在“移动电视系统”位于莫斯科和圣彼得堡的上百家商店开设了商品配送点，在“移动电视系统”沙龙顾客可以为预订的货物付款。据称，2015年此类商品配送点将遍布所有的联邦区。2014年5月，奥逊以超过1000万美元的交易价格，控股利特列斯电子书商店，致力于通过该平台推广电子书。

林荫道图书出版贸易公司，与奥逊不断拓展新的产品线不同，自2005年起就一直致力于图书业务。公司的网上商城业务占销售额的35%，图书批发业务占15%～20%，网上书店零售业务仅占3%～5%，向超市、卖场等集中供货约占销售额的40%。该公司约占俄罗斯网上书店市场份额的25%，其主要优势是图书品种丰富、推荐服务水平较高、物流服务免费快捷（平均5天送达）、累计消费折扣系统（老顾客购书最高能享受七五折）。

网上书店“我的商店”除图书、教科书、玩具外，还销售软件、光盘、办公用品、纪念品以及家居、园艺用品等。其图书平均售价128卢布，顾客每单平均购书2240.08卢布。网上书店“逻各斯－互联网”除销售纸质图书、玩具、游戏、办公用品等，还提供期刊订阅服务。涉及的期刊有时尚杂志、少年儿童杂志、行业杂志和学术期刊等。其图书平均售价 265 卢布，顾客每单平均购书 1100 卢布。

（三）企业情况

据俄罗斯书库统计，2014 年俄罗斯有出版机构 5326 家，较 2013 年减少 7%，较 2008 年减少 8.8%。就年出版种数而言，34.9% 出版 1 种图书，42.2% 出版 2 ~ 11 种图书，15.8% 出版 12 ~ 49 种图书，3.6% 出版 50 ~ 99 种图书，3.2% 出版 100 ~ 499 种图书，0.4% 出版 500 种以上。就图书年印数而言，34.7% 为 1000 册，46.9% 为 1000 至 1.1 万册，12% 为 1.2 万至 4.9 万册，2.2% 为 5 万至 9.9 万册，2.3% 为 10 万至 49.9 万册，1.7% 为 50 万册以上。

较为活跃的出版机构统计口径有两种：一是年出版 12 种及以上图书的出版社，2014 年为 1222 家。如果不包括大学出版社，那么还有 720 家，如果再不含学术中心、博物馆、图书馆和宗教组织等附属出版社，则仅剩 556 家作为市场主体的独立出版社。这类出版社中，有 68.7% 年出版图书 12 ~ 49 种，有 29.4% 年出版图书 50 ~ 499 种，仅有 1.8% 年出版图书 500 种以上。二是图书年印数超过 1.2 万册的出版社，2013 年为 977 家。这类出版社中，有 65.5% 年印数为 1.2 万至 4.9 万册，有 25.1% 年印数为 5 万至 49.9 万册，有 9.4% 年印数超过 50 万册。

根据俄罗斯书库图书出版种数和印数编制前二十强出版社名单，2014 年列入该名单的出版社生产了全国出版品种的 30.1%（较 2013 年增长了 1.7 个百分点）、总印数 66.5%（较 2013 年增长了 4.9 个百分点）的图书。出版社具体排名情况见表 12、表 13。

表 12　2014 年出版种数排名前 20 的出版社情况

排名	出版社名称	种数
1	埃克斯摩和阿斯特	12257
	其中：埃克斯摩（ЭКСМО）	7047
	其中：阿斯特（АСТ）	5210
2	俄罗斯信息标准化、计量学及相应评价科技中心（Стандартинформ）	3683
3	奥尔玛和教育	2881
	其中：奥尔玛传媒集团（ОЛМА Медиа Групп）	984
	其中：教育（Просвещение）	1897
4	字母 – 阿季古斯（Азбука-Аттикус）	2231

续表

排名	出版社名称	种数
5	俄罗斯埃格蒙特有限责任公司（Эгмонт Россия Лтд.）	1433
6	里波尔－经典作家（Рипол-классик）	1109
7	考试（Экзамен）	1022
8	德罗法（Дрофа）	987
9	俄罗斯人民友谊大学（Российский университет дружбы народов）	781
10	学院出版中心（ИЦ Академия）	772
11	罗斯曼（РОСМЭН）	761
12	韦切（Вече）	735
13	文塔纳－格拉夫（Вентана-Граф）	725
14	凤凰（Феникс）	711
15	因夫拉－姆（Инфра-М）	681
16	中央印社（Центрполиграф）	668
17	列南德（Ленанд）	622
18	双耳罐（Амфора）	603
19	南乌拉尔国立大学（Южно-Уральский государственный университет）	541
20	卫星（Спутник +）	518

资料来源：联邦出版与大众传媒署、俄罗斯书库

表 13　2014 年印数排名前 20 的出版社情况

排名	出版社名称	印数（千册）
1	奥尔玛和教育	76730.6
	其中：奥尔玛传媒集团	10864.5
	其中：教育	65866.1
2	埃克斯摩和阿斯特	69357.9
	其中：埃克斯摩	4156.0
	其中：阿斯特	27797.9
3	红鹳（Фламинго）	20096.0
4	字母－阿季古斯	16964.8
5	俄罗斯埃格蒙特有限责任公司	16696.4
6	尤文塔（Ювента）	15593.0
7	德罗法	13815.7
8	考试	13510.7
9	罗斯曼	10063.3
10	巴拉斯（Баласс）	9598.8
11	文塔纳－格拉夫	9513.1
12	里波尔－经典作家	8215.0
13	马赛克－聚合（Мозаика-Синтез）	7395.5

续表

排名	出版社名称	印数（千册）
14	双耳罐	6329.3
15	共青团真理报（Комсомольская правда）	5314.9
16	21 世纪联合会（Ассоциация XXI век）	5088.0
17	学术图书/教科书（Академкнига/Учебник）	5072.0
18	蜀葵（Алтей）	4719.0
19	瓦科（ВАКО）	4689.7
20	俄罗斯词汇（Русское слово）	3897.0

资料来源：联邦出版与大众传媒署、俄罗斯书库

据《书业》杂志调查，俄罗斯图书市场上的 10 家出版社占总销售额的五成多，市场集中程度由此可见一斑。（见表 14）

表 14　2014 年俄罗斯图书市场主要参与者的销售额情况

名称	销售额比重	较 2013 年变化幅度
埃克斯摩	15.4%	+0.5%
阿斯特	12.1%	+2.5%
教育	8.2%	+0.1%
字母 - 阿季古斯	4.9%	+1.0%
罗斯曼	3.0%	+0.5%
巴拉斯	2.7%	-1.6%
德罗法	2.6%	-0.8%
里波尔 - 经典作家	2.1%	+0.4%
考试	2.0%	-0.7%
奥尔玛传媒集团	1.7%	+0.1%
其他出版机构	45.3%	+0.3%

资料来源：《俄罗斯图书市场》项目、《书业》杂志

三、期刊业发展状况

在俄罗斯，期刊属于印刷类大众传媒范畴。印刷类大众传媒分为报纸、杂志和广告类出版物等。2014 年俄罗斯印刷类大众传媒市场情况较为复杂。主要影响因素有二，一是受卢布贬值引发的金融危机的影响，二是大量针对这一市场的调控措施未能达到预期效果。

2004～2014 年俄罗斯报刊亭由 4.2 万个减少至 2.89 万个，减少了 31.2%。受一系列调控措施的影响，俄罗斯印刷类大众传媒损失了近 60% 的

广告市场。根据俄罗斯邮政的统计数据，由于国家对期刊订阅运费补贴的取消，2014年下半年全国的报刊订阅发行量平均减少了20.2%，2015年上半年这一数据为22%。尽管市场形势不乐观，但是印刷类大众传媒在俄罗斯依然是仅次于电视的第二大信息载体。

（一）市场概况

2014年俄罗斯印刷类大众传媒市场总量1060亿卢布，较2013年减少5.8%，其中零售收入475亿卢布，占47.5%；订阅收入196亿卢布，占19.6%；广告收入437亿卢布，占37%。（见表15）

表15　2013~2014年俄罗斯印刷类大众传媒市场情况

单位：亿卢布

类别	2013年		2014年	
	数额	比重	数额	比重
零售收入	476	42%	475	45%
订阅收入	212	19%	196	18%
广告收入	437	39%	389	37%
合计	1125	100%	1060	100%

资料来源：俄罗斯刊物（Роспечать）、俄罗斯通讯协会（АКАР）、出版物发行商协会（АРПП）、期刊出版商协会（ГИПП）

据联邦通信、信息技术及大众传媒监督局统计，2014年俄罗斯注册新杂志1960种，停刊1169种，截至2014年年末俄罗斯共有杂志31714种。俄罗斯和莫斯科的主要杂志社见表16。

表16　依据AIR指标划分的俄罗斯和莫斯科的主要杂志社

出版机构	2012年		2013年	
	千人	比重（%）	千人	比重（%）
俄罗斯				
1. 博达（Burda）	17848.8	29.7	16045.3	26.5
2. 赫斯特媒体（Hearst Shkulev Media）	13505.0	22.4	11800.2	19.5
3. 萨诺玛独立媒体（Sanoma Independent Media）	11630.3	19.3	11442.0	17.2
4. 7天（7 дней）	7872.2	13.1	6850.4	11.3
5. 驾车（За рулем）	7732.0	12.9	6487.6	10.7
6. 鲍尔传媒（Bauer Media）	7515.4	12.5	6308.1	10.4
7. 埃季普列斯－孔利加（Эдипресс-Конлига）	5707.0	9.5	5660.4	9.3
8. 牧场（Толока）	5411.3	9.0	5237.8	8.6

续表

出版机构	2012 年		2013 年	
	千人	比重（%）	千人	比重（%）
9. 环球（Вокруг света）	4396.4	7.3	4033.1	6.7
10. 大众报刊（Популярная пресса）	4467.0	7.4	3965.3	6.5
莫斯科				
1. 博达	3802.1	37.7	3400.3	33.2
2. 7 天	3285.9	32.6	2729.7	26.6
3. 萨诺玛独立媒体	2532.8	25.1	2192.5	21.4
4. 赫斯特媒体	2277.8	22.6	1977.2	19.3
5. 鲍尔传媒	1714.1	17.0	1436.7	14.0
6. 商务世界（Деловой мир）	1664.3	16.5	1431.1	14.0
7. 埃季普列斯－孔利加	1239.3	12.3	1428.8	13.9
8. 驾车	1488.0	14.7	1195.2	11.7
9. 共青团真理报（Комсомольская Правда）	1162.5	11.5	995.3	9.7
10. 环球	1119.0	11.1	991.1	9.7

AIR——出版社全部出版物在 10 万及以上人口的城市中 16 岁及以上人群中拥有读者的平均数

资料来源：TNS 俄罗斯，NRS，2013 年 5 ~ 10 月，2014 年 5 ~ 10 月

据俄罗斯发行量稽核机构的统计，目前俄罗斯发行量最大的杂志为《天线》（Антенна-Телесемь），每期发行量 279.6 万册；《大都会》（*Cosmopolitan*）为 76.8 万册；《马克西姆》《男性健康》《星火》分别为 16.6 万册、14.2 万册和 9.17 万册。

2014 年俄罗斯很多杂志停刊，杂志出版商纷纷转型，跨国杂志出版集团在俄分支机构在跨媒体出版领域十分活跃，借助多媒体平台拓展业务，以纸媒、互联网、手机等为载体推出杂志附加产品。

2014 年 1 月，每期发行量超过 10 万册的分析类杂志《结论》（Итоги），由于经济原因停刊。紧随其后，博达出版社的一系列女性杂志《丽莎·女孩》《迷你》《达莎》也宣布停刊。3 月，威尼托出版社停止出版了《形体》《形体·妈妈》《形体·菜单》《形体·体操》等。自 2005 年起，《海报》这一品牌旗下的杂志全部转为互联网出版。

《国家地理》俄罗斯出版社转向互联网出版，有其自身的基础，自 2001 年在俄罗斯重新推出网站以来，汇聚了一批优秀的摄影师和摄影爱好者。近三年来在社交网络上有近 200 万订阅者，其中链接上有 103.29 万人，Google + 上有 58.75 万人，脸书上有 28.56 万人，推特上有 5860 人，Instagram

上有1.58万人。

阿克塞尔·施普林格俄罗斯公司2014年开始与平板电脑、智能手机应用商iKIOSK合作，将《福克斯》《GEO》《OK!》《GEO旅行者》等杂志内容在其平台上销售和订阅。这一运营模式作为杂志的额外收入渠道，为许多俄罗斯杂志出版商所看好，俄罗斯读者对数字化平台上的媒体产品的接受度也日益提高。

赫斯特媒体集团是媒体融合领域的佼佼者。旗下《幸福父母》杂志在2014年推出iPad和iPhone互动版本。《马克西姆》《Elle》《心理》杂志可以在Google Play刊物上浏览安卓版。博达出版社积极投资运营创新性数字化项目，2014年在俄罗斯推出了一个全球数字平台Glam Media（www.glamrussia.com）。2014年10月《驾车》杂志第一千期问世，其iPad版本可在苹果商店中浏览。在杂志纪念版页面上可以跟往常一样用智能手机或平板电脑扫描后免费获取该杂志的副刊。

（二）发行情况

出版物发行商协会（АРПП）进行的全俄印刷类大众传媒发行市场监测调查结果显示，2014年12月共有4.04万个期刊发行点（不含1.9万个邮政所），包括报刊亭、连锁店/汽车加油站报刊部、报刊摊、报刊柜台等。其中，3.09万个报刊专业发行点（报刊亭），5200个非专业发行点，4300个辅助发行点。就所占大众传媒发行市场份额而言，报刊摊占72%，连锁店/汽车加油站报刊部占12%，报刊摊、报刊柜台占11%。

目前，俄罗斯期刊发行市场呈现下列趋势：期刊发行量逐年下降；全国范围内期刊发行企业破产数量增加；超市发行环节适度增长；因通货膨胀、卢布贬值造成出版成本增加，期刊发行商经常提高价格；报刊销售点盈利减少；取消对期刊订阅运费的财政补贴后，期刊订阅市场情况恶化。（见表17）

表17　2005～2014年俄罗斯期刊发行量情况

单位：亿册

年份	发行量
2005年	58
2006年	55
2007年	51
2008年	45
2009年	38
2010年	34

续表

年份	发行量
2011 年	33
2012 年	30
2013 年	27
2014 年	24

资料来源：出版物发行商协会、俄罗斯邮政、专家估算

连锁店发行环节是这两年期刊发行市场上发展最快的板块，约 6000 家便利店，是这一环节中的主力军。2014 年超市发行环节实现了适度增长，超市中的期刊部共有 4700 个，增加了 4%，约 200 家。超市发行环节虽然发展势头没有那么强劲，但是发行效果较好。各渠道中期刊发行情况见表 18、表 19、表 20。

表 18　发行市场上的期刊种类情况

单位：种

类别		期刊种类
实体	期刊小超市/期刊商店	500 ~ 1500
	折扣商店/便利店	60 ~ 200
	超市	150 ~ 300
	大型超市	300 ~ 500
	汽车加油站商店	100 以内
	俄罗斯邮政 ОПС	50 以内
非实体	报刊亭	500 ~ 700
	简易房	500 ~ 700
	售货亭	500 ~ 1000
	售货摊	20 ~ 100
	报刊柜台	20 ~ 100
	报刊信使	20 ~ 50
	报纸自动售卖机	10 ~ 40

资料来源：出版物发行商协会

表 19　按种数统计的各发行渠道中期刊售卖情况

期刊类别	报刊亭	超市	报刊柜台
日报	3%	2%	10%
周报	16%	3%	21%
周刊	18%	12%	22%
月刊	46%	67%	44%
其他杂志	10%	14%	2%

续表

期刊类别	报刊亭	超市	报刊柜台
集锦	7%	2%	1%
合计	100%	100%	100%

资料来源：出版物发行商协会

表 20 按销售额统计的超市和报刊亭发行渠道中各类期刊售卖情况

期刊类别	在超市的排名	所占份额	在报刊亭的排名	所占份额
汽车类	3	8%	7	5%
商务类	8	1%	8	3%
儿童类	4	6%	4	9%
闲暇类	6	3%	9	2%
女性类	1	21%	5	7%
健康生活类	6	3%	9	2%
装修与设计类	3	8%	8	3%
大众需求类	6	3%	3	10%
烹饪类	5	5%	6	6%
男性类	6	3%	10	1%
科学认知类	6	3%	8	3%
集锦类	3	8%	1	24%
娱乐类	5	5%	7	5%
园艺类	6	3%	6	3%
电视节目指南类	2	13%	2	13%
兴趣爱好类	7	2%	10	2%
其他	—	5%	—	5%
合计	—	100%	—	100%

资料来源：出版物发行商协会

（三）广告情况

据俄罗斯通讯协会统计，2014 年俄罗斯直接广告市场总量 3401 亿卢布，间接广告市场总量 981 亿卢布（不含增值税），分别较 2013 年增长 4%、8%。除户外广告收入同比未变化、印刷类大众传媒同比缩减 11% 外，其他类别的媒体广告收入均实现不同幅度的增长，其中互联网广告收入增速最快，达 18%。2014 年印刷类大众传媒全面缩减，同比减少 11%，其中杂志广告收入 165 亿卢布，较上一年减少 11%。（见表 21）

表 21　2014 年各类媒体广告收入情况

单位：亿卢布

媒体类别	2014 年	2014 年较 2013 年
电视	**1598**	**+2%**
广播	**169**	**+2%**
印刷类大众传媒	**330**	**-11%**
报纸	81	-7%
杂志	165	-11%
广告类出版物	85	-14%
户外广告	**406**	**0%**
互联网	**846**	**+18%**
其他媒体	**51**	**-9%**
直接广告合计	**3401**	**+4%**
间接广告合计	**981**	**+8%**

注：ATL 为直接广告，BTL 为间接广告，2014 年统计各类媒体广告收入首次不含增值税。

资料来源：俄罗斯通讯协会（AKAP）

2014 年俄罗斯中央级报刊广告额（不含增值税）为 217.85 亿卢布，较上一年减少 13.4%。其中，杂志广告额 146.86 亿卢布，较上一年减少 11.4%。杂志广告方面，2014 年月刊广告额 107.94 亿卢布，较上一年减少 7.8%；周刊广告额 38.92 亿卢布，较上一年减少 20%。

除船舶杂志、园艺杂志的广告额实现增长（增幅分别为 14.9% 和 24.6%）外，2014 年中央报刊中的其他各类别广告情况与上一年类似，广告额全线缩减，最大降幅接近 50%。

2013 年在中央级报刊上刊登广告的 27 个主要商品类别中，仅有衣服鞋帽、名表与珠宝、金融保险、手机 4 个类别的广告额实现了增长。广告额排名前三的类别为衣服鞋帽、化妆品、医药，其广告额（不含增值税）分别为 28.48 亿卢布、28.14 亿卢布、27.99 亿卢布。广告额增幅最大的类别为名表与珠宝，增幅为 11%；降幅最大的类别为烟草，降幅为 100%。

参考文献

1.《俄罗斯图书市场》，联邦出版与大众传媒署
2.《俄罗斯连续出版物市场》，联邦出版与大众传媒署

（作者单位：中国新闻出版研究院）

日本出版业发展报告

宫丽颖

一、出版业发展背景

（一）经济复苏放缓，消费需求下降

2014年日本经济复苏放缓，投资需求减弱。安倍政权推行了一系列的经济政策，其中消费税率由5%增至8%的提高对经济增长产生负面影响，消费需求下降，消费者信心不足，这也使出版物的销售遭受打击。2014年一季度日本经济受调税前刺激，国内消费异常旺盛。自4月1日消费税率上调后，经济受到负面影响显著，各主要经济指标也呈现疲软现象。此外，受抑于外部需求的低迷与美国经济复苏步伐放缓的影响，日本出口增长疲软，贸易逆差扩大。由于出口低迷及上调消费税后带来的消费支出减少等，2014年日本制造业的扩张也呈放缓态势。

在广告费用的支出中，日本广告代理公司电通所发布的《日本的总广告费》中的数据表明，2014年的总广告费为6兆1522亿日元，比上一年增长了2.9%。各媒体类别中电视广告费为1兆9564亿日元，增长了2.8%；报纸广告费为6057亿日元，同比减少1.8%；杂志广告与广播广告费分别为2500亿日元和1272亿日元，同比均略微增长。网络广告费呈现持续增长态势，2014年日本网络广告费为1兆519亿日元，同比增长了12.1%，首次突破1兆日元。促销等其他媒体类广告费为2兆1610亿日元，同比增长了0.8%。在不同行业广告费中，21个行业中14个行业的广告花费超过了上一年。

日本总务省发布的《通信利用动向调查》显示，日本互联网用户数量2012年为9652万人，2013年达到10044万人，同比增加了102万人。2013年音乐、游戏、电子图书、视频等日本移动内容产业的市场规模为10783亿日元，同比增长了26.7%。另据日本电气通信事业者协会的调查，2014年日本手机契约用户数为1.45亿，手机网络用户的快速增长推动了内容产业的发展。

（二）国民阅读状况

以下为日本《每日新闻》报社第68次读者舆论调查结果，显示了日本国民的阅读情况。

1. 阅读率

2014年日本国民的阅读率与上一年相比有所降低。“图书（不含杂志）阅读率”为52%，“杂志阅读率”为49%，日本国民的“综合阅读率”（阅读图书或杂志）为69%，图书、杂志、综合阅读率均比上一年减少2个百分点。

2. 媒体的接触率与接触时间

在接触图书、杂志媒体的时间上，2014年日本阅读的国民一天平均阅读图书时间为30分钟，杂志18分钟，一天平均综合阅读时间为48分钟，与上一年基本持平。其中阅读报纸的国民占65%，上网的国民占61%。调研显示，与上一年相比上网的国民增多，阅读报纸、看电视的国民有所减少，收听广播的国民数量几乎无变化。5年来的调研结果显示，上网的国民增长了48%，阅读报纸的国民比例则由2010年的74%下降至65%。

3. 阅读量与阅读类别

2014年每月的平均阅读量中，除周刊杂志和漫画书以外均有所减少。单行本的阅读量为每月0.9册，文库书、新书的每月阅读量为0.7册。杂志中周刊杂志的每月阅读量为1.1册，与上一年持平；月刊杂志的每月阅读量为0.5册，比上一年减少了0.1册。漫画书的每月阅读量为1.1册，与上一年持平；录像带、DVD则比上一年减少了0.2本，为2.4本。

2014年日本国民阅读图书的类别中，男性以“兴趣、体育”类为最多，占61%；“日本小说”类居于第二位，占39%。女性以“生活、烹饪、育儿”类为最多，占65%；“健康、医疗、福祉”类居于第二位，占47%；2013年居于第二位的“日本小说”2014年排第三位，占46%。

4. 电子书的阅读状况

随着电子书内容的充实，专用终端阅读器的推出，日本电子书阅读环境日渐完善。据日本《电子书事业调查报告书》的数据表明，日本国民电子书的总体利用率为29.3%，呈逐年增长趋势。其中付费电子书的利用率为13.5%，比上一年增长了3.1%；只阅读免费电子书的人占15.8%。

在智能手机终端，付费电子书的利用率为15.5%，只阅读免费电子书的人占24.0%。通过智能手机终端阅读免费电子书的比例高于计算机终端。这与 comico 等免费漫画 APP 的推出有很大影响。

在智能手机终端中，男性 20～49 岁人群，女性 30～39 岁人群付费电子书的利用率较高。10～19 岁男性为 20.8%，20～29 岁男性为 21.2%，30～39 岁男性电子书的利用率为 20.2%，40～49 岁男性为 18.6%。此外，免费电子书的利用者中，年龄越低利用率越高。

在电子书的阅读终端中，利用智能手机进行阅读的占 49.5%，利用计算机进行阅读的占 41.0%，利用平板终端进行阅读的占 38.5%。

日本国民通过智能手机终端阅读电子书的类别中，以“漫画书”为最多，占 57.2%；“爱好、实用、导游”类居于第二位，占 21.9%；“文艺小说”类排第三位，占 20.9%；“商业”类排第四位，占 13.6%。通过 PC 终端阅读电子书的类别中，“漫画书”类也为最多，占 43.0%；“文艺小说”类排第二位，占 33.1%；“爱好、实用、导游”类居于第三位，占 27.9%。

（三）图书馆和学校的图书采购及借阅状况

1. 公共图书馆

日本图书馆协会（日本図書館協会）发布的《日本图书馆统计》（『日本の図書館統計』）数据表明（见表 1），截至 2014 年 4 月日本公共图书馆数量为 3246 家，比上一年减少了 2 家。2013 年度日本公共图书馆面向个人借出的的图书、视听资料等册数为 6 亿 9527 万 7 千册，与上一年相比减少了 2.3%。来馆的人次达到 3 亿 1867 万 2 千人次，与上一年相比增长了 2.8%。近年来由于电子书、网络信息等电子媒体的日渐普及，馆外个人借出呈现同比减少趋势。2014 年度图书馆费用预算为 1555 亿 6064 万日元，与上一年相比增加 3.1%；资料费预算为 292 亿 4511 万日元，同比减少 0.5%（见表 1）。

表 1　公共图书馆近 5 年来的图书采购出借情况①

年度	图书馆数（家）	馆外个人借出总数（千人）	资料费（万日元）	藏书册数（千册）
2009 年	3188	711715	3074181	393292
2010 年	3210	716181	2941037	400119
2011 年	3234	714971	2894189	410224
2012 年	3248	711484	2858814	417547
2013 年	3246	695277	2854618	423828

资料来源：出版年鉴编辑部《出版年鉴》

① 包括私立图书馆的公共图书馆。图书馆数量、藏书册数为第二年度 3 月末的数据。

2. 大学图书馆

2013 年度日本大学图书馆的数量为 1419 家，比上一年减少了 6 家。大学图书馆的藏书册数分别为日文图书 2 亿 1807 万 9 千册，比上一年增加了 1.6%；西洋图书为 9818 万 5 千册，比上一年增加了 0.7%。2013 年度图书采购册数分别为日文图书 455 万 7 千册，比上一年减少 22 万 6 千册；西洋图书为 103 万 5 千册，比上一年减少了 19 万 1 千册。2013 年度年日本大学图书采购费为 650 亿 7681 万日元，比上一年增加了 1.9%。近年来日本大学图书馆电子书和电子杂志的采购经费增加显著（见表 2）。

表 2　大学图书馆近 5 年来的统计情况①

年份	图书馆数（家）	藏书册数（千册）		年度采购册数（千册）		图书采购费决算（万日元）
		日文图书	西洋图书	日文图书	西洋图书	
2009 年	1396	203147	95044	5131	1275	6812846
2010 年	1396	207491	95721	5131	1275	6552839
2011 年	1404	211807	97752	4816	1197	6485355
2012 年	1425	214714	97519	4783	1226	6386805
2013 年	1419	218079	98185	4557	1035	6507681

资料来源：出版年鉴编辑部《出版年鉴》各年版

二、图书业发展状况

（一）概　况

2014 年日本图书销售额为 8088 亿 6555 万日元，比上一年减少了 4.1%，减少幅度增大（见表 3）。2014 年消费税率的提高、少子化②现象严重、出版物内容品位不高、网络媒体的冲击等是导致日本出版物销售额持续下跌的重要原因。

1. 新书出版情况

2014 年日本新书出版种数为 80954 种，比上一年增加了 2.0%（见表 4）。各类别新书出版种数中，2014 年主要出版类别为社会科学类 19.9%、文学类

① 包括国立大学、公立大学、私立大学。图书馆数量、藏书册数为第二年度 3 月末的数据，即 2013 年度藏书量实际为 2015 年 3 月末的数据。

② 少子化是指生育率下降，造成幼年人口逐渐减少的现象。少子化代表着未来人口可能逐渐变少，对于社会结构、经济发展等各方面都会产生重大影响。如果新一代增加的速度远低于上一代自然死亡的速度，更会造成人口不足，所以少子化是许多国家（特别是发达国家）非常关心的问题。

16.5%、艺术类16.0%，几年来的排序基本相同（见表5）。

表3　日本出版物销售状况

单位：日元

年份	图书	杂志	总销售额
2011年	8801亿1190万	1兆217亿4950万	1兆9018亿6140万
2012年	8614亿3811万	9717亿9893万	1兆8332亿3704万
2013年	8430亿1459万	9280亿8747万	1兆7711亿206万
2014年	8088亿6555万	8802亿9751万	1兆6891亿6306万

资料来源：出版年鉴编辑部《出版年鉴》

表4　日本各类别新书出版种数对比表

类别	2012年		2013年		2014年	
	种数(种)	所占比(%)	种数(种)	所占比(%)	种数(种)	所占比(%)
总论	1981	2.4	2135	2.6	1924	2.38
哲学	4342	5.3	4289	5.2	4255	5.26
历史	4847	5.9	4741	5.7	4876	6.02
社会科学	16094	19.6	16457	19.9	15858	19.59
自然科学	6935	8.4	7140	8.7	7007	8.66
技术·工业	9104	11.1	9067	11.0	8736	10.79
产业	3631	4.4	3505	4.2	3427	4.23
艺术	12763	15.5	13223	16.0	13063	16.14
语言	2053	2.5	1905	2.3	1751	2.16
文学	13893	16.9	13635	16.5	13484	16.66
儿童书	4898	6.0	5013	6.1	5160	6.37
学习参考书	1659	2.0	1479	1.9	1413	1.75
总合计	82200	100	82589	100	80954	100

资料来源：出版年鉴编辑部《出版年鉴2014》《出版年鉴2015》

表5　日本各类别新书出版平均定价

单位：日元

类别	2012年	2013年	2014年
总论	3905	3417	4309
哲学	2112	2081	2300
历史	2686	2553	2569
社会科学	3051	2751	3171
自然科学	3329	3253	3287
技术	2481	2401	2409

续表

类别	2012 年	2013 年	2014 年
产业	2521	2482	2432
艺术	1703	1713	1786
语言	2039	2071	2097
文学	1386	1317	1335
儿童书	1310	1292	1313
学习参考书	1082	1073	1185
合计	2278	2178	2307

资料来源：出版年鉴编辑部《出版年鉴》各年版

表 6　近年来日本新书出版平均定价情况

单位：日元

年份	定价
2010 年	2363
2011 年	2318
2012 年	2278
2013 年	2178
2014 年	2307

资料来源：出版年鉴编辑部《出版年鉴 2015》

在平均定价中，2014 年的日本新书出版的平均定价为 2307 日元，与上一年相比增加了 129 日元（见表 6）。

不同版型新书出版种数中，以 A5 版居多，其次依次为 B6、B5、A6（文库）、B40 版型图书，近年来版型没有大的变化（见表 7）。

表 7　不同版型新书出版种数情况

版型	2012 年（种）	所占比例（%）	2013 年（种）	所占比例（%）	2014 年（种）	所占比例（%）
A5	23303	28.4	23273	28.2	22826	28.2
A6	10423	12.7	10215	12.4	10221	12.6
B5	15804	19.0	16047	19.4	15388	19.0
B6	20177	24.6	19662	23.8	19044	23.5
B40	4947	6.0	4996	6.1	4919	6.1
其他	7546	9.2	8396	10.2	8556	10.6
合计	82200	100	82589	100	80954	100

资料来源：出版年鉴编辑部《出版年鉴》各年版

2. 图书进出口情况

（1）出　口

财务省发布的《日本贸易统计》数据表明，2014 年日本图书出口额为

112亿4823万日元，继2013年32.5%的巨大增幅之后，2014年图书出口继续增长，增幅为8.2%。2014年日元继续下跌、美国贸易国经济复苏等原因，促使日本图书出口额持续增长（见表8）。

从图书的出口国别来看，美国依旧是日本最大的书籍出口国，占总体的26%，出口额达26亿日元，比上一年减少了6.0%。日本纪伊国书店在纽约、芝加哥、洛杉矶等开设9家店铺。日本出版贸易公司在旧金山和洛杉矶也拥有分部。在欧洲各国中，英国出口额为6亿日元，同比减少了32.8%；法国出口额为1.7亿日元，同比减少了19.5%；德国出口额为1.1亿日元，同比减少了13.5%。与欧洲的出口减少相比，东南亚的出口增加显著。其中中国台湾省为11.5亿日元，增长了24.5%；韩国10.9亿日元，增长了56.7%；中国大陆9.1亿日元，增长了14.9%；中国香港地区4.2亿日元，增长了21.7%（见表9）。

表8　日本出版物出口情况

单位：千日元

年度	图书	杂志	合计
2011年	7773169	4956628	12729797
2011年	7312723	4284431	11597154
2012年	7690052	3596444	11285210
2013年	10393677	3301090	13694767
2014年	11248235	2890514	14138749

资料来源：出版年鉴编辑部《出版年鉴2015》

表9　主要国家图书、杂志的出口额

单位：千日元

国家/地区	2014年		
	图书	杂志	合计
美国	2897323	377259	3193339
中国台湾省	1155730	854660	2010390
韩国	1099571	440140	1539711
中国大陆	910552	199602	1110154
中国香港地区	422736	566865	989601
英国	605815	6883	612698
泰国	540235	104720	644955
菲律宾	434568	131520	566088
出口总额	11248235	2890514	14138749

资料来源：出版年鉴编辑部《出版年鉴2015》

（2）进　口

2014 年日本图书进口额为 222 亿 7663 万日元，与上一年相比增长了 2.0%（见表10）。图书进口居于首位的美国的图书进口额为70.7亿日元，比上一年增长了0.9%；其次为英国54.5亿日元，比上一年减少了4.2%，两个国家的图书进口额占总体的近56.2%，可见英文图书是图书进口的主体。居于第三位的中国大陆的图书进口额为36.4亿日元，比上一年增长了6.0%。德国的进口额为18.7亿日元，增幅为5.4%，排名第四位。中国香港地区的进口额为9.1亿日元，急剧增长，增幅为92.4%，排名第五位。韩国排名第六位，图书进口额为6.3亿日元，比上一年减少了19.5%。法国进口额为7.5亿日元，排名第七位；新加坡的进口额为4.5亿日元，减少4.3%，居于第八位；意大利排名第九位，进口额为1.7亿日元，比上一年减少了3.8%；中国台湾省进口额为1.4亿日元，比上一年增长了17.7%，居于第十位（见表11）。

表 10　日本出版物进口情况

单位：千日元

年度	图书	杂志	合计
2010 年	22645628	9136955	31782583
2011 年	21643172	7164206	28807378
2012 年	19996728	5981468	25977713
2013 年	21845414	6444017	28289431
2014 年	22276628	5635062	27911690

资料来源：出版年鉴编辑部《出版年鉴 2015》

表 11　2014 年主要国家或地区图书、杂志的进口额

单位：千日元

国家/地区	图书	杂志	合计
美国	7074519	2667462	9741981
英国	5447172	1149856	6597028
中国大陆	3640183	84091	3724274
德国	1873478	27262	1900740
中国香港地区	914434	—	914434
韩国	831535	166320	997855
法国	752209	126872	879081
新加坡	455936	266504	722440
意大利	174040	116330	290370
中国台湾省	143789	22193	165982
进口总额	22276628	5635062	27911690

资料来源：出版年鉴编辑部《出版年鉴 2015》

3. 畅销书情况

据日本出版新闻社统计，2014年日本娱乐、养生类图书最为畅销，名列榜首的是鬼木丰监修、槙孝子著，也是销量唯一突破100万部的图书《想要长寿就揉揉小腿肚吧》。经济不景气时期，人们期待着书籍能够给生活提供助力，调节生活情趣。由于消费支出的限制，与生活关联不紧密的文艺类等书籍将淡出读者的选择范围，人们而倾向于选择休闲娱乐、健康养生方面的书籍。

位于第二位和第七位的是和田龙著的文艺类书籍《村上海贼的女儿》。该图书获得了日本书屋大奖，但销量远不及2013年获同一奖项的百田尚树著的《被称为海贼的男人》。

排名第三和第五位的是东野圭吾的推理悬疑小说《假面前夜》以及《假面饭店》。

日本著名推理小说家凑佳苗的《为了N》排名第四位，该作品被拍摄成电视连续剧，销量达80万部。凑佳苗的另一部作品文库书《白雪公主杀人事件》）畅销80万册，排名第八位。

居于畅销书第六位的是日本新右翼作家百田尚树的《永远的0》，该作品讲述了有志青年姐弟佐伯健太郎和庆子通过对外公生前战友的探访追忆，探寻战死的外公宫部久藏过去的经历，2013年底该作品被影视化，同名电影《永远的0》获得2014年日本本土票房冠军。村上春树的最新短篇集《没有女人的男人们》排名第九位。这是他继《东京奇谭集》之后，时隔九年再次回归短篇小说创作，该小说集以各种即将失去或者正在失去女人的男人的处境为主题，销量突破50万册。池井户润的《银翼的伊卡洛斯》排名第十位，电视媒体的有力宣传推动了其销量的提升（见表12）。

表12　2014年最畅销十种单行本

排名	书名	作（编）者	出版社
1	《想要长寿就揉揉小腿肚吧》	鬼木丰监修、槙孝子著	亚斯康（ASCOM）
2	《村上海贼的女儿》（上）	和田龙	新潮社
3	《假面前夜》	东野圭吾	集英社
4	《为了N》	凑佳苗	双叶社
5	《假面饭店》	东野圭吾	集英社
6	《永远的0》	百田尚树	讲谈社
7	《村上海贼的女儿》（下）	和田龙	新潮社
8	《白雪公主杀人事件》	凑佳苗	集英社

续表

排名	书名	作（编）者	出版社
9	《没有女人的男人们》	村上春树	文艺春秋
10	《银翼的伊卡洛斯》	池井户润	钻石社

资料来源：出版年鉴编辑部《出版年鉴 2015》

（二）分类图书市场

1. 学习参考书

文部省的“学校基本调查”（学校基本調査）数据表明，2014 年度新学期市场学生总数为 1343 万人，比上一年度减少了约 12.4 万人，少子化倾向依然持续。

2014 年学习参考书的新书出版种数为 1413 种，比上一年减少了 4.5%。2013 年的学习参考书的新书出版平均定价为 1185 日元，与 2012 年的 1073 日元相比上涨了 112 日元。

在不同类别、不同版型学习参考书的出版方面，学习参考书主要以自然科学类、语言类、社会科学类、历史类为主。2014 年自然科学类学习参考书的出版种数为最多，达 605 种，以下依次为语言类 421 种、社会科学类 255 种、历史类 117 种。

在小学学习参考书中，小学低年级的需求较大，1～3 年级的学习参考书占整体销量的一半以上。学研教育出版的《宫本算术教室的教材变聪明》系列 6 年来一直保持畅销。

2014 年为初中教科书修订的第三年，提高学生基础学习能力的问题集的销量突出，特别是学研出版社的《一个一个容易理解》系列，文理出版社的《从不懂到明白》系列。该系列图书的特点是主打“容易理解”主题，在图书的彩印、附录 CD、书名的选取等方面积极创新，价格也保持在含税 1000 日元之内，使消费者很容易接受。

以大学入学考试为主体的高中学习参考书中，每年的畅销参考书旺文社出版的《英语单词目标 1900》、学研教育出版的《麦当娜古文单词 230 能力提高版》等依旧销量很高。此外知名教育机构河合塾系列的《英语长句 500》、东进图书系列的《日本史 B 一问一答 完整版》等习题集销量位于前列。在高中学习参考书出版种数中引人注目的是 2013 年开始进入高中理科参考书市场的技术评论社 2014 年出版了高中理科参考书 20 种，角川出版社 2014 年出版了 63 种高中学习参考书，同比增加了 46 种。

在辞典市场，受 2014 年 4 月 1 日起消费税提高的影响，之前提前购买的需求旺盛，3月中3000日元左右高价格国语辞典、英日词典销量同比大幅增长（见表13）。

表13 2014年不同类别、不同版型学习参考书新书出版情况

单位：种

类别	种数	A5	A6	B5	B6	B40	其他
总论	1	0	0	8	0	0	0
哲学	0	0	0	0	0	0	0
历史	117	31	2	70	12	0	2
社会科学	255	58	6	133	26	3	29
自然科学	605	277	13	279	32	0	4
技术	7	0	0	7	0	0	0
产业	3	0	0	3	0	0	0
艺术	0	0	0	0	0	0	0
语言	421	115	20	226	52	6	2
文学	4	0	0	4	0	0	0
合计	1413	481	41	788	152	9	37

资料来源：出版年鉴编辑部《出版年鉴2015》

2. 儿童图书

2014年日本儿童书的新书出版种数为5160种，比上一年增长了6.4%。儿童书的新书出版平均定价为1313日元，几年来儿童书的定价基本持平（见表14）。

儿童书主要以文学类、艺术类、自然科学类、技术类、言语类、社会科学类、历史类为主。2014年文学类儿童书的出版种数为最多，有2431种；其次为艺术类918种；自然科学类542种（见表15）。

2014年儿童书推算销售额为780亿日元，与上一年相比增加了1.3%。儿童书推算销售额在2012年和2013年连续两年呈同比减少状况，2014年时隔三年销售额反弹，超过上一年。其中迪士尼电影《冰雪奇缘》的热映与手机游戏《妖怪手表》的流行助力了相关儿童读物的畅销。2014年3月迪士尼电影《冰雪奇缘》公映后，票房收入高达24亿日元。随之偕成社出版的儿童文库书《冰雪奇缘 迪士尼小说版》累计销量达45万5千册，角川书店的动漫绘本销量达27万5千册，此外2014年《冰雪奇缘》相关儿童新书出版物也多达15种。手机游戏《妖怪手表》2013年7月推出后在小学生中流行开后，其相关漫画书、动画片、玩具等跨媒体传播活动迅速展开，带动了相关儿童书的热销。

表 14　近年来儿童图书的出版情况

年份	2010 年	2011 年	2012 年	2013 年	2014 年
新书种数（种）	4675	4592	4898	5013	5160
平均定价（日元）	1299	1320	1310	1292	1313

资料来源：出版年鉴编辑部《出版年鉴》各年版

表 15　2014 年不同类别、不同版型儿童书新书出版情况

单位：种

	种数	A5	A6	B5	B6	B40	其他
总论	66	19	3	15	20	5	4
哲学	112	18	6	9	42	13	24
历史	234	62	1	92	37	7	35
社会科学	260	58	4	110	22	24	42
自然科学	542	141	15	219	66	23	78
技术	244	29	16	113	14	8	64
产业	149	26	10	58	16	10	29
艺术	918	218	67	285	125	46	177
语言	204	66	3	72	32	10	21
文学	2431	618	69	389	510	475	370
合计	5160	1255	194	1362	884	621	844

资料来源：出版年鉴编辑部《出版年鉴 2015》

3. 漫画书

2014 年日本的漫画书与漫画杂志合计销售额为 3569 亿日元，与上一年相比减少了 2.7%，日本漫画市场销售额连续 13 年呈下降趋势。

2014 年日本的漫画书销售额为 2256 亿日元，比上一年增长了 1.1%，漫画书的销售额连续两年超过上一年度。特别是 2014 年 3 月份漫画书的销售额同比增长了 12%。漫画书的销售量为 4 亿 4038 万册，比上一年增长了 0.4%，自统计以来，漫画书的销售量首次超过了漫画杂志。日本的漫画书销售额和销售数量连续两年呈增长趋势。2014 年日本漫画书的销售额占整体出版物的 22.2%，比上一年增长了 0.4%；销售册数占整体出版物的 36.5%，比上一年增长了 0.5%。2014 年漫画书的销售量的退货率为 28.4%，同比增加了 1.2%，消费税率的增长，加之新书种数的增加使实际销售率有所降低（见表 16）。

在漫画书中，2014 年日本国民漫画、集英社出版尾田荣一朗的《海贼王》、岸本齐史的《火影忍者》、藤卷忠俊的《黑子的篮球》、松井优的《暗杀教室》、荒川弘的《银之匙》等超人气漫画书，发行了新书，推动了 2014 年日本漫画书的销量。其中《火影忍者》自 1999 年在集英社的《周刊少年跳跃》连载，2014年11月10日完结，其漫画书发行71卷，在日本国内累计发行册数1亿3千万册，世界累计发行册数超过2亿册。

下表为日本公信榜（Oricon）发布的2014年度日本漫画书销量排行榜。集英社出版的尾田荣一郎著的《海贼王》第73卷年销售达301.1万部，第74卷销售283.5万部，第75卷销售269.8万部，排名前三位。排名第四、五、六位的为谏山创的《进击的巨人》第13卷、12卷、14卷。排名第七、八、十位的为岸本齐史的《火影忍者》第67卷、68卷、69卷。椎名轻穗的《好想告诉你》第21卷排名第九位。日本漫画作品紧跟时代，以其尖锐的分析表现手法，反映贫富差异、弱肉强食等社会现象，与读者内心产生共鸣(见表17)。

表16 漫画书的推算销售额状况

年份	销售额（亿日元）	同比变化（%）
2005年	2602	104.2
2006年	2533	97.3
2007年	2495	98.5
2008年	2372	95.1
2009年	2274	95.9
2010年	2315	101.8
2011年	2253	97.3
2012年	2202	97.7
2013年	2231	101.3
2014年	2256	101.1

资料来源：出版年鉴编辑部《出版年鉴》各年版

表17 2014年漫画书销量排行榜

排名	书名	作者	销量（册）
1	《海贼王73》	尾田荣一郎	3010801
2	《海贼王74》	尾田荣一郎	2834558
3	《海贼王75》	尾田荣一郎	2698071
4	《进击的巨人13》	谏山创	1921457
5	《进击的巨人12》	谏山创	1895305
6	《进击的巨人14》	谏山创	1773871
7	《火影忍者67》	岸本齐史	1106651
8	《火影忍者68》	岸本齐史	1098121
9	《好想告诉你21》	椎名轻穗	1031380
10	《火影忍者69》	岸本齐史	1007954

资料来源：日本公信榜官网数据

4. 电子书

加强数字版权的保护是产业健康发展的重要课题。2014 年 3 月 14 日日本参议院全体会议表决通过了《著作权法修正案》，并确立 2015 年 1 月正式生效。新修订法案的实施，使出版社的作品出版权的维权范围由原来的只适用于纸质出版物扩大至数字出版物，从法律层面有效地增强了数字版权的保护效用。《著作权法修正案》规定，出版社可以与作者等著作权人签订数字出版权合同，对于网络上盗版、违法复制等违法电子出版物的流通，有权代替著作权人本人要求停止相关侵权行为，出版社同时必须在合同签订后 6 个月内承担出版数字出版物的义务。

日本《电子书事业调查报告书》的数据表明，2014 年日本数字出版市场规模约为 1411 亿日元，与上一年相比，增加了 398 亿日元，增幅达到 39.3%。其中电子书市场销售额为 1266 亿日元，与上一年相比增长了 35.3%。由于新型阅读终端平台的电子书市场迅速发展的冲击，手机电子书市场规模大幅缩小。2014 年度手机电子书市场规模为 84 亿日元，比 2013 年度减少了 56 亿日元，减幅达 40%（见表 18）。

在智能手机和平板电脑用户日益增加的大背景下，电视广告等媒介营销宣传力度的加大使电子书用户规模扩大，网络书店以及出版社推广促销活动的开展使读者的电子书平均购入量逐渐增多（见表 19）。

在不同类别中，电子漫画书的发展呈良好态势，免费漫画杂志 APP 的普及，电子书店提供电子漫画书的免费连载，促进了电子漫画的购买。2014 年度漫画类电子书的销量由上一年度的 293 亿日元增加至 1024 亿日元，占电子书市场份额的 81%。文字类电子书（文艺、实用书、写真集等）的销量由上一年度的 37 亿日元增加至 242 亿日元，占电子书市场份额的 19%。文字类电子书的数量增长迅速，特别是日本经济产业省开始推行"内容紧急电子化事业"（简称"紧急数字"），加速了专业书籍以及学术书籍的电子化进程。

表 18　近 5 年数字出版市场规模

单位：亿日元

年份	电子书	电子杂志	合计
2010 年	650	6	656
2011 年	629	22	651
2012 年	729	39	768
2013 年	936	77	1013
2014 年	1266	145	1411

资料来源：株式会社日本印象 R&D 的《电子书事业调查报告书》各年版

表 19 近五年电子书市场规模

单位：亿日元

年份	计算机	手机	新型阅读终端平台	合计
2010 年	53	572	24	650
2011 年	37	480	112	629
2012 年	10	351	368	729
2013 年	7	140	789	936
2014 年	—	84	1182	1266

资料来源：株式会社日本印象 R&D 的《电子书事业调查报告书》各年版

（三）主要出版相关企业情况

1. 出版商

由于图书销售的逐年减少，图书返品率增加的压力，日本出版企业的倒闭速度加快。据《出版年鉴》统计数据，2014 年日本的出版社有 3534 家，比上一年减少了 54 家。从出版社的组织形态来看，股份公司为最多，2014 年股份公司 2416 家，其次为有限公司① 342 家、个人经营的出版社 1146 家等（见表 20）。

日本的文化机构、印刷、装订、流通业大多集中在首都，日本的出版社约 77% 位于东京，2014 年东京的出版社有 2702 家。以下依次为大阪 145 家、京都 127 家、神奈川 82 家、埼玉 50 家、爱知 46 家、千叶 41 家、兵库 27 家等。

表 20 出版社数量的发展状况

单位：家

年份	数量	年份	数量
1997 年	4612	2006	4107
1998 年	4454	2007	4055
1999 年	4406	2008	3979
2000 年	4391	2009	3902
2001 年	4424	2010	3815
2002 年	4361	2011	3734
2003 年	4311	2012	3676
2004 年	4260	2013	3588
2005 年	4229	2014	3534

资料来源：出版年鉴编辑部《出版年鉴》各年版

① 日本公司形态的一种，未发行股票前征集投资者，由投资者委任经营者经营。

2014年新书的出版种数排名前20位的出版社如下表所示（见表21）。依次为角川书店、讲谈社、文艺社、宝岛社、小学馆、学研出版社、集英社、新潮社、PHP研究所等。

表21　2014年新书出版种数排名前20位的出版社状况

单位：种

排名	出版社	2014年	出版社	2013年
1	角川书店	4456	Harlequin（ハーレクイン）	612
2	讲谈社（講談社）	1957	岩波书店（岩波書店）	576
3	文艺社（文芸社）	1203	双叶社（双葉社）	557
4	宝岛社（宝島社）	1182	文艺春秋（文藝春秋）	551
5	小学馆（小学館）	904	poplar社（ポプラ社）	515
6	学研出版社（学研パブリッシング）	804	学研教育出版（学研教育出版）	506
7	集英社（集英社）	766	成美堂出版（主婦の友社）	500
8	新潮社（新潮社）	667	成美堂出版（成美堂出版）	486
9	PHP研究所（PHP研究所）	647	Shinko音乐（シンコーミュージック・エンタテイメント）	472
10	河出书房新社（河出書房新社）	637	朝日新闻出版（朝日新聞出版）	445

资料来源：出版年鉴编辑部《出版年鉴2014》

表22为2014年度主要出版社的教科书（小学、初中、高中）使用量状况，以东京书籍为首的教科书印数排名前5位的出版社，其教科书印数之和占总印数的比例为60%，日本教科书出版的寡头垄断现象依旧很严重。

表22　主要出版社的教科书（小学、初中、高中）使用册数状况

排位	出版社	2014年度（册）	2013年度（册）
1	东京书籍（東京書籍）	29895135	29468786
2	光村图书出版（光村図書出版）	14110459	14208606

续表

排位	出版社	2014 年度（册）	2013 年度（册）
3	教育出版 （教育出版）	12612716	12682800
4	新兴出版社启林馆 （新興出版社啓林館）	11547034	11608872
5	日本文教出版 （日本文教出版）	9017219	9183136
日本全国教科书发行册数总合计		128758434	134517377

资料来源：出版年鉴编辑部《出版年鉴 2015》

2. 批发商

日本的出版流通渠道处于高度垄断状态，东贩和日贩为日本两家最大型代销公司。2014 年东贩与书店契约的数量为 4558 家，日贩为 4430 家，大阪屋为 1110 家，东贩、日贩与大阪屋三家合计的市场占有率为日本出版物总体批发的 78.7%。日本出版物代销公司约有 70 家，其中 30 余家加入了日本出版物代销商协会，控制了日本绝大部分的出版物发行市场（见表 23）。

表 23 主要代销商与书店契约数量情况

单位：家

代销商	2010 年	2011 年	2012 年	2013 年	2014 年	上一年增减
东贩	4930	4783	4698	4626	4558	-68
日贩	4917	4808	4732	4560	4430	-130
大阪屋	1151	1169	1142	1109	1110	1
栗田	798	767	748	697	666	-31
中央社	438	435	422	417	415	-2
太洋社	521	514	501	456	451	-5
其他	1302	1302	1254	1208	1199	-9
不明	2	2	1	2	2	0
合计	14059	13780	13780	13075	12831	-24

资料来源：全国出版协会、出版科学研究所《出版指标年报》（《出版指標年報》）2015 年版

此外，日本地方·小型出版物流通中心在不能直接批发给代销公司的小型出版社、地方出版社和代销公司中发挥着重要的中介作用。与其交易的出版社中，2014 年新契约的有 29 家（其中地方 11 家，东京 18 家），比上一年增加了 9 家。解除契约有 9 家，其中地方 5 家，东京 4 家，近年来地方出版社的经营尤为困难（见表 24）。

表 24　地方·小型出版物流通中心新签订合同出版社的加入状况

单位：家

地域	2010 年	2011 年	2012 年	2013 年	2014 年	总契约数	2013 年解约数
东京	14	16	12	14	18	531	4
地方	13	15	17	6	11	572	5
合计	27	31	29	20	29	1103	9

资料来源：出版年鉴编辑部《出版年鉴 2015》

3. 零售商

（1）实体书店

近年来日本实体书店总数量急速减少。表 25 所示，2005 年 5 月 1 日日本实体书店总数量为 1 万 7839 家，2014 年 5 月 1 日为 1 万 3943 家，10 年来实体书店总数量减少了 3896 家，以平均每年减少近 400 家的速度递减。统计中的日本实体书店数量中包含了书店本部、营业所等数量，但实际上这些营业所等并没有以书店店铺的形式运营，所以实际上拥有店铺的实体书店数量更少。每年既有闭店书店，也有新开店书店，可以推算 10 年来实际约有 1 万家实体书店倒闭。从书店占地面积来看，10 年间占地 300 坪（1 坪≈3.3 m^2）以上的大型实体书店没有一家倒闭，而中小实体书店却在不断消失。

表 25　日本实体书店总数量的变化

单位：家

年份	实体书店总数量	减少数量
2005 年	17839	317
2006 年	17582	257
2007 年	17098	484
2008 年	16342	756
2009 年	15765	577
2010 年	15314	451
2011 年	15061	253
2012 年	14696	365
2013 年	14241	455
2014 年	13943	298

注：数据以各年 5 月 1 日为调查时间点统计。

2008 年 1 月至 12 月日本新开店实体书店数量为 407 家，闭店数量为 1115 家，一年内实体书店数量减少了 700 余家。2014 年 1 月至 12 月日本新开业实体书店数量为 217 家，与上一年相比减少了 1.4%，10 年来新开店仅高于 2012 年 171 家，处于低水平状况。2014 年新开业实体书店的占地面积为 4 万

8215坪，同比减少了8.5%。与此相对，倒闭实体书店的数量为656家，同比增长了6.0%，倒闭实体书店的占地面积为6万4920坪，同比增加了35.3%，开店与闭店实体书店数量之差为439家，实体书店的占地面积减少了1万6705坪。由开店与闭店平均面积来看，近几年来新开店实体书店的平均面积约为200坪，而闭店实体书店的平均面积均在100坪以下。新开店实体书店与闭店实体书店平均店铺规模相差较大，新开店实体书店呈大型化趋势，而闭店实体书店多为小型书店。此外，新开店实体书店多为现有书店的连锁书店，几乎没有新开店独立书店。由此可见，日本书店业连锁店呈大型化趋势，小型书店将逐渐被市场淘汰（见表26）。

表26 日本实体书店开店与闭店状况

年份	新开店书店（家）	总面积（坪）	平均面积（坪）	闭店书店（家）	总面积（坪）	平均面积（坪）
2008年	407	83994	206	1115	72280	73
2009年	286	56891	199	951	69891	83
2010年	230	41505	180	749	52677	80
2011年	272	48919	180	766	51323	75
2012年	171	26038	152	729	44828	69
2013年	220	52678	239	619	47984	85
2014年	217	48215	222	656	64920	99

注：数据为各年1～12月统计。

据艾尔媒体公司的调研数据显示，从实体书店的店铺面积来看，2014年5月1日统计中公布了店铺面积的1万2831家实体书店店铺总面积为140万8837坪，与上一年相比增加了8011坪，增幅为0.6%。日本实体书店店铺面积最大的是顶级文化茑屋书店/仙台泉店，拥有3000坪的店铺面积。从店铺规模来看，2014年店铺面积300坪以上的实体书店数量为1370家，占实体书店总数的10.7%，比上一年增加了0.3%。在实体书店店铺面积占有率中，店铺面积500坪以上的实体书店店铺面积占总体的23.7%，比上一年增加了1.6%；100坪以上的实体书店数量占书店数量的33.7%，店铺面积则占总体的82.8%，比上一年增加了0.7%。2000年日本平均每一家实体书店的面积为70坪，2014年平均每一家实体书店的面积为110坪。尽管日本实体书店数量急剧减少，但店铺面积却呈增长趋势，日本实体书店的店铺规模呈大型化趋势。

（2）网络书店

日本主要网络书店包括亚马逊日本、乐天书店、茑屋网络书店、七网络书店（SENVEN）、骏河屋等。

网络书店巨头亚马逊的电子销量逐年增长。亚马逊2000年进入日本时主要通过代销公司大阪屋批发出版物，2012年起更改为日本出版贩卖为主要代销公司。亚马逊日本自2006年起也以寄销形式直接从出版社、CD、体育用品制造商等企业进货。2012年10月亚马逊日本开设Kindle商店，其销售的电子书种数由最初的5万种增长了4.4倍，达22万种，其中漫画书7.7万种。Kindle商店销售额排名100位电子书中的10%是不经由出版社，作者通过“KDP服务”直接销售的作品。2014年11月5日起亚马逊与静冈县的24小时商店罗森199家店铺合作，推出亚马逊商品的订货与收货服务。在罗森店铺内设置终端“Loppi”，这样不使用电脑和智能手机的人们也能够购买到亚马逊的商品。

乐天书店2014年12月22日面向18～24岁的大学或专科学校的学生推出了年会员服务“青年乐天”。读者可以获得3个月的免费试用，试用期过后将会自动成为正式会员，只要交1780日元年会费即可获得各种优惠。优惠内容如通常在“乐天图书”每花费100日元可获得1个积分，增加至10个积分。在“乐天科宝”也会获得10倍积分，并可以获得500日元的代金券。在“乐天市场”“乐天旅游”也可享受多种优惠。

（3）便利店

表27为2013年度日本十大便利店销售额及图书、杂志销售额。居于第一位的是7－11便利店，2013年度年图书、杂志销售额为7亿8257万日元，比上一年减少了4.5%。以下依次为罗森便利店、全家便利店、circleksunkus、迷你岛便利店、Daily山崎、赛克玛特便利店、新日、3F（three-f）、Poplar生活彩家。

表27　2013年度十大便利店销售额及图书、杂志销售额情况

排名	企业名	年总销售额（百万日元）	店铺数量	图书、杂志销售额（万日元）
1	7～11便利店	3781267	16319	78257
2	罗森便利店	1945394	11606	43602
3	全家便利店	1721962	9780	41408
4	circleksunkus	895325	5612	21330
5	迷你岛便利店	349914	2186	9377
6	Daily 山崎	203878	1531	7053
7	赛克玛特便利店	181686	1164	3025

续表

排名	企业名	年总销售额（百万日元）	店铺数量	图书、杂志销售额（万日元）
8	新日	99877	508	3463
9	3F	88476	563	1313
10	Poplar 生活彩家	83210	655	2164

资料来源：出版年鉴编辑部《出版年鉴 2015》

三、期刊业发展状况

（一）概　况

1. 基本情况

手机期刊以及网络期刊的冲击导致日本传统期刊出版业发展萎缩。2014 年日本期刊推算销售额为 8802 亿 9751 万日元，同比减少了 5.1%，与图书相比，期刊的减幅较大。自 2012 年日本期刊推算销售额跌破 1 兆日元后，减幅逐年增大。1996 年日本的期刊销售额曾达最高峰，为 1 兆 5984 亿日元，此后至今一直呈负增长态势。期刊的退货率也逐年增加，由 2010 的 35.4% 增至 2014 年的 39.9%。期刊销量不足直接导致广告收入的减少，尽管日本期刊协会实施各种营销活动，但仍无法阻止期刊的不景气现状，日本以期刊为依存的出版社近年来面临着生存危机。

2014 年日本期刊发行种数为 3761 种，逐年呈减少趋势。创刊状况低迷，2014 年创刊 106 种，比上一年减少了 8 种；停刊期刊 155 种，同比减少 5 种。每本期刊的平均定价为 532 日元，同比增长了 1.5%，单价增长倾向依旧持续。

在各类别期刊出版种数中，医药卫生类为最多，2014 年为 463 种。以下为工学类 387 种、读物类 364 种、家政类 247 种、体育类 217 种等（见表 28）。

表 28　日本各类别期刊出版种数情况

单位：种

类 别	2012 年	2013 年	2014 年
图书	89	87	86
综合	55	50	52
哲学	22	22	23
宗教	71	70	69
历史地理	121	108	107
政治	46	47	45

续表

类 别	2012 年	2013 年	2014 年
时局外事	40	33	32
法律	45	46	44
经济统计	141	137	136
社会	139	135	130
劳动	42	41	40
教育	137	133	132
风俗习惯	19	15	14
自然科学	46	46	47
医学卫生	447	446	463
工学	416	401	387
家政学	257	253	247
农畜林水	89	85	86
商业	72	73	74
交通通信	150	149	143
艺术	84	78	74
音乐舞蹈	93	87	90
演剧电影	65	63	67
体育	236	226	217
曲艺相声娱乐	164	161	177
日语	24	22	24
英语	13	12	12
其他外语	9	7	7
文学文艺	89	78	75
诗	9	9	9
短歌	20	19	19
俳句	29	27	27
读物	415	395	364
女性	76	77	77
少年少女	157	154	157
学习考试	9	8	8
合计	3936	3800	3761

资料来源：出版年鉴编辑部《出版年鉴 2015》

2. 期刊进出口情况

(1) 出　口

财务省发布的《日本贸易统计》数据表明，日本期刊出口总额持续呈减少趋势，2014 年为 28 亿 9051 万日元，与上一年相比减少了 12.4%。网络的普及以及出版物的急速数字化仍是期刊负增长的重要原因。

期刊出口居于首位的是中国台湾省，出口额为8.5亿日元，比上一年减少了9.2%。日本纪伊国书店在台北和高雄等地拥有4家店铺，代销公司东贩在中国台湾省开设了分公司。期刊出口以下依次为中国香港地区5.6亿日元（-18.5%）；韩国4.4亿日元（-1.4%）；美国2.9亿日元（-21.5%）、中国大陆1.9亿日元（-26.6.4%）、菲律宾1.3亿日元（-27.9%）、新加坡1.07亿日元（-23.9%）、泰国1.04亿日元（-21.8%）（见表29）。

表29　主要国家地区期刊的出口额

单位：千日元

国家、地区	2013年	2014年
中国台湾省	941013	854660
中国香港地区	695929	566865
韩国	434147	440140
美国	377259	296016
中国大陆	271831	199602
新加坡	141911	107961
出口总额	3301090	2890514

资料来源：出版年鉴编辑部《出版年鉴》各年版

（2）进　口

2014年日本期刊进口额为56亿3506万日元，与上一年相比减少了12.6%。从国别来看，日本期刊的进口额居于首位的仍然是美国，为26.7亿日元，比上一年减少了19.5%。而英国的进口则增长了17.1%，共11.5亿日元，取代荷兰居于第二位。以学术期刊称雄的荷兰居于第三位，8.9亿日元，比上一年减少了25.8%。同样以学术期刊为主的德国也比上一年减少了24.8%，进口额仅为0.3亿日元，排名第十位。居于第四位至第九位的国家或地区依次为新加坡、韩国、法国、意大利、中国香港地区、中国大陆和中国台湾省。今后随着出版数字化进程的加快，期刊的进口将会呈现逐年减少趋势（见表30）。

表30　主要国家或地区期刊的进口额

单位：千日元

国家、地区	2013年	2014年
美国	3208498	2667462
英国	—	1149856
荷兰	1193846	885399

续表

国家、地区	2013 年	2014 年
新加坡	263013	266504
韩国	228791	166320
法国	124838	126872
意大利	108035	116330
中国大陆	111131	84091
进口总额	64444017	5635062

资料来源：出版年鉴编辑部《出版年鉴》各年版

3. 期刊广告费情况

日本电通公司调查发布的《日本的广告费》中所提供的数据显示，2014 年日本期刊广告费为 2500 亿日元，与上一年基本持平，占总体广告费的 4.1%。在各类行业中，期刊广告费支出排列居前位的是“时尚、饰品”“化妆品、卫生清洁用品”“汽车”类以及“交通、休闲”类。

（二）主要分类市场情况

1. 综合期刊

综合期刊中包括大众期刊、新闻解说期刊、生活方式期刊等类别。2014 年日本综合期刊的推算发行册数 6199 万册，与上一年相比减少了 4.2%。除中韩批判的时政期刊销量较好外，大多数综合期刊面临生存困境。

2014 年综合期刊中创刊 2 种，为中老年男性时尚期刊《MADURO》和高端男性时尚期刊《THE RAKE 日文版》；复刊期刊 2 种，生活方式期刊《*SINRA*》和《去海岛》（《島へ》）。

2. 周刊期刊

日本周刊期刊的读者逐年减少。2014 年日本周刊期刊的推算销售额为 1684 亿日元，减幅超过上一年，其规模下跌至 20 世纪 70 年代后半期；推算发行册数为 7 亿 6712 万册，比上一年减少了 7.2%，女性周刊期刊的降幅稍小，但整体周刊期刊市场急剧缩小。近年来退货率增长的趋势一直未变，2014 年周刊期刊的退货率高达 36.5%，比上一年增加了 1.5 %。

2014 年日本周刊期刊的平均价格为 346 日元，比上一年提高了 2 日元，特别是大众期刊的平均价格提高 10 日元，综合期刊平均价格提高 7 日元，增幅明显，提高单价来弥补销售不景气的行业倾向依旧。

在单期期刊中热销的主题包括《朝日新闻》的从军慰安妇错报问题、佐世保女子高中生杀害事件、STAP 细胞相关特集、演员高仓健的追悼策划等，可见读者对话题性报道产生一时的关注。周刊期刊的报道及时性不及网络，选择纸质期刊的读者日益减少。

3. 漫画期刊

2014 年日本漫画期刊的推算发行额为 1313 亿日元，比上一年减少了 8.7%。漫画期刊的推算发行量为 3 亿 9755 万册，比上一年减少了 9.8%。其中月刊期刊销售额为 649 亿日元，同比减少 8.0%；周刊期刊销售额为 664 亿日元，同比减少 9.3%。减幅超过了日本期刊的平均下跌率。日本漫画期刊市场连续 19 年呈逐年下滑趋势，总体销售量不及高峰时期 1995 年（13 亿 4301 万册）的三分之一。2014 年日本漫画期刊创刊种数为 12 种，比上一年增加了 5 种；停刊漫画期刊 36 种，同比增多 17 种。除大型综合出版社集英社的《最强跳跃》和讲谈社的《月刊少年竞争》停刊外，1968 年秋田书店创刊，拥有 45 年以上历史的《玩转漫画》正式宣布停刊。

从不同读者层来看，以儿童为读者对象的日本月刊漫画期刊中，2014 年的推算发行额为 233 亿日元，比上一年减少了 0.9%；以成人为读者对象的月刊漫画期刊中的推算发行额为 416 亿日元，比上一年减少了 11.6%。以儿童为读者对象的周刊漫画期刊中，2014 年的推算发行额为 451 亿日元，比上一年减少了 8.5%；以成人为读者对象的周刊漫画期刊的推算发行额为 213 亿日元，比上一年减少了 10.8%。通过免费电子杂志 APP、智能手机阅读漫画的读者急剧增长是导致日本漫画期刊市场下跌的主要原因之一。

4. 电子期刊

智能手机的普及推进了日本电子期刊市场的发展。2014 年 5 月日本智能手机的使用率为 54.4%，其中 10～29 岁年轻人群的使用率超过 70%。此外，免费或优惠试读等电子期刊营销手段的拓展，使读者很方便进入电子期刊领域。日本《电子书事业调查报告书》的数据表明，由于平板终端利用者的增多、阅读终端日趋多样化、网络期刊的定期购买下载数量的增加，日本电子期刊市场呈快速发展趋势。2014 年日本电子期刊的销售额约为 145 亿日元，与 2013 年的 77 亿日元相比增长了 88.3%（见表 31）。

日本大型出版社积极开拓电子期刊市场。2014 年 9 月集英社开始了“少年跳跃 +”的电子期刊推送服务，读者除可以免费阅读《周刊少年跳跃》曾连载的一部分漫画外，每月支付 900 日元即可定期订阅电子版《周刊少年跳跃》以及《周刊少年跳跃 增刊号》。2014 年其累计下载突破 260 万，其中 5.6 万人成为付费定期订阅会员。此外，讲谈社宣称所有漫画杂志 2015 年 6

月前提供电子期刊服务。2014 年讲谈社的《青年期刊》《月刊少年期刊》《周刊少年期刊》三种期刊已开始与纸质期刊同步发行，并在网站上提供前一期期刊的免费阅读。

表 31　日本电子期刊市场规模

单位：亿日元

年份	电子期刊
2010 年	6
2011 年	22
2012 年	39
2013 年	77
2014 年	145

（三）企业发展情况

日本的期刊出版社通常兼营书籍出版。综合大型出版社中讲谈社、小学馆、集英社出版的期刊种数众多，其出版的期刊类别也多种多样。

讲谈社出版的主要期刊有四十余种，主要有《周刊现代》《小说现代》《群像》《秀》《月刊陆上竞技》《昕薇》《快乐的幼儿园》《书》《星期五》《昕薇风采美妆》等。2014 年度讲谈社发布年度销售额为 1190 亿日元，同比增长了 1.0%。其中期刊销售额为 719 亿 8600 万日元，同比减少了 1.2%；图书销售额为 213 亿 4600 万日元，同比减少了 16.3%；广告收入为 55 亿 7100 万日元，同比减少了 21.7%。其中电子书等数字收入大幅增长，同比增长了 67%。

小学馆出版期刊五十余种，主要有《幼儿园》《奶酪》《月刊 IKKI》（《今日佳丽》）《今日风采》《edu》《周刊少年星期天》等。2014 年小学馆公布的年度销售额为 1024 亿 9100 万日元，同比减少了 0.1%。其中期刊销售额为 336 亿 2000 万日元，同比增加了 1.3%；漫画书销售额为 227 亿 100 万日元，同比增加了 15.5%；图书销售额为 131 亿 3900 万日元，同比增加了 2.9%；包装类软件销售额为 31 亿 4600 万日元，同比减少了 19.5%；广告收入为 127 亿 6100 万日元，同比增加了 0.3%；版权收入等为 171 亿 2400 万日元，同比增加了 19.1%。小学馆的 12 种杂志的销售均超过上一年，实现了 18 年来的期刊增收势头。

集英社出版发行期刊近四十种，主要有《十七岁》《non · non》《青春与读书》《LEE》《周刊 通过图画知晓日本史》等。2014 年集英社公布的年度销售额为 1221 亿 5900 万日元，同比减少了 0.9%。其中杂志销售额为 715 亿日元，同比减少了4.4%；图书销售额为151亿日元，同比减少了7.6%；广告收入为105亿日元，同比减少了4.7%；版权等其他收入为249亿800万日元，同比增加了18.9%。

参考文献

1. 出版年鉴编辑部编．出版年鉴2015年版．出版新闻社出版
2. 全国出版协会，出版科学研究所．出版指标年报2015年版
3. 全国出版协会，出版科学研究所．出版指标年报2014年版
4. 读书舆论调查2014年版．每日新闻社．2014
5. 出版新闻．出版新闻社．2014年度各期
6. 全国书店新闻．日本书店商业组合联合会．2014年度各期．http：//www. shoten. co. jp/nisho/bookstore/shinbun
7. 印象R&D网络媒体综合研究所．《电子书事业调查报告书》．株式会社印象R&D. 2015
8. 日本的总广告费．电通资料室．http：//www. dentsu. co. jp

（作者单位：中央财经大学）

韩国出版业发展报告

叶　子

一、出版业发展背景

（一）经济环境

2014年，受到“岁月号”沉船事件和中国经济减速等国内外因素的影响，韩国国内经济增长缓慢，就业率停滞，国民消费心理消沉，青年失业率高，出口也有所放缓。总体来看，2014年韩国经济虽出现复苏迹象，但是增长乏力的状况仍在持续。

根据韩国央行公布的2014年韩国经济统计数据显示，2014年韩国国内生产总值（GDP）增长率为3.3%，虽然增长率高于前一年，但是并没有达到韩国央行先前提出的GDP3.5%的预期。其中，受到中国经济放缓和韩国企业海外生产扩大的影响，2014年韩国出口增长率下降至2.8%，远远低于2013年的4.3%；韩国国民消费心理低沉，民生消费增长率为1.8%，低于2012年的2.0%，创2009年以来的新低；建设投资增长率为1.1%，增幅远远低于2013年。就不同行业而言，制造业增长率从2013年的3.0%增加到2014年的4.0%；建筑业增长率从3.7%跌至0.6%，较前一年大幅缩小；服务业则从2.4%增至3.1%。另外，2014年实际国内总收入（GDI）同比增长3.8%，涨势良好但增幅也小于2013年的4.1%。

2012年至2014年三年间，韩国GDP年均增长率一直呈现上升趋势，分别为2.0%、2.8%和3.3%，韩国经济复苏的迹象越来越明显。据韩国央行分析，由于沉船事件的冲击，第二季度GDP增长率跌至0.5%，而第四季度出口和消费不振，以及税收不足导致政府财政支出减少，尽管2014年韩国GDP增长率高于2013年的2.8%，包括央行不断下调GDP预测值，但仍然低于预期水平，可见韩国要实现经济全面复苏仍任重而道远。因此，2014年韩国文化体育观光局通过加大文化产业的发展力度，为国民提供更多的就业机会，制定扶持方针和措施。

（二）政策法律环境

1. 文化产业政策

2014 年，朴槿惠政府依旧致力于发展文化信息产业，将韩国的文化产业不断发展成为文化信息时代的核心产业和中坚力量，制定四大文化发展战略：一是扩大国民文化体验；二是重新开发人文、传统价值；三是构建以文化为基础的服务产业；四是扩大文化价值影响力。

2014 年，韩国文化体育观光部在文化信息产业方面制定各领域的标准合同书，实行《大众文化艺术发展法》，正式施行公共著作自由使用制度，导入音乐著作权信托管理业的经济体制，修订图书定价制，以营造健康的出版文化环境，等等。为了保护文化产业创作者的利益，韩国还在改善文化制度、兼顾法律制度基础等方面付出了很多努力。

在国际交流合作方面，与中国签订电影共同制作相关协定，与日本、英国、欧盟等国家在文化产业及创造产业领域不断促进政府间的合作与交流。韩国政府相信在未来世界文化产业市场有无限的发展可能性，各国之间的竞争也会变得越来越激烈。2014 年年末发表的“韩中文化信息产业共同发展促进计划”中提到，韩国为了克服国内文化产业市场的危机，将把握发展机遇，积极在全国范围内持续实施文化产业扶持政策，构建合作体制。

2. 出版政策法律

2014 年韩国实行的出版业相关法律法规有《出版法》《文化产业振兴基本法》《版权法》《出版文化产业振兴法》《印刷文化产业振兴法》《阅读文化振兴法》《图书馆法》《杂志等定期刊行物振兴相关法律》等，政府通过不断修订与出版业相关的法律法规，加强出版市场的竞争力，并促进文化产业的发展。

2014 年，对韩国出版业影响最大的法律制度就是新修订的“图书定价制”。2014 年 5 月 12 日韩国国会通过《出版法》修订案，修改“图书定价制”，并决定于 11 月开始正式实施。

2003 年韩国初次实施图书定价制，目的是为了防止恶性的价格竞争，使图书价格回到正常合理水平，消除图书市场存在的价格泡沫，构建图书规范的出版环境。同时也可以拯救濒临倒闭的中小型出版社和地方书店，扩大出版机会，进行良性循环投资，提供更多样化的文化产品。而 2014 年修订制度之后，对原有定价机制进行修订，规定所有品种图书只能有 10% 的直接优惠和最高 5% 的间接优惠。与 2003 年的图书定价制相比，其中最大的变化为其适用范围扩大为所有图书。但是，根据调查显示无论是消费者还是从业者都对这一措施持消极态度，因为图书的价格较之前大幅上升，小学教辅的价格甚至比往年平均提高，而出版社也在无形中增加了库存压力。而韩国政府之所以“义无反顾”地执行“图书定价制”是因为如果图书定价制成功的话，韩国图书市场一直存在的虚假定价就会得到抑制，出版商只能通过提高出书品质来吸引读者而非采取价格策略，这样就会促进更多优秀图书的出版。

为了进一步规范不正当囤积图书或刊行物引发的畅销书造假行为，2014年1月韩国修订《出版文化产业振兴法》，不再进行简单的交罚金制度，而是进行罚款处置，并且实施举报奖励制度。其中，第23条第一项修改规定，为了维持出版物的流通秩序，在制作、出版、流通相关领域的从业者不得以提高销售量为目的不正当购买该出版物，同时明确实施举报奖励制度。通过这项法律的修订，明确了韩国文化体育观光部在出版业管理和监督方面的相关法制规定，有助于杜绝非法囤积出版物，规范健全的出版业流通市场制度。

同时，由于现行的部分条例与“图书定价制”的立法主旨略有出入，在出版物的再销售价格是否维持上存在矛盾，允许存在过多意外情况，新刊图书发行不满18个月的可以进行19%的折扣，发行满18个月以上的旧刊图书、参考书以及从国家机关处购买的图书在打折限度上没有规定，这导致了“图书定价制”有名无实。因此，为了保证文化的多样性和振兴出版行业，政府于同年5月再次修订《出版文化产业振兴法》中不合理的意外情况条款，发行满18个月的图书定价上不再没有限制，而要根据总统令进行定价，为了适用于“图书定价制”，图书价格折扣不得超过10%。同时第27条第2项规定，从该新法实施日期起，文化体育观光部部长应该每三年定期对刊行物的定价、销售和折扣范围的正当性进行审查，并适时采取改正措施。

此外，韩国在著作版权保护方面开始实行公共著作自由使用制度。2014年7月1日开始，韩国《版权法》第24条第2项“公共著作自由使用”正式施行。国家或者地方自治团体在业务上完成并公布的文献或资料可保留其全部著作权，但韩国国民可以不经过允许自由使用。对此，韩国文化体育观光部为了推进公民在公共著作方面的收集和使用，积极进行线上、线下宣传，给予公共机关在公开著作资料方面大力支持。经过不断努力，与2013年相比，参与公共著作自由使用政策的公共机关增加了四倍，从80处增至341处，公共著作数量也相应增加大约3倍，从2013年的100万5000件增至2014年的288万800件，成果喜人。不仅如此，公共著作的使用不断自由化之后，在商业领域更是不断开创出了许多成功的经济发展模式，进一步促进了韩国经济发展。

在图书馆层面，2014 年韩国国会议员提出修订《图书馆法》部分条款，将因特殊目的设立的特殊性图书馆进行分类，如残疾人图书馆、医院图书馆、军队图书馆以及学校图书馆等。同时，进一步规范韩国国立中央图书馆的在线资料库。同年 3 月 19 日，韩国再次提出修订《图书馆法》，法案通过赋予韩国图书馆信息政策委员会决议权，并且设立有独立行使实务职能的机构和图书馆研究所等决议。2014 年 8 月开始施行新的《图书馆法施行令》，在图书馆资料的样本图书采集方面进行标准化的审议制度。

同时，随着“第一个图书馆发展综合计划：2009～2013”的顺利结束，为了进一步强化图书馆服务、推进信息共有化进程，进一步提高国民生活水准，2014 年 1 月韩国开始实施“第二个图书馆发展综合计划：2014～2018”，以此为基础展开图书馆整体发展政策，不断振兴读书文化，宣传精神文化，促进文化繁荣。

在书籍出版方面，韩国政府着力构建出版产业振兴基础，促进出版产业的发展，促进支持发展出版流通信息化产业。为了更好地协调作家与出版社的关系，细化出版业标准合同类型，根据作家所处的不同情况，韩国政府还制定提供 7 种相应的标准合同。2014 年，韩国出版文化产业振兴院为了保护版权所有者、出版社、电子书制作流通公司、图书馆等出版界相关从业者的正当权利，维持出版业的平衡，制定和发布出版领域的标准合同。尤其在确定权力转移范围和期限上更加明确，这弥补了以往韩国买断版权合约上的缺陷，进一步完善了对新人以及匿名作家权利的保护。

与此同时，韩国政府重视并且不断发展电子出版业，韩国文化体育观光部在 2014 年给予韩国电子出版协会国家补助金予以扶持，用于推进运营电子出版支援中心（约 2000 名读者参与项目体验及咨询）和电子出版认证中心。通过韩国电子出版认证中心，受到认可的电子书可以享受免除附加价值税的优惠政策，认证电子书已经从 2005 年的 3281 件发展到 2014 年的 3987763 件，2000 家以上企业免除了附加价值税，促进了电子出版业发展迅速。同时，值得一提的是，2014 年韩国政府为了进一步推进文化福利技术开发事业，积极促进针对残疾人的电子出版技术开发方案研究，改善电子出版对于残疾人的适用性，主张和保护残疾人的读书活动，全面振兴韩国的读书文化。

在版权方面，2014 年韩国政府推进“版权 GOOD”活动，促使版权市场先进化，并且通过公共著作使用的开放化和自由化，提供文化创作动力，构建高效的版权保护体制，提高公民版权保护意识。

在发展印刷业方面，政府对大韩印刷出版协会投资7亿3700万韩元作为发展资金，用于不断加强印刷品的国际竞争力，推进环保印刷技术经营改革，培育印刷业专门人才，促进文化技术辅助产业。尤其是在开拓海外市场方面，大韩印刷协会印刷输出支援中心的对外合作事业非常活跃，2014年韩国派出代表参加了意大利博洛尼亚、英国伦敦、俄罗斯莫斯科、德国法兰克福等国际图书展，设立韩国馆进行国际性印刷技术宣传，提升韩国的印刷技术竞争力，形成了可观的印刷业出口商谈结果，取得了巨大成果。2014年11月，受韩国文化体育观光部资助的20家印刷企业获得了环保印刷的森林环保认证（FSC）和产销监管链认证（COC）国际认证，这也是韩国第一次开始正式通过FSC认证来积极提高印刷业的环保意识。

韩国政府为了促进韩国图书海外出版和版权输出，选定韩国文化翻译院和韩国出版文化产业振兴院为指定机构，探索如何发展韩国出版输出。韩国文化翻译院方面主要负责韩国文学及图书的外语翻译、海外出版、韩国作家及作品的海外交流宣传，培养翻译人才等。韩国出版文化产业振兴院主要通过其出版输出支援中心，运营出版输出洽谈项目，制作输出图书的宣传资料，发布版权输出指南，举办中小型出版社的出版输出战略研讨会等。2014年将110种出版作品翻译成18国语言进行海外输出。韩国文学翻译院为向世界出版社及读者介绍提供具有公信力的韩国出版业信息，发行季刊《韩国图书一览》（《list-Books from Korea》）及在线新闻。并于2014年开始大幅度改革内容和形式，大力发行文学类杂志，并且致力于介绍国外出版图书。

在报纸和杂志方面，韩国政府积极应对多种平台环境变化，促进新闻传播结构合理化，发展舆论公益事业，构建报纸发展基础建设。韩国舆论振兴财团在2014年致力于营造创造性的新闻传播环境，以促进发展新闻付费使用转换、高附加价值商品化和新闻的持续生产力。同时，2014年韩国致力于构建数字杂志公共平台，韩国杂志协会开始运营U-Magazine服务平台以及K-Magazine市场试点。U-Magazine服务平台的试验于2013年结束，2014年正式投入使用，是一个集发布、事后管理为一体的综合系统。许多杂志社无需担忧费用，直接制作数字杂志，能更好地适应和融入新一代文化信息市场，摸索新的收益模式。

2014年10月30日至11月1日，韩国文化体育观光部、首尔特别市政府、韩国舆论振兴财团共同在首尔光华门举办为期 3 天的 2014 年韩国杂志庆典，旨在增强市民对杂志文化的理解，向市民免费开放并展示多种多样的韩国杂志，开展丰富多彩的活动。此次庆典设有展现杂志过去、现在、未来的专门展示馆，举办颁奖仪式、探讨会、展会等多种项目，并开展大型书法表演、韩纸工艺表演、诗朗诵、茶道表演等丰富的文化公演，共有 70 家杂志社设立了展台。

（三）国民阅读状况

据韩国出版文化产业振兴会进行的《2014 年电子书阅读情况调查》显示，与 2012 年数据相比，随着业余时间的减少，韩国人的阅读时间也随之减少，但是整体没有发生很大变化，阅读仍然是韩国人平日和周末重要的休闲娱乐活动（见图 1）。

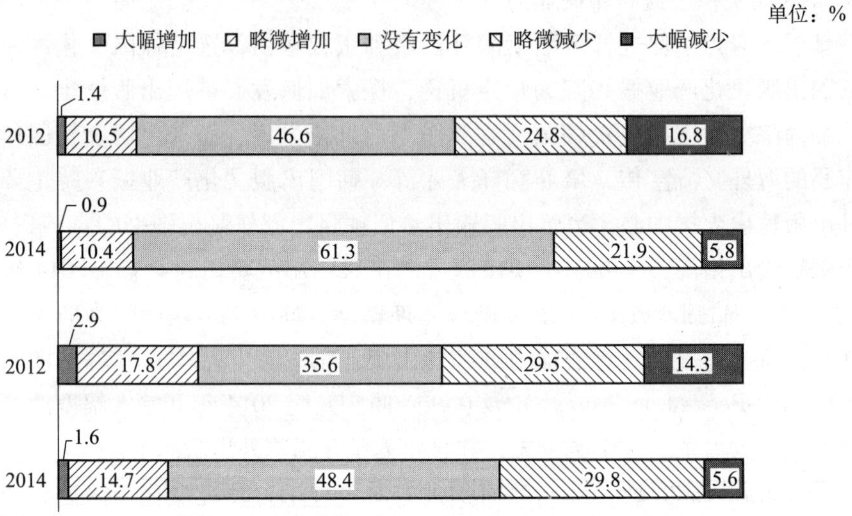

图 1　2012 年和 2014 年国民业余时间和读书时间变化表

资料来源：韩国出版文化产业振兴会，《2014 年电子书阅读情况调查》

2014 年韩国在平日生活中阅读时间大约为 60. 7 分钟，周末阅读时间约为 52. 8 分钟。与 2012 年相比，平日阅读时间略有下降，但是没有发生明显变化，周末阅读时间则增加了 3. 1 分钟。根据表格可知平日阅读时间多于周末阅读时间（见图 2）。经分析可知，时间和精神层面的空余减少，良好阅读习惯的缺乏，以及智能手机使用时间上升和媒体环境的巨变成为韩国国民阅读时间减少的原因。

单位：分钟

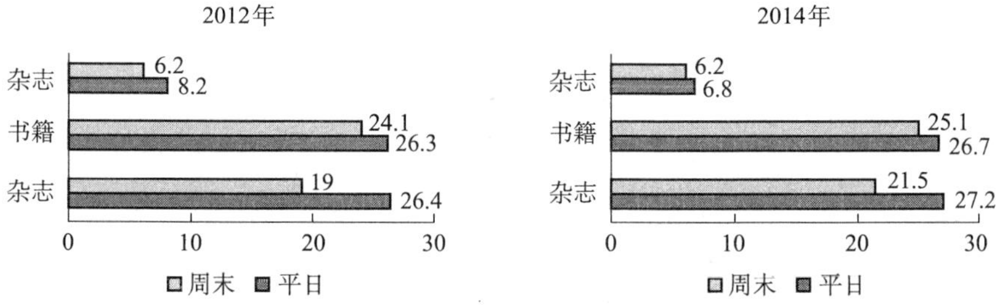

图 2　2012 年和 2014 年国民阅读时间对比图

资料来源：韩国出版文化产业振兴会，《2014 年电子书阅读情况调查》

在纸质书和电子书阅读情况方面，2014 年只阅读纸质书的人占 51.7%，比 2012 年下降 4.3%，纸质书和电子书都阅读的人占 13.2%，与 2012 年相比略有上升，只阅读电子书的占 2.4%，呈上升趋势，两者都不阅读的占 32.9%，比例较大（见图 3）。

单位：%

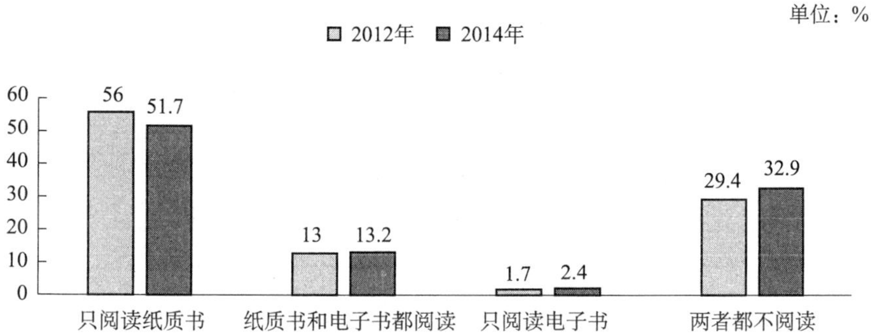

图 3　2012 年和 2014 年国民纸质书和电子书阅读情况

资料来源：韩国出版文化产业振兴会，《2014 年电子书阅读情况调查》

在阅读量方面，与 2012 年相比，2014 年阅读量增加的占 12.6%，阅读量减少的占 28.3%，其中 66.6% 阅读量没有发生变化（见图 4）。据分析，阅读量增加的理由主要为个人意识到了阅读的必要性以及自由时间的增多，其次是为了考试、学习等目的而进行阅读。而阅读量减少的原因中，繁忙的学习和工作任务成为韩国国民阅读的最大障碍，其次电影和其他娱乐媒体占用大量业余时间，导致阅读时间减少。其中不阅读电子书的原因主要是对其没有兴趣，其次是没有机会使用电子书进行阅读，以及担心对眼睛造成伤害等。

选择阅读书籍种类时，无论是电子书还是纸质书，文学类书籍在韩国国

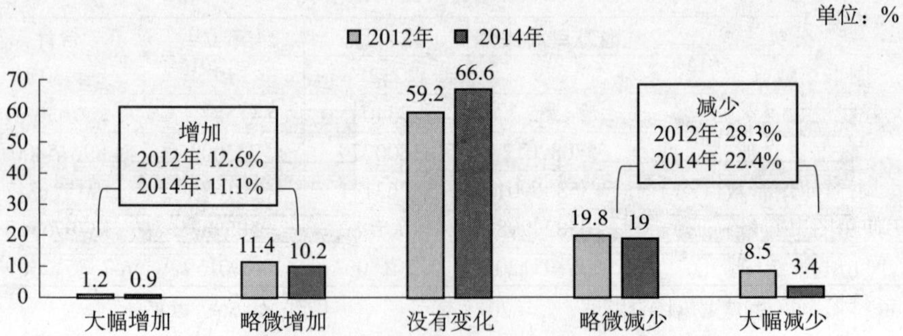

图4 2012年和2014年国民纸质书和电子书阅读情况

资料来源：韩国出版文化产业振兴会，《2014年电子书阅读情况调查》

民中人气最高。在分析纸质书籍时，20.5%的韩国国民喜欢阅读诗歌、小说、随笔等文学作品，12.9%喜欢阅读趣味、武侠、科幻、浪漫等题材小说，10.9%的成人喜欢选择健康、体育、旅游类图书进行阅读。在电子书方面，36.6%的韩国国民喜欢阅读文学作品，10.7%的人喜欢阅读健康、体育、旅游类图书，漫画类电子书所占比例增长较快，占4.0%。综合来看，各类主题文学小说十分受韩国人欢迎。

表1 2010~2014年家庭每月娱乐消费和购书费用变化趋势

单位：韩元，%

项目	分类	2010年	2011年	2012年	2013年
娱乐文化	金额	126568	128946	135691	138991
书籍	金额	21902	20570	19026	18690
	比例	17.3	16.0	14.0	13.4

资料来源：文化体育观光部，《2015年韩国出版年鉴》

图书消费情况方面，2014年韩国每户家庭每月购买图书的平均费用约为18154韩元，占整体娱乐消费的12.4%，与2013年相比下降一个百分点，且连续5年呈下降趋势。相反，每月的娱乐文化消费逐年增长，购买书籍的费用所占比例越来越小，可见韩国国民在读书上花费越来越少，其中不乏受到电子书以及图书馆发展的影响（见表1）。

（四）图书馆情况

1. 公共图书馆情况

根据《2015年韩国图书馆年鉴》报告显示，2014年年末韩国共有公共图书馆930家，相比去年增加了65家。与对应韩国人口相比，2014年人均藏书量为1.75本，相比去年增加了0.11本（见表2）。

表 2　2014 年公共图书馆情况

分类	地方自治团体	教育厅	市立	合计
图书馆数（家）	679	232	19	930
职员数（名）	4235	3340	55	7630
藏书量（册）	57082012	31800779	733009	89615800
年图书馆使用者数（名）	135806901	58263171	501675	194571747
年使用图书数量（册）	102827998	34561982	585987	137975967
年度预算（千韩元）	506193120	225018063	4600159	732512359

资料来源：韩国文化体育观光部，《2015 年韩国图书馆年鉴》

2. 学校图书馆情况

学校图书馆通过支持和发展中小学丰富的读书教育及信息使用教育等多种校园学习活动，以达到高效的教育目标。目前韩国学校图书馆在中小学校中的普及率为96%，截至 2014 年年末，韩国共有 11495 所学校图书馆，与 2013 年相比增加了 90 所。其中小学图书馆占 53%，比例最高，其次为初中学校图书馆和高中学校图书馆，分别占 27% 和 20%（见表 3）。

表 3　2014 年学校图书馆分布情况

单位：所

分类	小学	初中	高中	合计
图书馆数量	6065	3110	2320	11495
比例（%）	53%	27%	20%	100%

资料来源：韩国文化体育观光部，《2015 年韩国图书馆年鉴》

2014 年韩国全国学校图书馆共藏书 16547 万册，与上一年相比小幅增加，但是相对于逐渐减少的学生数量，学校图书馆每年使用率依旧不断上升，可见学校图书馆发展较为活跃，相关的学习读书活动也不断积极展开。

与公共图书馆有所不同，学校图书馆的使用人群主要为校内学生、教师、学生父母等，非常有针对性，并且受到学校读书教育和信息使用教育项目的影响，在所有图书馆中的使用率也较高。

2014 年韩国学校图书馆使用人数为 7737.72 万名，与 2013 年相比大约增加了 150 万名。

就地方学校图书馆而言，2014 年京畿道地区的学校图书馆使用人数最多，占整体的23%，为 1765.98 万名（见表 4）。

表 4 2014 年学校公共图书馆资料情况

分类	藏书量（万册）	年使用图书数量（万册）	年图书馆使用者数（万名）
合计	165467	14034	7737.72

资料来源：韩国文化体育观光部，《2015 年韩国图书馆年鉴》

二、图书业发展状况

（一）概　况

2014 年韩国整体出版行业正处于百尺竿头更进一步的发展状态，虽能看出一丝光明，但是出版业生产指数依旧停滞。根据韩国出版版权研究所公布的《2014 年出版市场统计——主要出版社和书店销售盈利现状》结果显示，共有 86 家主要出版社在韩国金融监督院电子公示系统上提供年度报告，2014 年这些出版社的销售额为 5 兆 5010 亿韩元，与 2013 年的 5 兆 5147 亿韩元相比减少 1.8%，86 家出版社中 39 家销售额呈上升趋势，另外 47 家则为下降趋势。2014 年 86 家出版社总营业利润为 4051 亿韩元，与 2013 年相比增加 2.4%，其中 69 家出版社盈利，17 家出版社亏损。而 2014 年韩国七大零售书店（教保文库，YES24，InterParkINT，阿拉丁，永丰文库，首尔文库，Libor）的图书销售额为 1 兆 5954 亿韩元，与 2013 年相比增加 20 亿韩元，同比上涨 0.1%，营业利润为 154 亿韩元，比 2013 增加 85 亿韩元，同比增长率为 122.0%。由此可见，2014 年韩国的出版业情况明显好转，但仍然面临着巨大挑战和危机。

2014 年，韩国出版业的整体销售额为 20 兆 587 亿韩元，比 2013 年的 22 兆 7998 亿韩元减少了 1.0%。整体而言与 2013 年情况相似，除网络出版物流通业以外，其余各业收入都呈下降趋势。

从具体分析数据来看，2014 年出版产业的销售收入为 8 兆 7237 亿韩元，占全行业的 42.4%；印刷业为 3 兆 8656 亿韩元，占全行业的 18.8%；出版零售业、批发业（包括网络书店）的销售额为 7 兆 7861 亿韩元，占全行业的 37.8%；网络出版物流通业为 1549 亿韩元，占全行业的 0.8%；出版物租赁业为 564 亿韩元，占全行业的 0.3%。与 2013 年相比较，出版产业 2013 年收入减少了 0.2%，印刷业收入减少了 1.5%，出版零售业、批发业收入减少了 1.9%，出版物租赁业收入减少了 4.2%，网络出版物流业收入增加了 12.6%。

通过分析 2014 年韩国出版行业销售数据不难发现，只有网络出版物流通业呈现了比较乐观的发展态势，2012 年的销售额为 1232 亿韩元，2013 年为 1374 亿韩元，2014 年达到了 1548 亿韩元，保持稳定增长的趋势，2014 年比 2013 年增长了 12.6%，年平均增长率达到 12.1%。而出版业收入中，网络/手机电子出版业的发展情况最好，连续三年稳定增长，年平均增长率为 9.2%。出版物租赁业销售额由 2012 年的 626 亿韩元，2013 年的 589 亿韩元，到 2014 年的 564 亿韩元，呈下降趋势，2014 年比 2013 年下降了 4.1%，年平均下降率为 5.1%，在行业内各领域中下降最快。

1. 图书出版情况

近年来韩国的出版业一直处于萧条状态，发展困难、萎靡不振是近几年出版业内人士对于出版界情况作出的最多评价。但是根据统计资料来看，2014 年韩国出版业冰冷局势回暖，出版社收益上升，新刊册数增加，书店发展情况好转等趋势明显，尤其是网络/电子出版业发展态势良好，这其中可以说数字媒体起了很大作用。

2014 年韩国新刊图书发行量为 47589 种，共 9416 万 5930 册，种类数比 2013 年增加 10.3%，册数增加 8.8%。平均每种图书发行 1979 册，每册平均价格为 15631 韩元（见表 5）。

表 5　2006～2014 年图书发行种数册数情况

年份	发行种数		发行册数	
	总发行种数（种）	增减率（%）	总发行册数（册）	增减率（%）
2006 年	45521	+4.4	113139627	-5.5
2007 年	41094	-9.7	132503119	+17.1
2008 年	43099	+4.9	106515675	-0.3
2009 年	42191	-2.1	106214701	-19.6
2010 年	40291	-4.5	106309626	+0.1
2011 年	44036	+9.3	109550227	+3.0
2012 年	39767	-9.7	86906643	-20.7
2013 年	43146	+8.5	86513472	-0.5
2014 年	47589	+10.3	94165930	+8.8

资料来源：大韩出版文化协会（2015），文化体育观光部（2015）《2015 年韩国出版年鉴》

2014 年发行的 47589 种图书中，与 2013 年相比增加 10.3%，文学类图书共发行 10671 种，与 2013 年相比，增长 14.8%，占有率依旧保持最高，为整体的 22.4%。其次，社会科学类占整体 16.8%，儿童类占 15.3%，语言学类占 13.0%，综合类占 2.3%，这四个种类的图书相对前一年来说数量有所增长，其中综合类涨幅最大，为31.1%，个别类别的图书发行量均有小幅增加，儿童类图书发行种数与上一年相比依旧小幅减少。

2014 年共发行新版图书 9416 万 5930 册，与 2013 年相比增加 8.8%，与近两年发行量整体情况相比，呈回升趋势。

与 2013 年相比，2014 年韩国新版图书发行册数增加的类别为辅导书类（57.2%）、漫画类（18.3%）、综合类（8.7%）、哲学类发行册数减少 15.5%，其余依次为语言学（-8.5%）、文学（-4.8%）、历史（-1.7%）（见表6）。

表 6　2014 年图书具体类别发行种数册数情况

单位：种，册

区分	新刊发行种数				新刊发行册数			
	2013 年	2014 年	增减率	比例	2013 年	2014 年	增减率	比例
综合类	822	1078	+31.1	2.3%	1448055	1573663	+8.7	1.7%
哲学	1335	1367	+2.4	2.9%	2240181	1891984	-15.5	2.0%
宗教	1899	2078	+9.4	4.4%	3383512	3496409	+3.3	3.7%
社会科学	7097	8015	+12.9	16.8%	9618351	9651121	+0.3	10.2%
纯科学	645	718	+11.3	1.5%	782696	796439	+1.8	0.8%
技术科学	3880	4417	+13.8	9.3%	4871936	4985615	+2.3	5.3%
艺术	1402	1605	+14.5	3.4%	1936229	1940583	+0.2	2.1%
语言学	1399	1408	+0.6	3.0%	2185315	1999788	-8.5	2.1%
文学	9296	10671	+14.8	22.4%	15944736	15176140	-4.8	16.1%
历史	1283	1291	+0.6	2.7%	2064093	2028622	-1.7	2.2%
辅导书	1356	1462	+7.8	3.1%	10629890	16713268	+57.2	17.7%
儿童	7424	7269	-2.1	15.3%	24862658	26166569	+5.2	27.8%
小计	37838	41379	+9.4	87.0%	79967652	86420241	+8.1	91.8%
漫画	5308	6210	+17.0	13.0%	6545820	7745689	+18.3	8.2%
合计	43146	47589	+10.3	100.00%	86513472	94165930	+8.8	100.00%

资料来源：大韩出版文化协会（2015），文化体育观光部（2015），《2015 年韩国出版年鉴》

2014 年每种图书约发行 1979 册，与 2013 年的 2005 册相比减少 26 册，减少幅度较小，其中发行册数最多的种类为参考书类，共发行 11432 册，最少的种类为纯科学类图书，共发行 1109 册，与 2013 年数据相比，没有较大变化。

2014 年韩国图书的平均定价为 15631 韩元，与 2013 年（14678 韩元）相比上涨了 953 韩元，增长幅度较大。价格最高的图书种类是艺术类图书（28590 韩元），涨幅最大，其余依次为技术科学（24400 韩元），综合类（24050 韩元），社会科学（22347 韩元），价格最低的图书种类是漫画类（4959 韩元），其余依次为儿童类（10527 韩元），参考书类（11845 韩元），文学类（13229 韩元）。

出版图书页数方面，页数最多的图书种类为历史类，平均为 392 页，其余依次为社会科学（384 页），技术科学（366 页），综合类（365 页），纯科学（347 页）（见表 7）。

表 7　2014 年平均图书发行册数、定价、页数情况

区分	平均册数			平均定价			平均页数		
	2013 年	2014 年	增减率（%）	2013 年	2014 年	增减率（%）	2013 年	2014 年	增减率（%）
综合类	1762	1460	-17.2	20365	24050	+18.1	385	365	-5.2
哲学	1678	1384	-17.5	17405	17796	+2.2	341	327	-4.1
宗教	1782	1683	-5.6	13952	14762	+5.8	307	321	+1.6
社会科学	1355	1204	-11.1	21955	22347	+1.8	394	384	-2.5
纯科学	1213	1109	-8.6	21679	19771	-8.8	375	347	-7.5
技术科学	1256	1129	-10.1	24579	24400	-0.7	372	366	-1.6
艺术	1381	1209	-12.4	21262	28590	+34.5	260	266	+2.3
语言学	1562	1420	-9.1	16636	17554	+5.5	323	311	-3.7
文学	1715	1422	-17.1	11485	13229	+15.2	304	289	-4.9
历史	1609	1571	-2.3	20398	19713	-3.4	390	392	+0.5
辅导书	7839	11432	+45.8	11875	11845	-0.3	224	246	+9.8
儿童	3349	3600	+7.5	9932	10527	+6.0	109	104	-4.6
小计	2113	2089	-1.2	16055	17232	+7.3	293	290	-1.0
漫画	1233	1247	+1.2	4865	4959	+1.9	152	152	0.0
合计	2005	1979	-1.3	14678	15631	+6.5	276	272	-1.4

资料来源：大韩出版文化协会（2015），文化体育观光部（2015）《2015 年韩国出版年鉴》

就国外图书翻译情况来看，2014 年韩国翻译图书种类占整体图书出版种类的 21.8%，共有 10396 种，与 2013 年的 9301 种（21.6%）相比，增加了 11.8%。其中文学类翻译图书 2598 种，漫画类 1828 种，儿童类 1716 种，位列前三（见表 8）。

表 8 2013～2014 年翻译图书分类情况

单位：种，%

区分	综合类	哲学	宗教	社会科学	纯粹科学	技术科学	艺术	语言学	文学	历史	辅导书	儿童	漫画	合计
2014 年	165	579	508	1424	194	691	404	64	2598	225	0	1716	1828	10396
2013 年	121	589	474	1142	214	704	298	76	2130	215	0	1749	1589	9301
增减率（%）	+36.4	-1.7	+7.2	+24.7	-9.3	-1.8	+35.6	-15.8	+22.0	+4.7	0	-1.9	+15.0	+11.8

资料来源：文化体育观光部，《2015 年文化产业统计调查》

与 2013 年相同，翻译类图书偏重于美国和日本等国家，依次为日本 3725 种，美国 3031 种，英国 945 种，法国 641 种，德国 503 种，中国 480 种等（见表 9）。

表 9 2014 年翻译图书国家情况

单位：种

国家	日本	美国	英国	法国	德国	中国	其他	合计
2014 年	3725	3031	945	641	503	480	1071	10396

资料来源：文化体育观光部，《2015 年文化产业统计调查》

2. 图书发行情况

韩国新闻出版产业分为出版业、印刷业、出版零售批发业、网络出版物流业和出版物租赁业五大部分。包括这些在内的 2014 年韩国出版业整体销售规模为 20 兆 587 亿韩元，与前一年同期相比下降 1.0%，2012～2014 年三年间年平均下降 1.2%。具体来看，出版业 2014 年销售额为 8 兆 723 亿韩元，占整体 42.4%，出版零售/批发行业销售额为 7 兆 786 亿韩元，占整体 37.8%，其余依次为印刷业 3 兆 866 亿韩元（18.8%），网络出版流通业 155 亿韩元（0.8%），出版租赁业销售额为 56 亿韩元（0.3%）。

图书出版类（包括教科书及辅导书在内）的销售额为 4 兆 2 亿韩元，占整体的 19.5%。具体来看，教科书和辅导书的销售额与 2013 年对比增加了 1.5%，普通图书的销售额与去年相比下降了 2.0%。与前年相比，2014 年辅导书市场发展依旧良好，而图书市场仍然发展缓慢，并且呈现两极分化现象，需要注入新的市场发展动力（见表 10）。

表 10　2012～2014 年出版业各业种销售额情况

单位：百万韩元

大分类	小分类	2012 年	2013 年	2014 年	比重	同期对比增减率（%）	平均增减率（%）
出版业	图书出版业（纸质类出版物）	1276220	1248995	1223846	5.9	-2.0	-2.1
	教科书及辅导书出版业	2725004	2756693	2796877	13.6	+1.5	+1.3
	网络/手机电子出版业	190671	206935	227230	1.1	+9.8	+9.2
	报纸出版业	2835704	2797015	2756456	13.4	-1.5	-1.4
	杂志以及定期刊行物	1103149	1086599	1069632	5.2	-1.6	-1.5
	广告刊行物发行业	447552	451222	458265	2.2	+1.6	+1.2
	其他印刷物出版业	190062	190768	191425	0.9	+0.3	+0.4
	小计	8768362	8738227	8723731	42.4	-0.2	-0.3
印刷业	印刷	4015990	3924346	3865632	18.8	-1.5	-1.9
出版零售/批发业	书籍和杂志类批发业	2850812	2794537	2743469	13.3	-1.8	-1.9
	书籍和杂志类零售业	5276229	5146300	5042680	24.5	-2.0	-2.2
	小计	8127041	7940837	7786149	37.8	-1.9	-2.1

续表

大分类	小分类	2012 年	2013 年	2014 年	比重	同期对比增减率（%）	平均增减率（%）
网络出版物流通业	网络/手机电子出版服务业	123246	137480	154862	0.8	+12.6	+12.1
出版物租赁业	书籍租赁业（漫画除外）	62648	58899	56415	0.3	-4.2	-5.1
合计		21097287	2079978	20586789	100.0	-1.0	-1.2

资料来源：文化体育观光部，《2015 年文化产业统计调查》

（二）图书细分市场情况

1. 整体情况

这一部分，我们将从文学、儿童、辅导书等几方面来了解一下 2014 年韩国图书市场的发展状况。

总体来看，2013 年发行的 47589 种图书中，综合类增长 34.1%，漫画类增长 17%，文学类增加 14.8%，这三个种类的图书相对前一年来说涨幅较大，除了儿童类图书发行种数小幅减少，其他类别的图书发行量均有小幅增加，其中文学类图书共发行 10671 种，占有率最高，为整体的 22.4%。

2014 年韩国出版的文学类图书共有 10671 种，与 2013 年的 9296 种相比增加了 14.8%，发展较为活跃。2014 年韩国文学处于内外双重挑战的环境，与去年销售情况不佳相同，根据网络书店 YES24 的统计，2014 年文学类图书的销售额占有率从 2013 年的 6.1% 下跌至 5.2%。此外，受 2014 年 4 月 16 号“岁月号”事件的外部影响，文学的未来发展趋势、本质等问题也受到拷问。

2014 年韩国儿童图书出版仍旧呈现下跌趋势，共出版儿童类图书 7269 种，相比 2013 年的 7424 种减少 2.1%，而发行册数相反增加 5.2%，2014 年共发行 2616 万 6596 册，占整体的 27.8%。但是其中韩国本土儿童文学作品只有 350 多种，且在大型书店的畅销书排行榜上无迹可寻，由迪士尼电影改编的《冰雪奇缘》等外国儿童文学作品却荣登三家大型书店的畅销榜。

韩国的辅导书 2014 年出版 1462 种，2013 年为 1356 种，略有增长，而发行册数则大幅增长，与 2013 年相比增加了 57.2%。

2013 年韩国共发行新版图书 9416 万 5930 册，与 2013 年相比增加 8.8%，经过前几年的低潮期后发展趋势转好。

与2013年相比，2014年韩国新版图书发行册数增加最多的类别为辅导书类（57.2%），漫画类（18.3%），综合类（8.7%），哲学类发行册数减少15.5%，其余依次为语言学（-8.5%），文学（-4.8%），历史（-1.7%）（见表11）。

表11 2013～2014年图书具体类别发行种数册数情况

单位：种，册

区分	新刊发行种数				新刊发行册数			
	2013年	2014年	增减率(%)	比例	2013年	2014年	增减率(%)	比例
综合类	822	1078	+31.1	2.3%	1448055	1573663	+8.7	1.7%
哲学	1335	1367	+2.4	2.9%	2240181	1891984	-15.5	2.0%
宗教	1899	2078	+9.4	4.4%	3383512	3496409	+3.3	3.7%
社会科学	7097	8015	+12.9	16.8%	9618351	9651121	+0.3	10.2%
纯科学	645	718	+11.3	1.5%	782696	796439	+1.8	0.8%
技术科学	3880	4417	+13.8	9.3%	4871936	4985615	+2.3	5.3%
艺术	1402	1605	+14.5	3.4%	1936229	1940583	+0.2	2.1%
语言学	1399	1408	+0.6	3.0%	2185315	1999788	-8.5	2.1%
文学	9296	10671	+14.8	22.4%	15944736	15176140	-4.8	16.1%
历史	1283	1291	+0.6	2.7%	2064093	2028622	-1.7	2.2%
辅导书	1356	1462	+7.8	3.1%	10629890	16713268	+57.2	17.7%
儿童	7424	7269	-2.1	15.3%	24862658	26166569	+5.2	27.8%
漫画	5308	6210	+17.0	13.0%	6545820	7745689	+18.3	8.2%
合计	43146	47589	+10.3	100.00%	86513472	94165930	+8.8	100.00%

资料来源：大韩出版文化协会（2015），文化体育观光部（2015），《2015年韩国出版年鉴》

2. 畅销书情况

2014年畅销书中面临最大危机的图书领域为国内文学，不仅是新版图书的发行量减少，与2010年相比，在畅销书排行榜的比重也直线下降，几乎减少50%。受到韩国经济不景气的影响，商业与经济类图书人气也直线下降（见表12）。

表12 2010~2014年畅销书籍前100位领域种数

领域	2011年	2012年	2013年	2014年	增减率（%）
家庭生活	10	6	13	12	-8
健康兴趣	2	3	1	2	+100
韩国文学	20	21	17	12	-29
国文及外国语	10	10	10	11	+10
经济/经营	7	6	3	6	+100
社会	5	6	1	3	+200
少儿	6	4	4	5	+25
历史文化	2	2	1	2	+100
艺术/大众文学	0	0	3	1	-67
幼儿	7	5	7	10	+43
人文	4	4	7	5	-29
自我开发	13	19	16	13	-19
宗教	3	3	2	1	-50
青少年	2	1	1	1	0
海外文学	9	10	14	16	+14

资料来源：大韩出版文化协会（2015），文化体育观光部（2015），《2015年韩国出版年鉴》

在过去五年间，韩国读者的阅读范围呈现多样化趋势，尤其是从2013年开始几乎每个领域都有一本以上的畅销书，家庭、健康、艺术、人文等与生活息息相关的图书越来越受到重视和欢迎。2014年儿童类图书占整体的10%，类似《爱你，爱你，爱你》《苹果和豆子》等幼儿图书长期受到读者的欢迎。

（三）版权输出情况

根据最近六年的统计数据显示，2012年至2014年的版权输出情况明显好于2009年至2011年，各领域的图书版权出版形势稳定发展。

此次调查以韩国文化体育观光部上注册登记的883家代理公司中有实际业绩的37家为对象，进行2014年韩国出版产业版权输出情况的调查整理。数据显示，2012年245家出版单位共输出版权1160种，共计2204个，2013年295家出版单位共输出版权1217种，共计2171个，2014年314家出版单位共输出版权1247种，共计2151个，连续三年输出版权数量超过2000个。从下表中可以看出，在版权输出的种类上儿童类和漫画类虽然涨幅有变化，但是一直占很大比率，处于核心位置（见表13）。

表 13　2009～2014 年版权输出趋势

单位：个

分类	2009 年	2010 年	2011 年	2012 年	2013 年	2014 年
综合类	126	168	142	92	83	133
哲学	0	1	0	0	0	13
宗教	1	7	0	0	0	0
人文科学	0	39	0	0	0	0
社会科学	40	63	57	100	134	83
纯科学	6	38	14	35	4	22
技术科学	44	39	22	131	139	29
艺术	22	23	24	1	1	37
语言学	228	238	40	58	34	149
文学	86	139	115	145	158	119
历史	2	9	0	2	2	58
辅导书	78	16	203	74	25	45
儿童	711	1048	759	492	719	872
漫画	283	121	211	1074	872	591
合计	1627	1959	1587	2204	2171	2151

资料来源：韩国文化体育观光部（2015），《2015 文化产业统计》

表 14　2012～2014 年出版产业版权输出对象地区情况

单位：个

类别	亚洲	欧洲	北美	中东	中南美	非洲	合计
2012	1878	81	86	141	18	0	2204
2013	1964	76	68	15	37	11	2171
2014	1806	252	71	4	18	0	2151
合计	5648	409	225	160	73	11	6526
比重	86.5%	6.3%	3.4%	2.5%	1.1%	0.2%	100.0%

资料来源：韩国文化体育观光部（2015），《2015 文化产业统计》

在输出对象地区中，由于地理位置的影响，2012～2014 年三年间对亚洲地区的版权输出依赖度非常高，占整体的 86.5%，其次分别为欧洲（6.3%）、北美（3.4%）、中东（2.5%）、中南美（1.1%）、非洲（0.2%），尤其是 2009 年韩流席卷全球，中南美及非洲地区也开始不断引进韩国文化产业版权。其中在输出对象为亚洲的情况下，2014 年韩国对华输出出版业版权共 884 个，占亚洲整体的 48.9%，中国无疑是韩国出版业版权输出的最大市场（见表 14）。

表 15 2012～2014 年出版业出口及进口额情况

单位：千美元

区分	2012 年	2013 年	2014 年	同期对比增减率（%）	年平均增减率（%）
出口额	245154	291863	247268	－15.3	＋0.4
进口额	314305	254399	319219	＋25.5	＋0.8
进出口逆差	－69151	37464	－71951	－291.1	—

资料来源：韩国文化体育观光部（2015），《2015 韩国文化产业统计》

在韩国出版业进出口方面，2014 年韩国出版业出口额约为 24727 万美元，与 2013 年相比同期下降 15.3%（见表 15）。对北美、日本、中国的出口额占很大比重，分别为 26.8%、24.5% 以及 15.6%，相比 2013 年，没有大幅变化（见表 16）。在韩国出版业海外输入方式上，可以看出韩国的出版输出方式在 2014 年略微发生变化，海外展会及活动所占比率大幅上涨，占 12.3%，超过海外法人成为韩国第二大出版输出方式，但是其中仍然是主要依靠国内代理商进行运作，所占比重最大，为 47.7%，其次分别为通过海外法人（11.1%）、海外代理商（10.3%）等（见表 17）。

表 16 2012～2014 年出版业对各国及地区出口额情况

单位：千美元

国家及地区	2012 年	2013 年	2014 年	比重（%）	同期对比增减率（%）	年平均增减率（%）
中国	37508	45430	38541	15.6	－15.2	＋1.4
日本	61289	74560	60584	24.5	－18.7	－0.6
东南亚	29418	35314	29457	11.9	－16.6	＋0.1
北美	66192	76933	66189	26.8	－14.0	＋0.0
欧洲	16180	19520	13956	5.6	－28.5	－7.1
其他	34567	40106	38541	15.6	－3.9	＋5.6
合计	245154	291863	247268	100.0	－15.3	＋0.4

资料来源：韩国文化体育观光部（2015），《2015 韩国文化产业统计》

表 17 2012～2014 年出版业海外输入方式

单位：%

海外输出方式		2012 年	2013 年	2014 年	同期对比增减率（%）
直接输出	海外展览会及活动	10.0	9.6	12.3	＋28.1
	海外流通公司	10.7	10.7	9.6	－10.3
	在线海外销售	2.5	2.5	1.7	－32.0
	海外法人	11.3	11.4	11.1	－2.6

续表

海外输出方式		2012 年	2013 年	2014 年	同期对比增减率（%）
间接输出	国内代理商	46.2	46.4	47.7	+2.8
	海外代理商	10.2	10.4	10.3	-1.0
其他		9.1	9.1	7.3	-19.8
合计		100.0	100.0	100.0	-68.5

资料来源：韩国文化体育观光部（2015），《2015 文化产业统计》

（四）电子出版情况

2014 年韩国出版市场整体发展趋势仍然迟缓，而韩国国内的整体电子书市场虽然持续增长，但是发展速度较为缓慢，使用过电子书以及今后将持续使用电子书的读者不断上升（见表 18）。随着智能手机与平板电脑等智能终端在韩国的快速普及，韩国电子出版市场呈直线上升趋势，其中电子书和手机阅读的增长速度最快。2014 年韩国电子书市场可以用一句话来概括，那就是“静中有动的时代”，虽然没有明显的增长态势，但仍然可以看出一些电子书种类的发展。

表 18　2010～2014 年电子出版产业市场规模

单位：亿韩元

年份	2010 年	2011 年	2012 年	2013 年	2014 年
市场规模	1975	2881	3250	5838	7063

资料来源：韩国文化体育观光部（2015），《2015 文化产业统计》

韩国电子出版协会根据《文化产业振兴法》第 23 条，通过注册管理机关（电子书领域），对电子出版物进行认证，记载入文化产业识别系统。通过表格可以看出，韩国电子出版物认证数量连续三年呈下降趋势，2012 年为 505217 种，到达高峰，之后开始走下坡路，2014 年认证数量为 368404 种（见表 19）。虽然在过去几年中各企业持续在出版业大量投资，大部分纸质书已经转换成电子版，但是电子书的销售量为整体图书销售量的 3% 左右，增长趋势平稳，没有达到预期效果，因此近几年对电子出版产业的投资逐渐减少，这也是导致电子出版物注册种类下降的主要原因。电子出版产业连续三年的萎缩趋势让人不得不开始忧虑出版产业的未来。

表 19　2010～2014 年电子出版物认证情况

单位：件

类别	2010 年	2011 年	2012 年	2013 年	2014 年
综合类	114216	4790	19966	23268	19480

续表

类别	2010 年	2011 年	2012 年	2013 年	2014 年
哲学	7569	234	7569	4014	4221
宗教	19008	198	13731	11384	5579
社会科学	53008	5131	106947	59888	60940
纯粹科学	9792	251	22410	22670	19490
技术科学	84118	8699	169141	159841	171451
艺术	29069	7282	104055	27281	34714
语言	6053	1674	14181	5281	9735
文学	28192	16753	34291	48304	28609
历史	9815	310	12926	8909	14185
合计	360840	45322	505217	370840	368404

资料来源：韩国电子出版协会（2015）

（五）主要出版相关企业情况

1. 出版社情况

2014 年，根据《出版文化产业振兴法》，上报注册的国内出版社有 46982 家，比 2013 年增加 6.4%（见表 20）。1987 年 10 月，政府为发展出版业实施措施，使出版社注册逐渐开放自由化，到了 1988 年，韩国国内出版社数量剧增到 4397 家，与 1987 年当时的 3000 家相比，增加了 46.4%，每年都呈上升趋势。2003 年 2 月 27 日《出版印刷振兴法》实施后，出版社或者印刷厂必须在政府登记，不过依旧呈不断增长趋势。2014 年，韩国全国出版社中的 78.9%（37067 家）都聚集在首尔仁川京畿道附近，其中 27793 位于首尔。

表 20　2010～2014 年出版社数量增加趋势

单位：家

年份	2010 年	2011 年	2012 年	2013 年	2014 年
出版社数量	35626	38170	42157	44148	46982
同比增长率（%）	1.2	7.1	10.4	4.7	6.4
无业绩出版社数量	33033	35555	39620	41114	44087
无业绩出版社比率（%）	92.6	93.1	94.0	93.1	93.8

资料来源：大韩出版文化协会（2015），《出版产业动向》（2014 下）

在韩国出版社 2014 年一年间的出版业绩方面，大韩出版文化协会以样本图书为基准发行的种类为调查对象进行统计，其结果如下：2014 年新书出版种类为 46982 种。其中，发行五种以下图书的出版社占韩国整体出版社的 3.2%，6～10 种占 1.0%，11～20 种占 0.8%，其中发行 1 种图书以上的出版社为 2895 家，同比减少 4.6%。

2014 年，在韩国政府登记的出版社中，发行业绩为零的出版社占整体的

93.8%，为44078家，与2013年相比有小幅增加（见表21）。

表21　2010～2014年出版业绩类别出版社数量分布

单位：家

发行种数	2010年		2011年		2012年		2013年		2014年	
	出版社数量	比重（%）	出版社数量	比重（%）	出版社数量	比重（%）	出版社数量	比重（%）	出版社数量	比重（%）
1～5	1369	3.8	1315	3.4	1340	3.2	1620	3.7	1486	3.2
6～10	428	1.2	446	1.1	412	1.0	459	1.0	488	1.0
11～15	232	0.7	241	0.6	201	0.5	285	0.6	234	0.5
16～20	137	0.4	124	0.3	137	0.3	147	0.3	152	0.3
21～30	177	0.5	167	0.4	162	0.4	169	0.4	178	0.4
31～40	89	0.2	86	0.2	79	0.2	95	0.2	86	0.2
41～50	37	0.1	44	0.1	38	0.1	51	0.1	53	0.1
51～100	78	0.2	100	0.3	101	0.2	114	0.3	116	0.2
101～200	38	0.1	56	0.1	38	0.1	54	0.1	55	0.1
200以上	38	0.1	36	0.1	29	0.1	40	0.1	47	0.1
小计	2623	7.4	2615	6.9	2537	6.0	3034	6.9	2895	6.2
无业绩出版社数量	33003	92.6	35555	93.1	39620	94.0	41114	93.1	44078	93.8
出版社总数	35626	100.0	38170	100.0	42157	100.0	44148	100.0	46982	100.0

资料来源：大韩出版文化协会（2015）

2014年韩国出版社数量整体增加，但是没有业绩的出版社数量也随之增多，其中发行101种以上的大中型出版社减少，大约有87家，同比下降1.1%。一些小型出版社或者一人独立出版社不断增长，导致韩国出版社整体状况呈现“分裂化”现象，大中型出版社发展碰壁，陷入停滞状态。

2. 印刷厂情况

得益于《印刷文化产业振兴法》，2014年上报注册的印刷企业共有12196家，与2013年相比增加了7.6%（见表22）。

表22　印刷厂数量增加趋势

单位：个

年份	2010年	2011年	2012年	2013年	2014年
印刷厂数	10852	10870	11703	12265	13196
增加率	-0.7	0.2	7.7	4.8	7.6

资料来源：文化体育观光部（2015），《韩国印刷厂登录现状》

3. 书店情况

（1）韩国七大主要书店

根据韩国电子公示系统上发布的报告书可知，韩国主要的大型零售书店和网络书店主要有7家，分别为：教保文库、YES24、阿拉丁、INTERPARK、首尔文库、永丰文库、LIBRO等。这些书店除了销售图书，也进行其他购物和销售旅游产品。其中，教保文库、首尔文库、永丰文库兼顾实体书店和网络书店，YES24、INTERPARK、阿拉丁、LIBRO则为专门的网络书店。下面我们以INTERPARK书店为例分析其2014年的业绩（见表23）。

表23 2011~2014年INTERPARK书店业绩状况

单位：百万韩元

分类	2011年		2012年		2013年		2014年	
	销售额	营业收益	销售额	营业收益	销售额	营业收益	销售额	营业收益
合计	351321	7562	356278	15403	385593	20476	407330	17136
1. 图书	238677	-898	214640	619	221505	-704	189573	-6706
2. 购物	57387	3173	53471	2238	55636	1515	69913	-2398
3. ENT	35448	5154	62642	11344	68661	12980	86951	14873
4. 旅游	19809	132	25525	1202	39791	6685	60893	11368

资料来源：2014年INTERPARK事业报告书

图书销售虽然占了INTERPARK书店的大部分，但是发展状况却不佳，2014年销售额约为1895亿，盈利额连续亏损两年，业绩不佳。

（2）主要书店销售状况

表24 2011~2014年7大大型零售书店销售情况

单位：百万韩元，%

2014销售排名	2013销售排名	书店名	2011年		2012年		2013年		2014年	
			销售额	增减率（%）	销售额	增减率（%）	销售额	增减率（%）	销售额	增减率（%）
1	1	教保文库	533454	+8.8	555679	+4.2	535180	-3.7	524540	-2.0
2	2	YES24	355287	+6.1	340055	-4.3	330426	-2.8	353652	+7.0
3	4	阿拉丁	156011	+13.0	168352	+7.9	197714	+17.4	232827	+17.8
4	3	INTERPARK（图书部分）	238677	—	214640	-10.1	221505	+3.2	189573	-14.4
5	5	首尔文库	120553	+3.8	152392	+26.4	159894	+4.9	144973	-9.3
6	6	永丰文库	87460	-31.6	106549	+21.8	119448	+12.1	120539	+0.9
7	7	LIBRO	38537	-6.6	35105	-8.9	29224	-16.8	29300	+0.3
合计			1529979	—	1572772	+2.8	1593391	+1.3	1595404	+0.1

资料来源：金融监督院电子公示系统，2014年七大书店监事报告书

文化体育观光部（2015），《2015年韩国出版年鉴》

表 25　2011～2014 年主要书店销售额情况

单位：百万韩元，%

2014 盈利排名	2013 盈利排名	书店	2011 年		2012 年		2013 年		2014 年	
			销售额	盈利额	销售额	盈利额	销售额	盈利额	销售额	盈利额
			增减率(%)	增减率(%)	增减率(%)	增减率(%)	增减率(%)	增减率(%)	增减率(%)	增减率(%)
			—	盈利率	—	盈利率	—	盈利率	—	盈利率
1	1	阿拉丁	156011	4190	168352	5989	197714	6847	232827	8232
			+13.0%	+63.9%	+7.9%	+42.9%	+17.4%	+14.3%	+17.8%	+20.2%
			—	+2.7%	—	+3.6%	—	+3.5%	—	+3.5%
2	2	YES24	355287	5207	340055	7210	330426	3234	353652	6259
			+6.1%	-1.9%	-4.3%	+38.5%	-2.8%	-55.1%	+7.0 %	+93.5%
			—	+1.5%	—	+2.1%	—	+1.0%	—	+1.8%
3	7	教保文库	533454	1638	555679	1448	535180	-5609	524540	4366
			+8.8%	扭亏	+4.2%	-11.6%	-3.7%	亏损	-2.0%	扭亏
			—	+0.3%	—	+0.3%	—	-1.0%	—	+0.8%
4	3	永丰文库	87460	-1091	106549	-206	119448	1493	120539	1707
			-31.6%	亏损	+21.8%	减亏	+12.1%	扭亏	+0.9%	+14.3%
			—	-1.2%	—	-0.2%	—	+1.2%	—	+1.4%

续表

2014 盈利排名	2013 盈利排名	书店	2011 年		2012 年		2013 年		2014 年	
			销售额	盈利额	销售额	盈利额	销售额	盈利额	销售额	盈利额
			增减率（%）	增减率（%）	增减率（%）	增减率（%）	增减率（%）	增减率（%）	增减率（%）	增减率（%）
			—	盈利率	—	盈利率	—	盈利率	—	盈利率
5	4	LIBRO	38537	356	35105	472	29224	884	29300	782
			-6.6%	-70.7%	-8.9%	+32.6%	-16.8%	+87.3%	+0.3%	-11.5%
			—	+0.9%	—	+1.3%	—	+3.0%	—	+2.7%
6	5	首尔文库	120553	916	152392	276	159894	783	144973	743
			+3.8%	+39.0%	+26.4%	-69.9%	+4.9%	+183.7%	-9.3%	-5.1%
			—	+0.8%	—	+0.2%	—	+0.5%	—	+0.5%
7	6	INTER-PARK	238677	-898	214640	619	221505	-704	189573	-6706
			—	—	-10.1%	扭亏	+3.2%	亏损	-14.4%	亏损
			—	-0.4%	—	+2.9%	—	-0.3%	—	-3.5%
合计			1529979	10318	1572272	15808	1593391	6928	1595404	15383
同比增减额（增减率）			—	—	42293（+2.8%）	5490（+53.2%）	21119（+1.3%）	-8880（-56.2%）	2013（+0.1%）	8455（+122.0%）
盈利率			—	+0.7%	—	+1.0%	—	+0.4%	—	+1.0%

资料来源：韩国著作出版研究院，《2014 年出版统计》

韩国金融监督院电子公示系统（http：//dart. fss. or. kr）

从表24中我们可以看出，2014年韩国七大大型书店的销售额为1兆5954亿韩元，与前年相比增长0.1%，增加了20万韩元。2012年的整体增减率为2.8%，2013年为1.3%，到了2014年则下跌至0.1%，发展缓慢，情况不容乐观。其中阿拉丁和YES24两家书店发展态势较好，销售额与前年相比大幅上升，分别为17.8%和7%，但是其余5家书店的销售额增长趋势则陷入停滞状态，呈现零增长或者负增长，可见韩国书店整体的发展态势不算良好。

另外，据韩国统计局《2014年韩国网络购物动态研究》（2015.4.29），2014年韩国网络购买图书的交易额为1兆2804亿韩元，与2013年1兆1961亿韩元相比增加843亿韩元，增长率为7.0%，韩国网购图书的现象呈上升发展趋势，由此我们可分析得出韩国大型实体书店市场受到了不小的冲击。

（3）韩国主要书店盈利状况

2014年，韩国七大大型零售书店的营业收益为154亿韩元，与前年对比增加了85亿，同比增长122个百分比，与2013年勉强维持的0.4%盈利率相比，2014年主要书店的盈利率上升至1.0%，恢复到了2013年的水平（见表25）。

（4）韩国网络书店

从2012年起，韩国的网络书店销售额一直呈下降趋势，直至2014年回升至12804亿韩元，同比增长7.0%。2014年销售额位列前三位的书店分别为YES24（4160亿韩元）、阿拉丁（2328亿韩元）、INTERPARK（1896亿韩元）（见表26、27）。

表26　2005～2014年网络书店销售额变化趋势

单位：亿韩元

年度	2005年	2006年	2007年	2008年	2009年	2010年	2011年	2012年	2013年	2014年
销售额规模	4957	6227	7442	8752	10298	11691	12743	12728	11962	12804
增减率（%）	+32.4	+26.6	+18.6	+17.6	+17.7	+13.5	+9.0	-0.1	-6.0	+7.0

资料来源：韩国国家统计局国家统计信息门户（KOYESIYES），《2014年网络购物动向调查》

韩国网络书店中销售额前四位的四家书店销售额以及同比增减率如下所示（见表28），2014年整体相对于2013年增长了2.8%，总体上涨趋势良好。根据2011年至2014年四年间的发展趋势可以看出，每家书店根据各自的市场战略和核心服务呈现出不同的增长趋势，例如2011年YES24书店加强配送服务，2012年教保文库实施速递服务，2013年INTERPARK书店改变市场战

表 27　2010～2014 年网络书店运营形态类别销售额发展趋势

单位：亿韩元

分类		2010 年		2011 年		2012 年		2013 年		2014 年	
		交易额	比重（%）	交易额	比重（%）	交易额	比重（%）	交易额	比重（%）	交易额	比重（%）
书籍交易		1169144	100	1274274	100	1272782	100	1196163	100	1280404	100
运营形态	Online only	911087	77.9	1020173	80.1	991977	77.9	910150	76.0	984923	76.9
	On/off-line	258057	22.1	254101	19.9	280804	22.1	286013	24.0	295481	23.1
图书种类	综合类	401985	34.3	433184	34.0	402590	31.6	389324	32.5	469258	36.6
	专业类	767159	65.7	841090	66.0	870191	68.4	806825	67.5	811146	63.4

资料来源：韩国国家统计局国家统计信息门户（KOYESIYES），《2014 年网络购物动向调查》

表 28　2011～2014 年四大网络书店销售额及增减率

单位：亿韩元

书店名称	2011 年		2012 年		2013 年		2014 年	
	销售额	同期对比	销售额	同期对比	销售额	同期对比	销售额	同期对比
YES24	4457	+10.2%	4340	-2.6%	4122	-5.0%	4465	+8.3%
INTERPARK 图书	2549	-12.4%	2268	-11.0%	2413	+6.4%	2000	-17.1%
网络教宝文库	1792	+1.1%	1848	+3.1%	1892	+2.4%	1956	+3.4%
阿拉丁	1319	+3.9%	1247	-5.5%	1290	+3.4%	1568	+21.6%
合计	10117	+1.2%	9703	-4.1%	9171	+0.1%	9989	+2.8%

资料来源：韩国文化体育观光部（2015），《2015 年韩国出版年鉴》

略，2014 年阿拉丁扩大二手书市场等。2014 年的销售额逐渐恢复至 2011 年水平，增长至 9989 亿韩元。2014 年整体图书流通市场销售额大约 2 兆 5000 亿韩元，四大网络书店所占比重约为 40%，并不断扩大，但是光靠网络书店的销售额是无法持续促进整体图书市场发展的。

三、报刊业发展状况

（一）报纸、网络报纸

1. 定期刊物注册情况

以 2014 年 12 月 31 日为准，韩国定期刊物共 17607 种，其中日刊报纸有 373 种，其他日刊有 360 种，周刊有 3289 种，杂志有 7616 种，网络报纸有 5950 种，通信类报纸有 18 种。网络报纸与去年相比增加 1034 种，是种类增加最多的媒体，与 2008 年相比，增加了 4635 种，也是涨幅最大的媒体数（见表 29）。

表 29　2008～2014 年定期刊行物注册种类发展趋势

单位：种

年份	日刊报纸	其他报纸	周刊报纸	杂志			网络报纸	通信	合计
				月刊	其他	小计			
2008 年	264	362	2847	3870	2041	5911	1315	3	10702
2009 年	299	360	2658	5262	2694	7956	1698	4	12975
2010 年	338	339	2868	3936	2111	6047	2484	5	12081
2011 年	352	336	2891	4209	2275	6484	3193	12	13268
2012 年	324	369	3014	4512	2416	6928	3914	14	14563
2013 年	363	353	3138	4697	2560	7257	4916	15	16042
2014 年	374	360	3289	4905	2711	7616	5950	18	17607

资料来源：韩国文化体育观光部（2015），《定期刊行物注册情况》

2. 经营状况

截至 2014 年 12 月 31 日，韩国舆论振兴财团以地方自治团体上注册登录的定期刊行物种中正常发行的日刊报纸和全国综合周刊报纸等为对象进行调查。此次调查结果显示，2014 年韩国纸质报纸和网络报纸的销售额整体为 3 兆 4979 亿韩元，与 2013 年相比下降 1. 3%。其中纸质报纸的销售额为 3 兆 558 亿韩元，占报纸产业销售额整体的 87. 4%，网络报纸销售额则为 4421 亿韩元，约占整体的 12. 6%（见表 30）。

表30 2014年报纸产业销售情况

单位：百万韩元

区分	广告收益	比率（%）	附加产业及其他产业收益	比率（%）	纸质新闻销售收益	比率（%）	网络收益	比率（%）	合计	比率（%）	比率（%）
日刊	1614559	59.8	624487	23.1	368866	13.7	93261	3.4	2701173	100.0	77.2
周刊	164348	46.4	54289	15.3	124529	35.1	11463	3.2	354629	100.0	10.2
纸质报纸	1778907	58.2	678776	22.2	493395	16.2	104724	3.4	3055802	100.0	87.4
网络报纸	175665	39.7	213577	48.3	—	—	52844	12.0	442086	100.0	12.6
合计	1954572	55.9	892353	25.2	493395	14.1	157568	4.5	3497888	100.0	100.0

资料来源：韩国舆论振兴财团，《2015年报纸产业实况调查》

2014年韩国日刊报纸的销售额为2兆7012亿韩元，占整体的77.2%，其中销售额最高的报社为全国综合日刊类，所占比例约为40.5%，为1兆4154亿韩元。其次是经济日刊类，销售额为6661亿韩元（19.0%）。地方综合日刊类销售额为200亿韩元，排列第三，所占比例约为12.0%（见表31）。

表31 2013~2014年报纸产业销售情况对比

单位：百万韩元

种类		销售额
纸质报纸	2013年	3147210
	2014年	3055802
	同比增减率（%）	-2.9
网络报纸	2013年	395865
	2014年	442086
	同比增减率（%）	+11.7
合计	2013年	3543075
	2014年	3497888
	同比增减率（%）	-1.3

资料来源：韩国舆论振兴财团，《2015年报纸产业实况调查》

2014年报纸产业从业者共36983名，具体来看日刊报纸有15470名（41.8%），周刊报纸有8053名（21.8%），网络报纸从业者有13460名（36.4%），这其中记者共有24555名。韩国舆论财团认为，2014年媒体数量增加，但是销售额却减少，主要是由于占87.4%的纸质新闻销售额大幅下降导致的。

（二）期刊情况

1. 期刊注册情况

根据韩国文化体育观光部的统计（见表32），2014年韩国期刊的注册种数依旧呈持续增长趋势，共有7616种，与2013年的7256种相比，增加5%。其中，月刊有4905种，双月刊665种，季刊1495种，半年刊有551种。与2012年相比，双月刊期刊和半年刊期刊涨幅最大。

2010年开始，韩国的注册期刊种数持续增加，其原因为利用相对较少的人力和费用创办的可以提供专业信息的专门期刊的大幅增加。因此，在期刊产业的收益性低下和经营环境恶化的现状下，整体的期刊注册种数还是会暂时呈上升趋势。

表32　2010～2014年注册期刊种数变化趋势

单位：种

年份	月刊	双月刊	季刊	半年刊	合计
2010年	3936	542	1161	408	6047
2011年	4209	584	1266	425	6484
2012年	4512	611	1354	451	6928
2013年	4697	646	1408	506	7257
2014年	4905	665	1495	551	7616

资料来源：韩国文化体育观光部，《定期刊行物注册状况》（2014.12月末）

不仅如此，韩国期刊的创刊和停刊的状况也在发生变化。2014年创刊期刊共有617种，停刊期刊372种，创刊期刊种数是停刊期刊种数的近2倍。创刊期刊数量大幅减少的2010年，停刊期刊是新注册期刊数量的3倍多。韩国期刊协会对于这个现象发生的原因进行分析发现，这段时期，广域自治团体（广域市或道）注册的期刊以及定期刊行物的注册业务移交至基础自治团体（市郡区），因此注册办事处在行政程序上发生变化，停刊的数量也就大幅上升。从2011年开始，创刊期刊和停刊期刊的差异逐渐缩小，整体没有大的变动（见表33）。

表33　2010～2014年期刊创刊和停刊状况

单位：种

年份	2010年	2011年	2012年	2013年	2014年
创刊	835	861	816	666	617
停刊	2744	424	383	266	372
整体注册数	6047	6484	6928	7256	7616

资料来源：韩国文化体育观光部，《定期刊行物注册状况》（2014.12月末）

2. 经营状况

2014 年的期刊产业整体销售额为 1 兆 3754 亿韩元，大约为报纸产业销售额的 40%，与 2013 年的 1 兆 5927 亿韩元相比下降 13. 6%。该数据以调查对象 2509 家期刊社为准推测得出。2014 年，大约一半（49. 9%）的期刊社销售额不到 1 亿韩元，与 2013 年相比比率上升。根据表格可知期刊的发行种数、发行册数、从业者数量越多，平均销售额也越多，女性、生活环境、健康医学领域的期刊平均销售额为 10 亿 600 万韩元（见表 34）。

表 34　2014 年期刊产业销售情况

单位：%

分类		期刊社数量	1 亿韩元以下	1 亿～3 亿韩元	3 亿～6 亿韩元	6 亿～10 亿韩元	10 亿韩元以上	小计	平均（百万韩元）	合计（百万韩元）
		（2509）	**49. 4**	**25. 7**	**5. 9**	**3. 3**	**15. 7**	**100. 0**	**548. 2**	**1375393**
发行种数	1 种	（2386）	49. 8	26. 0	5. 4	3. 1	15. 6	100. 0	485. 4	1158158
	2 种	（98）	43. 9	23. 5	11. 2	7. 1	14. 3	100. 0	1174. 4	115087
	3 种	（25）	28. 0	12. 0	24. 0	12. 0	24. 0	100. 0	4085. 9	102147
是否付费	付费	（536）	46. 3	26. 9	13. 1	5. 0	8. 8	100. 0	1185. 0	635140
	免费	（517）	81. 8	12. 8	3. 3	1. 2	1. 0	100. 0	147. 6	76335
	不确定	（1456）	39. 0	29. 9	4. 1	3. 5	23. 4	100. 0	456. 0	663919
期刊领域	时事/经济/地方/产业	（497）	33. 6	33. 4	8. 5	4. 0	20. 5	100. 0	605. 0	300683
	文学/文化艺术/宗教	（573）	66. 5	19. 5	5. 6	2. 1	6. 3	100. 0	252. 5	144661
	女性/生活环境/健康医学	（380）	32. 9	34. 5	5. 0	4. 2	23. 4	100. 0	1005. 9	382229
	体育/爱好/交通旅游	（157）	24. 2	33. 8	8. 9	5. 7	27. 4	100. 0	788. 3	123767
	儿童/青少年/娱乐	（63）	42. 9	14. 3	0. 0	6. 3	36. 5	100. 0	590. 5	37198
	教育学习/学术学会/法律考试	（206）	68. 0	16. 5	2. 9	3. 4	9. 2	100. 0	340. 2	70080
	畜牧业/建筑/环境/科学/技术	（232）	43. 1	30. 6	6. 5	3. 0	16. 8	100. 0	511. 9	118754
	社报/机关报/会报	（401）	65. 1	17. 5	4. 7	2. 2	10. 5	100. 0	493. 8	198021

续表

分类		期刊社数量	1亿韩元以下	1亿~3亿韩元	3亿~6亿韩元	6亿~10亿韩元	10亿韩元以上	小计	平均（百万韩元）	合计（百万韩元）
		(2509)	**49.4**	**25.7**	**5.9**	**3.3**	**15.7**	**100.0**	**548.2**	**1375393**
发行册数	5000册以下	(724)	71.7	18.8	6.5	1.8	1.2	100.0	164.7	119263
	5000~10000册	(113)	51.3	26.5	8.8	6.2	7.1	100.0	707.7	79973
	10000~50000册	(144)	48.6	21.5	16.0	4.2	9.7	100.0	658.0	94756
	50000册以上	(30)	46.7	6.7	3.3	20.0	23.3	100.0	1158.4	34742
	不确定	(1498)	38.6	29.8	4.4	3.5	23.7	100.0	698.7	1046660
从业者人数	2名以下	(606)	93.4	5.6	0.8	0.2	0.0	100.0	74.0	44815
	3~5名	(842)	74.9	22.4	1.4	0.7	0.5	100.0	106.0	89222
	6~10名	(543)	5.5	75.1	16.0	2.4	0.9	100.0	242.8	131824
	11~24名	(480)	2.1	3.1	8.5	12.9	73.3	100.0	1156.5	555138
	25名以上	(38)	5.3	0.0	5.3	5.3	84.2	100.0	14589.3	554394
发行周期	月刊	(526)	49.2	25.1	12.9	5.7	7.0	100.0	595.4	313170
	双月刊/季刊	(361)	77.8	16.3	4.7	0.3	0.8	100.0	179.1	64669
	其他（一年3次以下）	(166)	78.9	11.4	1.2	1.2	7.2	100.0	2009.9	333635
	不确定	(1456)	39.0	29.9	4.1	3.5	23.4	100.0	456.0	663919

资料来源：《2015年期刊产业时态调查》
注：调查对象为2509家期刊社。

根据2013年和2014年韩国期刊社的年度销售额构成情况表可以看出，“期刊销售收益”和“广告收益”占37%~40%，“附带产业收益”占12%~16%。2014年韩国期刊销售和广告的收益与2013年相比分别下降1.3%和1.5%，相反“附带产业”的收益与去年相比增加3.5%（见图5）。

3. 广告收入情况

根据2015年韩国出版年鉴可知，韩国期刊中报道和广告的比例为89.8%、10.2%，报道还是占据整本期刊的大半江山。根据调查显示，工作人员和发行册数越少，发行周期越长的期刊，广告所占的比例就越少，而月刊期刊中广告所占比例相比其他期刊要多出11.1%，免费期刊比付费期刊的广告比率要少一半（见表35）。

单位:%

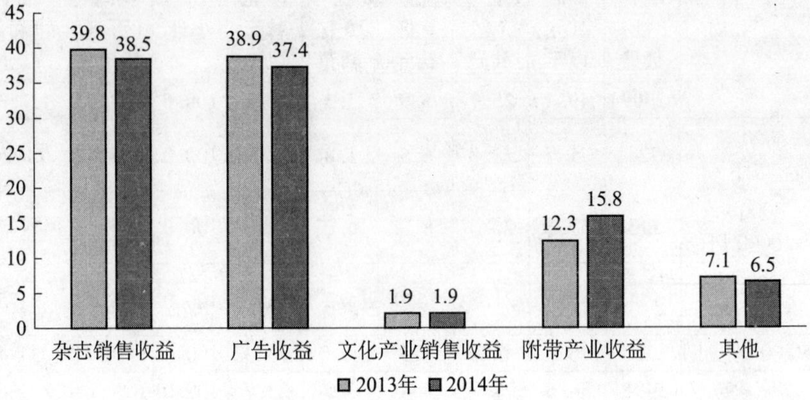

资料来源:《2015 年期刊产业时态调查》

图 5　2013 ~ 2014 年期刊社年度销售额构成情况表

表 35　2014 年媒体广告费趋势

单位:亿韩元

种类	媒体	广告费		增长率(%)		构成比(%)	
		2013 年	2014 年	2013 年	2014 年	2013 年	2014 年
广播类	地面电视	18273	16820	−5.4	−8.0	19.1	17.4
	广播	2246	2024	−4.8	−9.9	2.3	2.1
	有线电视	13825	14350	+4.6	+3.8	14.4	14.9
	IPTV	380	635	+61.7	+67.1	0.4	0.7
	卫星电视	151	192	+16.2	+27.2	0.2	0.2
	DMB	124	103	−26.3	−17.2	0.1	0.1
	SO	712	755	+8.7	+6.0	0.7	0.8
	小计	35711	34880	−1.0	−2.3	37.2	36.2
印刷类	新闻	15447	14943	−6.6	−3.3	16.1	15.5
	期刊	4650	4378	−8.4	−5.9	4.8	4.5
	小计	20097	19320	−7.0	−3.9	21.0	28.0
网络类	搜索	13210	12291	+2.0	−7.0	13.8	12.7
	露出型	6.820	6383	+3.5	−6.4	7.1	6.6
	小计	20030	18674	+2.5	−6.8	20.9	19.4
手机		4600	8391	+119.0	+82.4	4.8	8.7
户外广告	室外	3549	3713	+2.5	+4.6	3.7	3.8
	剧场	1708	1764	+10.9	+3.3	1.8	1.8
	交通	4388	3885	+7.0	−11.5	4.6	4.0
	小计	9645	9362	+5.9	−2.9	10.1	9.8

续表

种类	媒体	广告费		增长率（%）		构成比（%）	
		2013 年	2014 年	2013 年	2014 年	2013 年	2014 年
制作类		5810	5850	7.2	0.7	6.0	5.9
合计		95893	96477	2.2	0.6	100	100

资料来源：第一企划，韩国出版文化协会（2015），《2015 年韩国出版年鉴》

2014 年韩国媒体整体广告费用为 9 兆 6477 亿韩元，与 2013 年相比增长了 0.6%，其中除了有线电视、IPTV、卫星电视等广播媒体外，大多数的媒体呈现下降趋势。

受到韩国经济不景气的影响，广播和印刷媒体广告市场发展态势迟缓，而手机的广告市场依旧发展良好。其中，期刊媒体广告费为 4378 亿韩元，与 2013 年相比减少 5.9%，依旧呈下降趋势，尤其是网络广告，与 2013 年相比，2014 年网络广告费减少 6.8%，为 1 亿 8674 亿韩元，下落趋势明显。另一方面，2014 年手机广告媒体的广告市场则快速发展，与 2013 年同比增长 82.4%，作为社交网络广告市场的主要构成部分，手机媒体可以说是其中唯一保持持续增长趋势的广告媒体。然而，2014 年度韩国国内广告费用虽然整体有涨幅，但是以往（2013 年前）持续增长的期刊广告市场依旧保持负增长态势，印刷媒体的广告市场发展在未来或止步不前。因此，考虑到期刊是整个媒体行业销售额中广告比例最大的传播媒介，所面临的挑战会更为严峻。为了更好地应对困境，韩国出版行业分析得出，要灵活运用期刊内容，与手机或者互联网等多种数字媒介紧密结合，开拓一种全新的广告市场是唯一的出路。

参考文献

1. 韩国文化体育观光部，《2014 年韩国文化产业统计白皮书》
2. 韩国出版文化产业振兴委员会，《2015 韩国出版产业时态调查》
3. 韩国出版文化协会，《2015 韩国出版年鉴》
4. 韩国舆论振兴财团，《2015 韩国舆论年鉴》
5. 韩国文化体育观光部，《2014 年韩国文化产业白皮书》
6. 韩国出版研究所统计数据
7. 大韩出版文化协会统计数据

（作者单位：韩国京畿道观光社上海事务所）

第三篇　业界观点

巴西图书出版业发展及出口转型

傅西平

一、巴西图书市场的发展情况

了解巴西书业，权威资料可查《生产和销售——巴西出版市场》的年度报告，由本国图书委员会和图书出版商联盟出版，FIPE 外商投资企业从事统计工作。不过报告有待完善，因数据显示的是出版商收入，样本的推断，不是消费品的价格。此外，尽管外商投资企业分析到位，但数据收集是出版商自己完成的，所以每个样品准确性就难以评判。

最后，需要注意的是，不同市场部门（诸如贸易，K－12 教材，STM 和宗教），划分应建立在各出版商所在的主要地区，而不是建立在产品或实际书名上。换句话说，一个出版贸易和 STM 图书的出版集团，会将其所有的销售额视为大公司的范畴。因此，以产品和销售报告来分类市场，进而做份额分析是非常危险的，但从另一个角度看，这种研究又非常有用和可信，过去 20 年分析巴西图书销售的涨跌一直遵循这个方法，并且多用来作性能比较。最近一份数据来自 2013 年，考虑到这些限制，表格直接从生产和销售报告中摘录，下面给出 2013 年投放市场的快照。要说明的是表 1 教科书实际上只有基础教育（K－12），总体偏向贸易方面。CTP 是指科学、技术和医学图书，也被称为 STM。

表 1　2012～2013 年市场销售营业额和份额

类别	营业额（R$ 巴西元）			销售份额		
	2012 年	2013 年	2012/2013 百分比差（%）	2012 年	2013 年	2012/2013 变化率（%）
教科书	1298506815.88	1307058056.24	0.66	53880755	51798958	－3.86
一般图书	974491885.56	1055800242.91	8.34	108951867	121678723	11.68
宗教	444481651.42	520152311.22	17.02	70961151	72504680	2.18
CTP	951184119.02	1001993536.32	5.34	34770631	336800039	－3.14
总量	3668664471.88	3885004146.68	5.90	268564404	279662399	4.13

资料来源：《生产和销售——巴西出版市场》，2013

从表1可以得出结论：2013年总量增长5.9%，源于有好的个体市场，如宗教17.02%的收入，表面看有5.9%的增长，但事实并非如此。因为这些数字并未被调整，如果考虑由巴西地理统计研究所计算的扩展消费价格指数（IPCA），通货膨胀在2013年达到5.91%。因此，私人出版商销售收入实际增长约为零，或者说2013年没有增长。

从统计资料获悉，巴西基础教育（K－12）教科书90%以上由政府采购。然后在私人市场上销售，2013年教育题材的销售额就近28亿巴西元，占出版商收入的53.6%，换句话说，50%以上市场的销售是与教育主题相关，政府单独负责的出版商的税收只占27.5%。另摘录表2，看市场2012到2013年总体销售情况。

表2　营业额和销售份额（市场 +政府 2012～2013年）

销售类型	营业额（R$）			销售份额		
	2012	2013	2012/2013变化率（%）	2012	2013	2012/2013变化率（%）
总量	4984612881.04	5359426184.63	7.52	434920065	·479970310	10.36

资料来源：《生产和销售——巴西出版市场》，2013

表2整合2013年巴西图书市场的营业额，出版商的收入达到了53.6亿巴西元（或22.7亿美元），2013年巴西元换美元是2.356比1，这是2014年全球对出版商消费价格的数字收入的监测，是由国际出版商协会提供的参考指南。另国际出版商协会提供的资料显示，巴西图书市场在2014年投入量为22.39亿欧元。由于居民消费价格和发行收入是相同的，都是由政府高份额购买，所以数字差异较低，但相比整个市场，政府购买有限。下面简要概述图书市场过去十年的变化。

二、图书市场增长有限及其因素分析

表1表明图书市场十年增长有限，从2004到2013年使用IPCA指数计算是贬值的，仅增长了7.34%。而这十年，国民生产总值增长4.2%，与书业7.34%形成巨大反差，这期间几个因素使图书市场潜力得到开发：巴西中产阶级的增长，功能性文盲减少，大中专院校和大学学生的成长。数据覆盖2004年，21世纪前十年巴西图书市场并不被看好，2002年出版商的收入下降了14.51%，次年市场收回0.85%。因此，对于这里提出的数据，21世纪仍

然适用。

1. 巴西中产阶级增加

中产阶级从下列 2011 年巴西家庭年收入细化的五类可以看出一些端倪：

A 类：R $9745.00

B 类：从 R $7475.00 至 R $9745.00

C 类：从 R $1734.00 至 R $7475.00

D 级：从 R $1085.00 至 R $1734.00

E 级：从 R $0.00 到 R $1085.00

早在 2007 年这五个档次中，中产阶级就占人口 50% 以上，并在 2011 年之前一直保持增长，这意味着，数以百万计的人进入了娱乐消费市场和更多的人能买得起书。并且 A、B 类家庭在增长，D、E 在下降，显现出不错的消费构架。

2. 功能性文盲减少

功能性文盲是历史遗留问题。即使在今天巴西只有 25% 的人口被认为是完全有文化的，能阅读和理解文学或科学作品。据 DATA1 研究所数字显示，全文盲的人数在减少，阅读简单书籍的读者在增加。阅读人口上升对图书销售产生着积极的影响，功能性文盲下降无疑促进了巴西图书业发展。

3. 大专院校和大学生数量增加

统计显示从 2001 年到 2010 年，巴西大中专院校从 1394 增加到 2378 所，增长 70%，同期来自教育部统计，大学生就读人数从 3036113 人升至 6379929 人，涨幅 110%。但多为私立学校，公办中专院校和大学生的数量在此期间也增加了很多。只是数量增加并未通过质检，换句话说，教育的平均质量可能降低，这是由一些私立大学关注的是学校的增量而漠视其质量所致。

三、未来仍有增长空间

巴西图书市场潜能来自人口规模，政府投资，中产阶层增加，功能性文盲递减和大中专院校数量上涨等综合因素。然而，这些潜力尚未物化在实际的增长或提高质量上。2004 年至 2013 年的十年期间，出版商的收入总体增长了 7.34%，而巴西的国民生产总值有 44.2% 的实质增长，所以对于图书出版业，巴西未来仍有增长空间，只是当下没有特别突出的表现，但也在寻找突破口，详见下面叙述。

四、另辟蹊径转型出口

最近几年，巴西出版市场被视为蓬勃发展和有前途，在许多国际书展上能看到机会突显。但这种乐观情绪在 2015 年底结束了，因为该国陷入了政治动荡和经济衰退，从而导致政府大幅削减采购计划，加之高通货膨胀率使得图书市场趋弱。

作为传统的文学进口国，巴西 90% 以上的小说都来自国外，现在巴西欲转型图书出口国，让本国货币在与美元关联中受益；同时出口图书，也能提升被人们戏称足球和桑巴舞国巴西的国家地位。

美国无论网上访问、国际知名度或作品出版，都是世界上最大最受欢迎的市场。巴西最成功的畅销书作者保罗·科埃略（Paulo Coelho），其作品《炼金术士》已在《纽约时报》平装畅销排行中，且上榜超过 370 周，为此一些不知名的作家似乎发现：进入美国市场用英语打开出路是不错的选择。

2014 年，法兰克福书展商业俱乐部《全球出版趋势》报告显示：世界最大图书市场排行，巴西位列第九，价值 35 亿美元，巴西一度成为了第二个发展中国家（排在中国之后），是拉美市场的主要驱动力，也是该地区唯一讲葡萄牙语的国家。然而，最近有报道，2015 年 6 月巴西图书商会（CBL）和巴西出版商联合会发布消息：巴西出版商收入萎缩，2014 年总额仅 20.03 亿美元。

巴西市场是闻名中外的版权买方，虽然翻译图书总数不到 10%，但是这个比例源于市场中的教材占比高，仅有小说的销售情况相反：据德国市场研究公司（GfK）报道，2013 年巴西小说销量中仅 7.4% 是当地作者写的。巴西文学经纪人露西安娜博阿斯认为，十年封闭巴西小说凄惨的命运是从 20 世纪 80 年代开始的，那时巴西读书人越来越少，看电视的越来越多，高通货膨胀促使“编辑”们专心努力地推动了翻译文学。

在巴西，人们普遍认为发行翻译作品比原著容易，原因是“外国作家付费，每年只需一次，而对于巴西作家在通货膨胀环境下发行作品很难，市场投资就是问题，尤其是引进再收回成本，而外国作家作品则不同，抵达该国时就已在国外享有一定的声誉，加之有这样一个现实，美国已经开发了一种虚构产品，方便用来观看电视的艺术文学，但这一类书在巴西似乎不适用，还有很多原因，让巴西的编辑们感觉出版外国作品销售通道容易打开些。

巴西图书市场另一特点是，四分之一的图书税收由政府负责，比如教育部负责为所有的公立学校和图书馆提供教科书以及文学著作，所以政府收购文学作品是对巴西小说作者的救赎，因为其他书商都倾向于首选外国图书。

国外对巴西市场感兴趣，源于图书市场服务对象大部分是 30 岁以下人群，有规模教育需求，这个比例是巴西国家地理及统计研究所（IBGE）预测的，并将保持到 2030 年以后，因此在校生人数会增加，新闻报道两大国际组织在巴西都有贸易业务：2014 年创立巴西的企鹅兰登（pRHb）和 2015 年创立巴西的哈珀·柯林斯。企鹅兰登仅次于 Record 和 Sextante，现在是巴西第三个大出版商，控制 6% 的巴西贸易市场，另外，哈珀·柯林斯出版社和 Ediouro 商贸集团新成立的公司，每年出版约 350 种书。

据《出版展望》杂志报道，巴西在寻求新的出版商合作伙伴，目前，普拉内塔和葡萄牙的乐雅仍有中等规模，而麦克米兰公司运转仅限于巴西的教育资源，皮尔逊在 2010 年从巴西 SEB 供应商那里收购了私人学习系统后，成为巴西领先的教育集团之一。

巴西正在经历经济衰退，短时间内国家货币大幅贬值，不景气的环境促使巴西人寻求欠发达的潜在销售翻译版权的机会，身兼数职的巴西独立分析师、作家和翻译李嘉图认为，当下购买版权比一年前的汇率高了 40%，那么卖到国外出版商的版权理当有利可图，除金融因素外，还有助于提升国家的国际形象。业内人士认为：一个国家只谈论足球和桑巴是远远不够水准的，既然人们预期巴西是一个文化的国家，那么国内文学版权的输出应该是不错的选择。

五、政府举措

2010 年以来，巴西国家图书馆基金会和文化部进行结构调整，旨在促进和支持巴西文学翻译国际化，并制定翻译出版计划，拨款 8000 美元资助海外巴西作家出版，任何国家的出版商都可以申请，该方案 1991 年创建，到 2010 年已经资助作者出版了 226 种图书。

2011 年，拨款的预算扩大了，到 2014 年 6 月的三年中，456 本巴西图书（超过前 20 年两倍）在 30 个不同的国家出版。2010 年以来，这些国家是：德国、西班牙、法国、意大利、阿根廷、美国、罗马尼亚、墨西哥、英国和瑞典，他们大多数都已收到翻译拨款。

未来的翻译补助可能会随巴西经济的不稳定而削弱，即使方案是到2020年，但从2013年至2014年来看，补助金出书的数量已从209种下降到169种，不过2015年，巴西国家图书馆表示补助数量将维持上一年的水准。

国家图书馆馆长雷纳托莱萨表示，该资助计划的最终目的是去巴西小说国有化，使其成为一个全球性的文化，他倡议支持外国译者游学，在巴西居住5周，生活费和机票报销（最高为15000美元）；或与巴西作者交换，计划包括旅行费用，此举无疑有助于提升巴西图书的国外影响力。

巴西文学翻译杂志《Machado de Assis Magazine》，自2012以来，每个专题都有20个不同的巴西作家撰文，并将国文翻译成英文、西班牙文、法文和德文，虽然杂志没有固定的周期性，但是一个正在进行的项目，2015年10月又出了第7个专题。创办本杂志目的是让国际出版业与巴西作家的翻译作品融合，提高其国外的知名度，并在工作中向海外销售版权，完整的专题或个别文本可以免费下载。2015年1月至4月，该杂志网站上的注册人数增加了15%（从722557人到830233人），同月下载数量增加了16.5%（从44611人到51966人），足以显示人们对巴西文学的需求仍然存在。

2008年，巴西图书会所（CBL）和巴西贸易与投资机构，连接工业和对外贸易部（Apex-Brasil）联手成立了巴西出版商，同时与七十个相关的出版商一起从事图书出口业务。该集团运营买方业务，是吸引潜在的外国买家到巴西，而卖方项目围绕促进本国的编辑内容，该机构还组织巴西代表团出席国际图书博览会，采购编制图书的英文和西班牙文目录。

这些举措使巴西有能力出席大型国际书展，2013年10月法兰克福书展，巴西为主宾国，图书销售增长了82%，从2012年的41万美元提升到75万美元；2014年3月博洛尼亚儿童书展（在巴西罗杰梅洛获安徒生童话插画奖）；2014年9月哥德堡书展、2015年3月巴黎书展，等等。这其中巴西创办了专门的展览和展馆，2015年3月最后一周，意大利波隆那书展，巴西销售产值就达12万美元。一年期限内，巴西的图书销售高达28万美元。

六、私企发力

参加博览会固然是促进版权销售的好方式，但效果不会持久。2016年国际图书博览会主宾国是冰岛，重点将会转移，巴西儿童图书出版商认为，2013在法兰克福书展，巴西是主宾国，每个出版商渴望利用这个机会，但单一和小的行动不利于企业成长。在巴西出版业做编辑 17 年的代理商露西安娜博阿斯认为，2012 年巴西出版面临的主要问题是：文学没有立足本国，巴西作家迷恋翻译，如果巴西希望本国小说获得认可，巴西作家需要在书店占据应有的空间。

巴西新近推出网站 bookscantravel. com，目的是让外国出版商容易找到葡萄牙语的原版，但葡语国家很少有出版商专门推广和销售其国际版权，代理商帕特里夏·塞贝尔，用英语创造了这个平台，网站上有关于葡萄牙最初发表作品入选，包括简介、销售数字、奖项名单和作者的传记等英文资料。

七、美国的巴西图书

2013 年，百分之三网站显示美国出版了 8 种巴西图书（翻译图书的总量是 541 种）；2014 年，18 种巴西图书现身美国市场（翻译总量 587 种），巴西图书出现在美国市场就是战略，正如图书代理商露西安娜博阿斯总结的：巴西图书你可以到处推销而不是在美国，但如果是美国卖给你，其他人也买它，炒作就算成功。当然在美国做翻译的销售比较困难，现在的独立出版商靠补助金，并不总是可靠，大出版商通常是找国外畅销书去发行。

八、个案：畅销书作家保罗·科埃略（Paulo Coelho）

全球市场有 1. 65 亿种畅销书，巴西作者科埃略（Paulo Coelho）是这个世界上最受欢迎的作家之一。2008 年，他在法兰克福书展作了主题演讲，随后人们为其举行宴会，庆祝他小说发行超亿册的世界销量，他强调在线是获得读者数量的强大工具，网络让他的书无障碍地在世界发行。最成功之作《炼金术士》（也可译为《牧羊少年奇幻之旅》），已经被译成 80 种语言，超过《哈利·波特》（73 种语言），几乎是《龙纹身的女孩》（44 种语言）的两倍。1993 年出版的《炼金术士》，2015 年 9 月 20 日在美国首次推出，《纽约时报》刊登称其为最好的平装畅销书，连续上榜 371 周（7 年以上）。他最新的小说《通奸》（Knopf 出版社，2014 年 11 月），精装印数已达 75000 册，并同时在西班牙的美国市场发行。

作家保罗·科埃略充分使用数字平台，从聚友网开始，后使用脸书、推特、YouTube、Instagram、Tumblr、Vimeo、谷歌和 Pinterest。2015 年 9 月，他的脸书页面有2680万粉丝，而他的推特账户上有1600万追随者，J. K. 罗琳有450万粉丝和550万追随者，约翰·格林（John Green）有约460万粉丝，分别在脸书和推特上，他定位了葡萄牙语、英语、法语和西班牙语，偶尔也用其他语言，如俄语或德语。他在自己的网站（www. paulocoelho com）主页上提供了14种不同的语言选择。据《华尔街日报》的一篇文章报道，他很少去宣传自己的书，但数字表明至少一种书大约每天有30人，一年超过10000人去访问。然而，遗憾的是科埃略的文坛声誉在国外却不能让人们意识到他是巴西人。同时，巴西也没有要求这个身份，代理商露西安娜博阿斯写道：他横贯大陆的人气，没有为巴西其他作者打开走出去的大门，所以这只能成为特例。

另一位巴西作者丹尼尔·加莱拉（Daniel Galera）出版小说《血浸透的胡须》，译者 Alison Entrekin，纽约企鹅出版社2015年出版。丹尼尔·加莱拉1979年出生于巴西圣保罗，《血浸透的胡须》讲述一位不知名的人的故事，他不承认自己的脸，从城市移动到一个海滩村，他照顾他的自杀父亲的狗。这本小说在美国被“五大出版社”中的企鹅出版社出版，版权归企鹅兰登所有。这是丹尼尔的第四部小说，被翻译到十几个国家。2014年，他参观在洛杉矶、旧金山、西雅图、波士顿和华盛顿特区举办的书展，见到很多书商，因为在美国市场上他是完全陌生的外国作者。这样的旅游，自然对书之后的启动会比签约或阅读有更多的意义。但面临的挑战是，本书的读者可能会忽略书的作者，在这个市场上，他的作品相当于是外国文学。

九、结论

巴西图书出版转型要想得到国际承认并不容易，但创建一个国际平台是可行的，只要有人感兴趣，就能聚集一批热心、好奇的读者群。

当前尽管在美国，巴西只有小部分翻译作品（仅为译书总量的3%），但却是有战略意义的外国作品。因英语是全球通用的商用语，美国市场最大，而且具有展示其他作品的功能，主要是能吸引其他国家的关注。

巴西欲成为有文化的国家，成为出口商，而非经济衰退时期的版权进口商，其注意力已经放在世界各地的出版商身上，并积极创建发行商平台销售国际版权，展示葡萄牙语，翻译赠款和派代表团到国际图书博览会。但诸如此类的举措还远远不够，出版商还必须学会拓展新业务。

今天，市场不再对文学的异国情调感兴趣，而把关注的主题放在全球视野上，尽管翻译经常保持陌生化的语言特点，但从另一个侧面表明作者的国籍并非那么重要，因为在一个国家文化生产的统一很难，质量才是决定一本书最重要的特征，所以巴西文学走出国门的生机大有存在的可能。

参考文献

1. Carlo Carrenho, "Brazil: Has the Country of the Future Become the Country of the Present for Book Publishing? " Publishing Research Quarterly, Published online: 7 February 2015

2. Ana Ban "Brazilian Books for Export" December 2015, Volume 31, Issue 4, pp 282 ~ 297, Publishing Research Quarterly, First online: 22 October 2015

（作者单位：武汉大学信息管理学院）

西班牙的图书出版业概况

刘莹晨

一、出版业相关法律

根据西班牙皇家法令的规定，从2012年9月1日开始，西班牙各行业的增值税全面上涨。西班牙政府将数字图书的增值税率从4%上调到21%，而纸质图书仍保持在4%。2009年西班牙政府在法律和金融税收政策上给予数字图书和传统纸质图书同样的地位，将电子书增值税率从16%下调到4%，此次数字图书增值税率被大幅提升，经营数字图书业务企业面临一定困境。区别于归为电子软件类别的数字图书，而被视作文化遗产的纸质书籍在西班牙有税收保护，增值税率保持不变。

为促进西班牙文化繁荣发展以及提高职业作者的积极性，酝酿6年的著作权法改革提案终于正式实施。该改革提案旨在保护作者向公众提供优质作品的权利，法令规定需通过公共图书馆借阅管理费来支付给作者版权保护费。具体实施通过两种方法来实行这项规定：一是图书馆向一年至少使用一次图书馆借阅服务的读者每人征收0.005欧元，这一征收方式已在2014年8月1日正式实施。二是要求支付每本书0.004欧元的借阅费给所借的每个作品的原版权所有者作为文化增值税，这一征收方法于2016年1月1日正式实施。据统计，这项新法令实施后，2014年西班牙公共图书馆的预算减少至69.88亿欧元，较2013年的78.42亿欧元预算减少了近11%。

二、图书馆借阅情况

《图书馆信息服务的经济及社会价值》和西班牙国家统计局每两年公布的有关西班牙图书馆情况的数据显示，2014年西班牙共有6717家图书馆，较2012年的6835家减少了120家，其中国家图书馆1家，自治区级图书馆8家，公共图书馆4070家，特殊群体图书馆（非专业）216家，高等教育机构图书馆297家，专业图书馆2125家。公共图书馆登记的成人读者16318045人，儿童4061587人，共登记读者20380002人。从各自治区借阅情况看，图书借阅次数最多的自治区依次是加泰罗尼亚区为12190721次、马德里大区为8490237次、瓦伦西亚区为6137684次和安达卢西亚区为5978412次。从馆际互借情况看，2012年西班牙各图书馆共借出原版图书574192册，复印版图书382526册，借入原版图书620744册，复印版图书421344册（见表1）。

表1　2014年各类型图书馆图书借阅情况

单位：借阅次数

类别	图书	报刊	有声读物	音像读物	电子书	电子游戏	其他电子读物	其他读物
总计	54849761	1669643	3072062	15433387	568943	238424	3708106	3586430
国家图书馆	787	0	0	0	0	0	0	0
自治区级图书馆	1214865	5197	174036	608861	5167	1726	4030	28
公共图书馆	36974627	1513127	2759684	14370867	124488	235386	297856	287746
特殊群体图书馆(非专业)	212910	11761	81593	8945	19	89	305	1937
高等教育机构图书馆	15481487	56200	14919	241831	285827	0	3359030	3204327
专业图书馆（总计）	965085	83358	41830	202883	153442	1223	46885	92392
宗教机构图书馆	45048	3114	0	124	0	0	0	50
管理机构图书馆	281699	19203	12150	60405	594	294	3399	17546
研究中心图书馆	62236	2192	4	224	20	0	459	215
协会及专业学院图书馆	108035	7969	947	8834	0	182	343	655
企业及贸易公司图书馆	33626	1998	98	9001	150117	0	26	757
档案及博物馆图书馆	29648	1057	506	1043	55	0	30	4
保健中心图书馆	23056	26408	4	107	7	400	41114	28
其他专业领域图书馆	381737	21417	28121	123145	2649	347	1514	73137

资料来源：西班牙国家统计局

三、图书业发展状况

根据西班牙出版商联合会发布的《2014 年西班牙国内图书贸易状况》数据显示，2014 年西班牙国内图书贸易总额打破了 2008 年以来持续走低的状况。2008 年图书贸易总额达到顶峰，为 31 亿 8550 万欧元。此后，图书贸易额开始不断下跌，直至 2014 年，贸易总额才出现回升，为 21 亿 9580 万欧元。同时，为了保持回升态势，西班牙图书委员会联合会通过了实施图书阅读全面计划。

（一）出版情况

据西班牙教育、文化和体育部发布的《2014 年西班牙国内图书贸易状况》数据显示，2014 年西班牙共出版 78508 种图书，较 2013 年的 76434 种增加了 2.7%（见表 2）。

根据上述报告对 2014 年西班牙图书总印量及平均发行量的统计，2014 年西班牙图书总印量达到了 22659 万册，较 2013 年减少了 8%；平均发行量为 2886 册，较 2013 年减少了 337 册，减少了约 10.4%。受经济危机影响，西班牙图书出版市场仍然处在持续下滑的阶段（见表 3）。

表 2　2012～2014 年西班牙各类图书出版种数情况表

单位：种

类别	2012 年		2013 年		2014 年		2014/2013 变化率
	种数	百分比 %	种数	百分比 %	种数	百分比 %	百分比 %
总计	79175	100	76434	100	78508	100	+2.7
文学	**14340**	18.1	**13071**	**17.1**	**13635**	**17.4**	**+4.3**
小说	11006	13.9	9773	12.8	10022	12.8	+2.5
古典小说	1639	2.1	1714	2.2	1847	2.4	+7.7
现代小说	5364	6.8	4841	6.3	4956	6.3	+2.4
刑侦小说	1082	1.4	960	1.3	997	1.3	+3.8
爱情小说	1440	1.8	1236	1.6	1232	1.6	-0.4
科幻恐怖小说	694	0.9	446	0.6	477	0.6	+7.0
情色小说	65	0.1	107	0.1	46	0.1	-57.1
幽默小说	141	0.2	103	0.1	106	0.1	+3.2
其他	581	0.7	366	0.5	362	0.5	-1.1
诗歌，戏剧	1097	1.4	812	1.1	925	1.2	+13.9
其他文学	2237	2.8	2486	3.3	2688	3.4	+8.2

续表

类别	2012 年		2013 年		2014 年		2014/2013 变化率
	种数	百分比%	种数	百分比%	种数	百分比%	百分比%
儿童、青年书籍	**13023**	**16.4**	**13899**	**18.2**	**13555**	**17.3**	**-2.5**
非大学教科书	**18249**	**23.0**	**15529**	**20.3**	**16563**	**21.1**	**+6.7**
儿童教育	3511	4.4	3081	4.0	3091	3.9	+0.3
小学教育	6278	7.9	5249	6.9	5991	7.6	+14.1
中学义务教育	4185	5.3	3335	4.4	3581	4.6	+7.4
学士教育	720	0.9	667	0.9	637	0.8	-4.4
职业培训	371	0.5	313	0.4	321	0.4	+2.4
书籍与配套材料	3185	4.0	2884	3.8	2942	3.7	+2.0
科学技术与大学	**4651**	**5.9**	**4820**	**6.3**	**5420**	**6.9**	**+12.4**
社会科学与人文总计	**12417**	**15.7**	**13116**	**17.2**	**13802**	**17.6**	**+5.2**
社会科学/人文	6805	8.6	7388	9.7	7613	9.7	+3.0
法律与科学、经济学	3586	4.5	3472	4.5	3795	4.8	+9.3
宗教学	2025	2.6	2256	3.0	2395	3.1	+6.2
实用书	**5470**	**6.9**	**5234**	**6.8**	**5482**	**7.0**	**+4.7**
大众读物	**4267**	**5.4**	**4954**	**6.5**	**4604**	**5.9**	**-7.1**
字典、百科全书	**649**	**0.8**	**652**	**0.9**	**489**	**0.6**	**-25.0**
漫画	**2678**	**3.4**	**2448**	**3.2**	**2551**	**3.2**	**+4.2**
其他	**3432**	**4.3**	**2711**	**3.5**	**2407**	**3.1**	**-11.2**

资料来源：2014 年西班牙国内图书贸易状况报告

表 3　2012～2014 年各类图书印量及平均发行量情况表

类别	总印量（千册）			平均发行量（册）		
	2012 年	2013 年	2014 年	2012 年	2013 年	2014 年
总计	280251	246345	226591	3540	3223	2886
文学	**59276**	**49802**	**42190**	**4134**	**3810**	**3094**
小说	53087	43838	37355	4823	4485	3727
古典小说	4976	5055	4730	3036	2948	2561
现代小说	25471	19888	15646	4749	4108	3157
刑侦小说	4761	4336	4334	4400	4515	4347
爱情小说	12150	10000	9444	8436	8091	7672
科幻恐怖小说	1456	1330	1300	2099	2982	2723
情色小说	2826	1579	292	43537	14762	6354
幽默小说	271	337	429	1918	3288	4051
其他	1177	1312	1180	2024	3590	3264
诗歌，戏剧	1819	1234	966	1658	1519	1044
其他文学	4370	4730	3869	1954	1903	1439

续表

类别	总印量（千册）			平均发行量（册）		
	2012 年	2013 年	2014 年	2012 年	2013 年	2014 年
儿童、青年书籍	**59568**	**58074**	**54287**	**4574**	**4078**	**4005**
非大学教科书	**72175**	**52031**	**46903**	**3955**	**3351**	**2832**
儿童教育	177136	14935	9727	5046	4848	3147
小学教育	26103	17973	22007	4158	3424	3673
中学义务教育	13455	7816	7303	3215	2344	2039
学士教育	1995	1714	1135	2771	2570	1782
职业培训	795	693	650	2142	2209	2026
书籍与配套材料	12114	8901	6081	2804	3086	2067
科学技术与大学	**8238**	**7413**	**6892**	**1771**	**1538**	**1272**
社会科学与人文总计	**25606**	**25338**	**27060**	**2062**	**1932**	**1961**
社会科学/人文	13098	12221	12983	1925	1654	1705
法律与科学、经济学	3073	2595	1982	857	747	522
宗教学	9435	10521	12095	4659	4665	5050
实用书	**19039**	**17329**	**16644**	**3480**	**3311**	**3036**
大众读物	**13275**	**14180**	**11179**	**3111**	**2862**	**2428**
字典、百科全书	**4657**	**4628**	**3057**	**7180**	**7095**	**6249**
漫画	**15202**	**13970**	**15818**	**5678**	**5708**	**6201**
其他	**3214**	**3581**	**2560**	**937**	**1321**	**1063**

资料来源：2014 年西班牙国内图书贸易状况报告

2014 年西班牙出版的图书中，卡斯蒂利亚语图书占出版总数的约 75.2%，达到 59041 种，出版种数较 2013 年略有增长，但所占比例却较 2013 年有所降低；加泰罗尼亚和巴伦西亚语图书出版种数为 10850 种，较上年增加了 5.7%，占总数的 13.8%，与上年度基本持平；巴斯克语图书有 1696 种，比 2013 年增长了 8.7%，占出版总数的 2.2%；加利西亚语图书有 1881 种，占总数的 2.4%；其他语种的图书 5040 种，比 2013 年增加了 794 种（约 18.7%），占图书出版总数的 6.4%（见表 4）。

表 4 2012～2014 年各语种图书出版情况表

单位：种

类别	2012 年	所占比例（%）	2013 年	所占比例（%）	2014 年	所占比例（%）
卡斯蒂利亚语	61664	77.9	58612	76.7	59041	75.2
加泰罗尼亚/巴伦西亚语	9937	12.6	10268	13.4	10850	13.8

续表

类别	2012 年	所占比例（%）	2013 年	所占比例（%）	2014 年	所占比例（%）
巴斯克语	1525	1. 9	1562	2. 0	1696	2. 2
加利西亚语	1848	2. 3	1747	2. 3	1881	2. 4
其他	4202	5. 3	4246	5. 6	5040	6. 4

资料来源：2014 年西班牙国内图书贸易状况报告

（二）销售情况

在金融危机爆发后的几年中，西班牙图书出版业呈现一路下滑的趋势，图书销售额更是从 2008 年的 3185. 5 百万欧元降至 2013 年的 2181. 97 百万欧元，降幅约 31. 5%，直至 2014 年图书销售额出现小幅回升，较上一年度增长了 0. 6%，达到 2195. 8 百万欧元，但较 2008 年下降了近 30%，仍处于低谷阶段（见图 1）。

单位：百万欧元

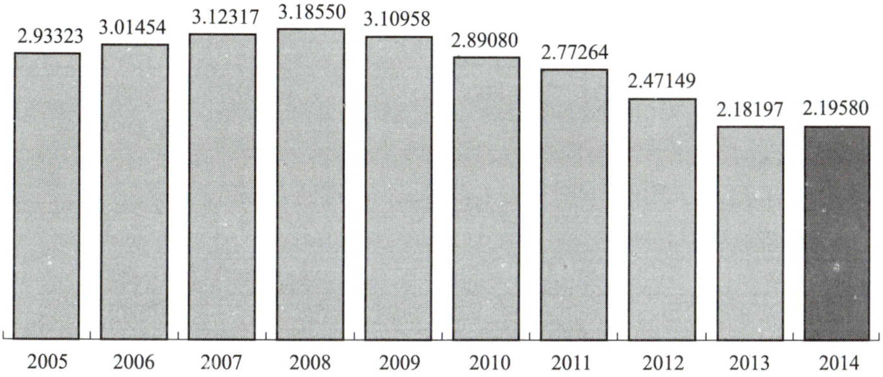

图 1　2005～2014 年图书销售情况

资料来源：2014 年西班牙国内图书贸易状况报告

2014 年西班牙各类图书销售渠道中，书店和连锁书店仍是图书销售的主流渠道，占总销售额的 50. 1%，其中书店 2014 年的销售额为 735. 78 百万欧元，较 2013 年下降了 4. 8%，较 2010 年更是下降了近 30%；连锁书店销售额较上一年度有所回升，增长了 5. 7%，金额达到 365. 41 百万欧元，但较 2010 年仍下降了约 20%；卖场渠道 2014 年销售额为 185. 65 百万欧元，较 2013 年减少了 8. 7%，相比 2010 年减少了约 34%，以上这三个渠道的图书销售额整体较 2013 年下降了 2. 7%，并且在过去五年间下降达 26. 2%。2014 年通过报刊亭销售图书达到 80.76 百万欧元，较 2013 年有小幅增长，但在过去的五年间下降了 55.3%；2014 年公司和机构图书销售额为 330.14 百万欧元，比 2013 年减少 2.1%，是各类销售渠道中销售额减量最小的，与 2010 年相比也仅下降了 11.4%。通过表 5 可以看出，在西班牙图书销售整体逐年减少的情况下，随着电子书的不断普及以及技术的不断更新，电子书销售渠道的销售额在 2014 年度较上一年上涨了约 37%，达到 110.02 百万欧元，较 2010 年更是增长了 56%，在整体销售中约占 5%（2010 年为 2.4%）。

表 5 2012～2014 年各渠道图书销售情况

单位：百万欧元

年份	2013 年	2014 年
总销售额	2181.97	2195.80
书店	773.10	735.78
连锁书店	345.58	365.41
卖场	203.24	185.65
报刊亭	78.99	80.76
公司和机构	337.13	330.14
图书馆	10.32	11.49
赊销渠道	74.86	77.45
电话营销渠道	33.81	34.59
邮件营销渠道	13.68	16.34
图书俱乐部	61.18	47.51
网络销售	17.22	19.52
订阅渠道	72.60	67.80
其他渠道	79.99	113.33
电子书销售渠道	80.27	110.02

资料来源：2014 年西班牙国内图书贸易状况报告

根据表 6 提供的数据显示，2014 年，非大学教科书、文学类、儿童和青年类，以及社会科学与人文类等四大类图书占西班牙图书销售总额的近 78%，达到 1707.56 百万欧元。

其中，非大学教科书占总销售额的 34.1%，达到 748.64 百万欧元，文学图书达到 447.1 百万欧元，占总额的 20.5%，这两类图书为西班牙全国图书销售额的最大份额，比例约达 55%，销量排在第三位的图书是儿童和青年书籍，销售额为 275.19 百万欧元，占总销量的 12.5%，第四位是社会科学与人文类图书，所占比例为 10.8%，以上四类图书的销售额占西班牙图书销售额的 77.8%。

表 6　2012 ~ 2014 年各类图书销售情况表

单位：千欧

类别	2012 年		2013 年		2014 年	
	销售额	百分比%	销售额	百分比%	销售额	百分比%
总计	247149	100	218197	100	219580	100
文学	**56603**	**22.9**	**46881**	**21.5**	**44710**	**20.5**
小说	51873	21.0	42627	19.5	39626	18.0
古典小说	3407	1.4	3658	1.7	3393	1.5
现代小说	30898	12.5	21866	10.0	24683	11.2
刑侦小说	5107	2.1	4074	1.9	3547	1.6
爱情小说	3494	1.4	4822	2.2	3182	1.4
科幻恐怖小说	2273	0.9	1543	0.7	1271	0.6
情色小说	5314	2.1	5183	2.4	1128	0.5
幽默小说	282	0.1	367	0.2	745	0.3
其他	972	0.4	1115	0.5	1677	0.8
诗歌，戏剧	965	0.4	807	0.4	648	0.3
其他文学	3764	1.5	3447	1.6	4437	2.0
儿童、青年书籍	**29625**	**12.0**	**26728**	**12.2**	**27519**	**12.5**
非大学教科书	**80318**	**32.5**	**72629**	**33.3**	**74864**	**34.1**
儿童教育	13957	5.6	12803	5.9	12273	5.6
小学教育	32938	13.3	30167	13.8	32361	14.7
中学义务教育	18703	7.6	16164	7.4	15802	7.2
学士教育	6566	2.7	5484	2.5	5573	2.5
职业培训	1936	0.8	1547	0.7	1804	0.8
书籍与配套材料	6219	2.5	6464	3.0	7051	3.2
科学技术与大学	**9152**	**3.7**	**7006**	**3.2**	**8180**	**3.7**
社会科学与人文总计	**26904**	**10.9**	**23033**	**10.6**	**23663**	**10.8**
社会科学/人文	11066	4.5	9297	4.3	9654	4.4
法律与科学、经济学	13166	5.3	11559	5.3	11070	5.0
宗教学	2673	1.1	2178	1.0	2938	1.3
实用书	**14021**	**5.7**	**14178**	**6.5**	**14635**	**6.7**
大众读物	**16212**	**6.6**	**14919**	**6.8**	**13601**	**6.2**
字典、百科全书	**4570**	**1.8**	**4561**	**2.1**	**4079**	**1.9**
漫画	**5516**	**2.2**	**5354**	**2.5**	**5880**	**2.7**
其他	**4228**	**1.7**	**2909**	**1.3**	**2448**	**1.1**

资料来源：2014 年西班牙国内图书贸易状况报告

从《2014 年西班牙国内图书贸易状况》提供的数据可以看到，2014 年西班牙加泰罗尼亚地区和马德里的图书销售额分别达到了 1059. 94 百万欧元和 950. 11 百万欧元，占总销售额的 48. 3% 和 43. 3%，这两个地区图书销售的总和占全国图书销售的 91. 5%。

参考文献

1. 西班牙国家统计局 www. ine. es

2. 2013 牙西班牙国内图书贸易状况（*Comercio Interior del Libro en España* 2013）

3. 2014 年西班牙国内图书贸易状况（*Comercio Interior del Libro en España* 2014）

4. 2014 年图书对外贸易报告（*Comercio Exterior del Libro* 2014）

（作者单位：中国新闻出版研究院）

巴基斯坦的图书出版业

金　强

巴基斯坦社会发展已从一个发展阶段转换到了另一个阶段，作为提供知识资源关键性角色的图书已然成为基本必需品。在巴基斯坦，出版业的重要性或者优先权是不可否认的。

一、图书出版业状况

（一）巴基斯坦文学与图书的简短历史

1. 国家独立前后的创作

巴基斯坦和印度几百年来共享文化遗产，所以很难将两国的文学和创作分离。早在17世纪，第一本乌尔都语图书在这一地区出版。接下来的18和19世纪，诗歌是次大陆最重要的文学样式和出版内容。米尔·巴贝尔·阿里·安尼斯（Mir Baber Ali Anees）、阿尔塔夫·侯赛因·哈利①（Altaf Hussain Hali）和吉博力·诺玛尼（Shibli Nomani）是这一时期的作家。穆斯林作家在这一时期，开始致力于新的文化工程的建构，并从伊斯兰信仰中大力挖掘文化内涵和打造适应新变革的文化影响力。

巴基斯坦独立后的一段时间里，暴乱频发，公共关系紧张，也催生了这一时期的小说新样式。大量散文作家和短篇小说作家接受了这一时期的政治写作任务。这种小说的流派以《暴乱传说》最为著名，这本书代表了该时期遭受苦难的人们的心声。独立后的巴基斯坦首先得到繁荣的文艺样式就是短

① 阿尔塔夫·侯赛因·哈利（1837～1914）是一位乌尔都语诗人和作家，并享有赫瓦贾·哈利毛拉的美誉。一些巴基斯坦爱国主义学者认为，他的著作《Mussadas》中有“对将来成立一个穆斯林国家的清晰的文本表述”。（来源于维基百科“Altaf Hussain Hali”词条）

篇小说，而萨达特·哈桑·曼托[①]（Saadat Hasan Manto）是这一时期著名作家中的杰出代表。

现实主义成了独立后十年的关键词。作家探索社会改变、评判人类和自然以及描写阶级层化。一些作家积极关注变革中的社会现实，大量作品充满理性思考和批评精神。

2. 乌尔都语的文学创作与图书出版

诗歌在乌尔都语文学中占据着主导地位，著述颇丰且表达丰富，影响力较大。甚至诗歌的表达方式对短篇小说的创作也产生了影响，而且影响区域扩散至南亚诸多地区。

（1）小 说

乌尔都语小说的发展可以追溯到巴基斯坦独立前。当时的作家不仅为了娱乐写作，也为了教育大众和繁荣印巴文化而创作，在这段时间里，社会被英国的殖民价值观投射了巨大阴影。

幽默是小说表现的主要方式。作为幽默作家和戏剧演员的沙菲克·乌尔·拉赫曼（Shafiq-ur-Rahman）非常擅长用这种方式表达，他也为促进丰富多彩的文学基因的生长作出了突出贡献。

目前，主要的英文作品都有翻译，以及其他语种的重要著作，都有大量著作被翻译成乌尔都语，并在巴基斯坦出版，包括从莎士比亚到《哈利·波特》这样的流行作品。

（2）诗 歌

诗歌是乌尔都语最丰富也是最古老的文学样式之一。像米尔·默罕默德·塔奇·米尔（Meer Muhammad Taqi Meer）、迦利布（Mirza Asadullah Khan Ghalib）、默罕默德·伊克巴尔（Allama Iqbal）以及其他一些作家，在巴基斯坦独立前已经为自己拟好了在新国家的名字。现代的著名诗人包括菲兹·艾哈迈德·菲兹（Faiz Ahmed Faiz）、艾哈迈德·法拉茨（Ahmed Faraz）、艾哈迈德·纳迪姆·迦斯米（Ahmed Nadeem Qasmi）和帕温·沙克尔（Parveen Shakir）。

在印度次大陆，包括在巴基斯坦，诗歌已经渗透到社会的方方面面，诗

---

① 萨达特·哈桑·曼托（1912.5.1～1955.1.18）是一位巴基斯坦作家、剧作家，并被认为是南亚短篇小说发展史上最伟大的作家之一。他创作了22部短篇小说集，一部长篇小说，五部戏剧，三部散文集，两部个人素描作品集。他的最优秀的短篇小说受到作家界和文艺评论界的高度评价。（来源于维基百科“Saadat Hasan Manto”词条）

歌已经关注到了广泛的社会内容和话题，包括在政治、宗教甚至是爱情方面的社会觉悟。

（3）儿童文学

从民间故事到诗歌，再到小说，包括精彩的短篇故事，乌尔都语能够为儿童提供丰富的阅读内容。有关儿童话题的图书还在扩展，包括健康、环境甚至包括虐待儿童的图书都已经成为新的创作内容，这些书因为优质的内容和精良的印刷而广受好评。由联合国儿童基金会发起编写的米娜系列童书就非常受欢迎，其他非政府组织也在着手策划这样的图书。

3. 传统和地方语言的文学创作与图书出版

在次大陆和巴基斯坦所有的方言中，信德语是最古老的语言之一。《古兰经》在次大陆最初翻译成的语言就是信德语。信德语文学内容丰富，包括了信仰、哲学、医学、社会学、逻辑学、文学、历史学、政治学等。沙阿·阿卜杜勒·拉提夫·毕泰（Shah Abdul Latif Bhittai）是一位信德语诗人，他的作品被广泛阅读，并被世界读者所接受。他是著名的苏菲派学者、神秘主义者、圣徒和诗人，并被认为是使用信德语写作的最伟大的穆斯林诗人。他将诗作汇集成篇，并取名为《Shah jo Risalo》，该著作已经被翻译成了众多版本，包括英语、乌尔都语和其他语言。其他比较有名的诗人还有萨查尔·萨尔马斯特（Sachal Sarmast），谢赫·阿亚兹（Shaikh Ayaz）。贾马尔·阿布罗（Jamal Abro）、古拉姆·拉巴尼·阿格罗（Ghulam Rabbani Agro）、阿里·巴巴（Ali Baba）、纳西姆·哈拉尔（Naseem Kharal）、赛义德·伊凡·阿里·沙阿（Syed Irfan Ali Shah）等都擅长写短篇故事。信德阿达比董事会（Sindhi Adabi Board）、信德语言管理局（Sindhi Language Authority）、信德学学院（Institute of Sindhology）等机构也介入到了信德语文学和文化的译介工作中。

在巴基斯坦的地区性语言中，旁遮普语最接近乌尔都语，也是最丰富多彩的语言之一。很多歌手都采用旁遮普语作为“调味料”添加进歌曲。这也对旁遮普语的诗歌样式有很大的助推。但总体上来讲，旁遮普文学的开发程度不如信德文学。旁遮普语散文的根源可以追溯到古鲁·那纳克（Guru Nanak）的《Janam Sakhis》，但由于对传播介质的忽视，阻碍了这种文学样式的发展。直到20世纪50年代，文坛一直都被乌尔都语文学所占据，甚至没有人有出版旁遮普语的图书或者出版杂志的想法。但直至今日，旁遮普语的出版世界已经扩展了很多。

巴基斯坦独立后的早期普什图语作家们，有消极的民族主义者，进步的民族主义者，也有激进的民族主义者和马克思主义者，除了消极的民族主义者，几乎所有人都有政治动机。普什图语文学的发展伴随着普什人为争取自由而进行的抗争，普什图语的写作也从客观主义转向主观主义，图书的质量有了明显的提升。

诗歌是俾路支语文学的唯一较为活跃的样式，并且作为俾路支文学的主体，有超过600年的历史。毛拉祖尔是俾路支语伟大的诗人。毛拉祖尔出生于18世纪末，是一位传统派诗人。他的哥哥同样也是一位出色的诗人，两人除了用俾路支语创作外，还使用阿拉伯语和波斯语，并有极高的天赋。毛拉祖尔对于俾路支语和俾路支文学的贡献是促进了二者的进化，尤其是在诗歌的主题结构和语言方面。俾路支诗歌主要集中于叙事诗，毛拉祖尔丰富了诗歌主题，包括描绘当时百姓所处的社会状况，也包括爱国主义题材的诗歌。他从传统的俾路支语表达中解放出来，并且创造性地运用了很多经典词汇。由于他的努力，俾路支语有了今天看到的演变。1854年5月30日，这位俾路支人民爱戴的诗人去世了，享年80岁。他为自己挚爱的祖国留下了宝贵的文学财富，并且葬于俾路支省。最近十年以来，有超过90部他创作的小说出版，最近出版的小说名为《Bahisht-e-Doza》，长度达1200页。西莱基语图书目前也有可观的印量。

4. 英语语言的文学创作和图书出版

（1）小 说

有关英语小说的作家很难分类。不少非常优秀的小说家和短篇小说作家为巴基斯坦赢得了很好的国内和国际声誉。但很难为巴基斯坦作家和非巴基斯坦作家画一条线。主要原因在于，尽管有不少作家出生于巴基斯坦，但是他们几乎没有在巴基斯坦生活过，也与他出生的地方没什么联系。

佐勒菲卡尔·高斯（Zulfikar Ghose）的《谋杀阿齐兹·汗》是第一部有影响力的现代英语小说，出版于1967年。该小说的主题和情节虽然具有巴基斯坦色彩，但是高斯实际上没有在巴基斯坦真正生活过，小说写于美国南部的德克萨斯州。

1980年，著名的小说家巴普西·西多瓦（Bapsi Sidhwa）在英格兰发表了他的第一部小说《乌鸦的食客》。西多瓦是巴基斯坦裔最有名的作家之一。

一些好的英语文学著作出自移民西方国家的巴基斯坦侨民之手。哈尼夫·库雷西（Hanif Kureishi）试图用他的《彩虹的标志》（1986），来将英国和巴基斯坦这两个世界串接起来。这是一本令人魂牵梦绕的回忆录。另外一位作家，阿梅尔·侯赛因（Aamer Hussein）也写了一系列广受好评的短篇故事。

接下来，英语文学得到了快速发展，一些作家登上了国际舞台并获得了国际奖项。阿丹·扎米扎德（Adam ZameenZad）、哈尼夫·库雷西（Hanif Kureishi）、纳迪姆·阿斯兰（Nadeem Aslam）和巴普西·西多瓦（Bapsi Sidhwa）都因为出色的写作而获奖。

近些年，年轻作家不断涌现。比如比娜·沙阿（Bina Shah）、卡米拉·夏姆斯（Kamila Shamsie）、乌斯马·阿斯兰·汗（Uzma Aslam Khan）和塞巴·萨瓦尔（Sehba Sarwar），他们都被证明是非常优秀的作家。他们把视野放到侨民、穆斯林妇女和其他社会问题上。比娜·沙阿的《786 网吧》是有关三个巴基斯坦男孩和一个巴基斯坦女孩之间的故事。卡米拉·夏姆斯的《制图法》清晰地描述了生活在卡拉奇精英阶层的主人公的生活。

自 2000 年以来，乌斯马·阿斯兰·汗（Uzma Aslam Khan）、莫森·哈米德（Mohsin Hamid）、萨阿德·阿什拉夫（Saad Ashraf）、索瑞亚·汗（Sorayya Khan）和费亚尔·阿里·果哈尔（Feryal Ali Gauhar）发表了不少出色的新小说。莫森·哈米德的《蛾烟》入围海明威国际笔会，并获得了其他奖项。2004 年，纳迪姆·阿斯兰（Nadeem Aslam）和希尔·萨阿迪（Suhyal Saadi）两位巴基斯坦裔英国作家，入围 2006 国际 IMPAC 都柏林奖。同时他们也赢得了其他多个大奖。卡米拉·夏姆斯的《破碎的诗句》，入围了 2006 年毛里斯王子奖。

巴基斯坦裔英国作家莫妮扎·阿里（Moniza Ali）出版了她的第五部诗集《石头如何发现它的声音》，这部作品中的部分内容反思了 9·11 事件及其接下来的影响。菲兹的作品《文化与认同：菲兹英语作品选》由牛津大学出版社出版。

（2）非小说

萨尔玛·艾哈迈德（Salma Ahmad）的《自由切割》、里奥·拉希德（Rao Rashid）的《云霄飞车》都是不错的自传。

沙乌卡特·拉扎·米尔扎（Shaukat Raza Mirza）的《从埃克森到昂国》（From Exxon to Engro）是一本对于高级经理人和未来经理人来说必读的书。他给出了很多有效应用的案例，洞悉了现代管理和伦理管理的很多应用法则。该书于 2005 年 3 月由牛津大学出版社巴基斯坦分公司出版。

达里克·阿里（Tariq Ali）的《巷战年代：六十年代的自传》《尼赫鲁和甘地：印度王朝》等书得到重印。不少历史类的书籍由位于卡拉奇的莫哈塔宫（Mohatta Palace）重印。游记方面，有沙尔曼·拉希德（Salman Rashid）的《杰赫勒姆：维萨塔之城》（Jhelum：City of Visata）等。

一直以来有关伊斯兰教的书籍多以乌尔都语出版，而近些年来这种情况有所改观，不少出版商集中精力将乌尔都语的信仰书籍翻译成英语，或者直接用英语出版信仰书籍。答鲁萨兰①（Darussalam）在这方面出版的图书被公认为内容和质量上乘。

图1　达鲁萨兰出版公司 LOGO②

（3）儿童图书

尽管巴基斯坦有丰富的乌尔都语图书财富，但对于英语儿童小说方面来说，却相对匮乏。尽管有过多次尝试，但市场上充斥的还多是来自国际作者的书，像伊妮德·布莱顿（Enid Blyton）、罗尔德·达尔（Roald Dahl）的《流行的香谷》，罗伯特·劳伦斯·斯泰恩（R. L Stine）的《著名的五》《哈迪男孩》等。

马纳兹·马利克（Mahnaz Malik）是一位在英国出生的巴基斯坦作家，她

① 达鲁萨兰公司是一家 1986 年由阿卜杜·马利克·穆贾希德先生创办于沙特首都利雅得的伊斯兰出版公司。它的总部在利雅得，在沙特阿拉伯、阿联酋、巴基斯坦、美国、英国、澳大利亚、加拿大、法国、马来西亚、斯里兰卡、印度和南非等国家设有分支机构，达鲁萨兰坚持内容和质量第一的出版标准。官方网址为 https：//darussalampublishers. com/。

② 图片来源于维基百科。

为公民基础教育筹款而出版了自己的第一本儿童故事书。科拉·琳恩·戴布勒（Cora Lynn Deibler）的插画版《莫之星》，由牛津大学出版社出版，描述的是一个年轻的企鹅去摘星星的精彩故事。

图 2 《著名的五》系列图书之一《在金银岛上的五》①

二、图书出版的新态势

对于出版业来说，时间积累和技术进步对于形成出版特点和趋势至关重要。巴基斯坦进入到数字时代，传统的媒体之间的界限变得模糊，带来的影响有积极的，也有消极的，它可能促进图书文化的新发展，也可能进一步疏远图书与读者之间的距离。

（一）电子书与网络图书馆

根据最新的“全球出版商”网站②显示，目前出版物的种类主要包括报纸、图书、电子书、日历、期刊、网络出版物、杂志、地图、自出版出版物、手持阅读器出版物、有声读物、海报、明信片、贺卡等 14 个门类。从各出版

① 图片来自网络。
② 全球出版商网，出版商的目录媒体，http：//www. publishersglobal. com/directory/list-media/。

物形式的受欢迎程度和传播热度来看，报纸、图书、电子书、杂志、期刊、网络出版物、日历、地图、自出版出版物、有声书排名靠前。在图书行业，互联网最大的贡献就是数字化图书，为图书带来了更多的读者。在过去的十几年中，在线图书的网站越建越多，这些网站很多都是免费的，有的只收取非常低廉的象征性的费用，并且提供无限制的电子书浏览，既可以在线阅读，也可以下载阅读。因为费用低廉和方便访问，这种趋势变得越来越流行。在巴基斯坦，绝大多数人支付不起昂贵的外文原版图书。向“古登堡计划”① 这样的网站，就为普通大众提供了一个熟悉外国文学的机会。越来越多的人可以通过这个网站下载自己想要的图书，并用来提升自己的文学素养。

（二）网上书店

与电子书紧密相关的是网上书店，也体现了互联网的另外一个强大功能。传统的书店得以在网络上加以扩展，网上书店为读者提供了更多的选择，包括搜索图书，查看图书评论，通过目录查看，浏览封面、作者信息、阅读热度，并可以在线购买图书。尽管这些图书不是免费阅读，也需要产生邮寄费用，但是在线搜索和下单，都节省了更多的时间和麻烦。也有批评家说，这种网上购书方式，剥夺了读者去书店浏览新书的乐趣，也降低了他们发现感兴趣的书的能力。巴基斯坦最大的网上书店是法宾果网②，可以提供全巴基斯坦免运费，现金到付和七天内保换承诺。从该网站所列图书信息来看，包括“新书发布”“畅销书排行榜”等。

另外一个较为有名的是“自由图书网”③，其理念是成为“你完整的书店”（Your Complete Bookstore）。该网的产品种类较为齐全，除了图书之外，还包括杂志、特供图书、特价图书、玩具和相关礼品等。

（三）读者俱乐部

虽然不是一个新出现的事物，但是读者俱乐部对于日渐萎缩的图书文化来说，的确也带来了新风。在巴基斯坦有许多在线和离线的图书俱乐部或者读者俱乐部。人们聚在一起谈论自己喜欢的书，或者介绍自己最近正在读的书。

---

① 截至2015年9月，该网站提供49958种免费电子书，官方网址为http：//www.gutenberg.org/。

② 官方主页为http：//www.fabingo.com/。

③ 官方网址为http：//www.libertybooks.com/home.aspx。

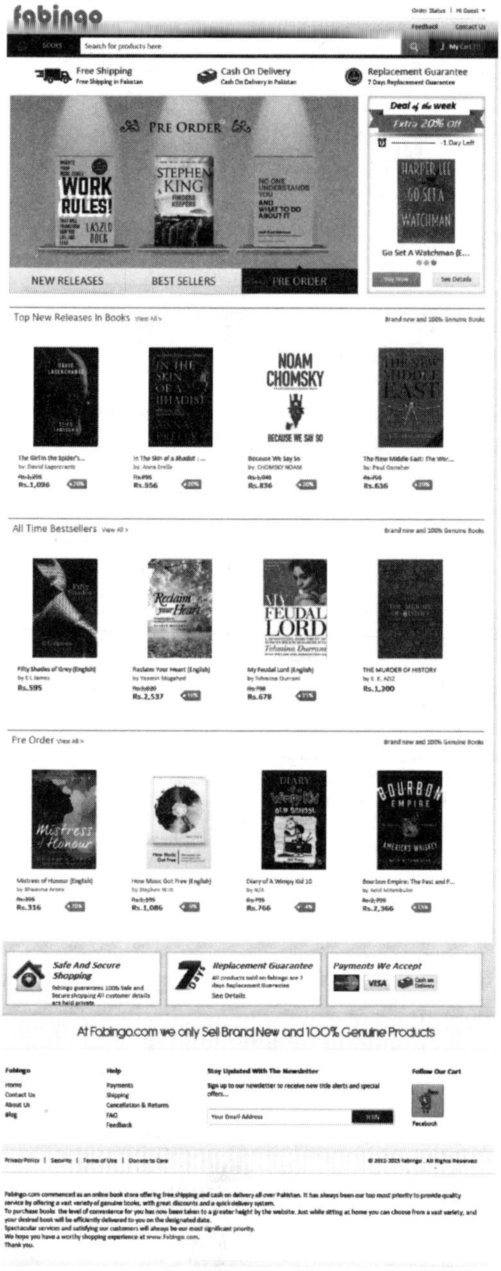

图 3　Fabingo 网主页①

---

① 图片截自该网。

图4　自由图书官网①

---

① 图片截自该网。

图5　自由图书网客户对话窗口[1]

卡拉奇大学的“读者俱乐部”就是一个典型的例子，它由该大学一位在国际关系系任教的讲师主持。在Orkut[2]也有一个社区，名叫“读者俱乐部”，并且也有一个雅虎群组，地址为Readers-Club@ yahoogroups. com，如无特殊情况，该群组一周举办六天的聚谈。在这个俱乐部里，参加者可以找到最近一周的经典文章，也可以了解到一周的图书亮点，并且可以参与从国内问题到全球趋势的多个议题的讨论。

（四）图书展览

第一届卡拉奇国际书展[3]于2005年12月8日至11日在卡拉奇举办，此后每年一届。2015年11月12日至16日，第十一届卡拉奇国际书展将举行。尽管参展的书都是原本，且价格相对较高，但是人们的观展热情还是很高涨。虽然最后观展者并没有购买多少图书，但却收获了很多知识，开阔了视野。相比之下，参展的印度出版商对于不同学科门类的参考做了非常出色的梳理和收集，而巴基斯坦的出版商在这方面做得还非常不够。

卡拉奇国际书展的官方网站介绍说：“阅读是一种创造性的习惯，就像‘思想的食物’，因为通过阅读获取的知识和信息能够比较长久地保存在大脑中。尽管信息技术能够提供给人们更新的知识，并且通过互联网可以查找到

① 图片截自该网。

② Orkut是Google公司推出的社会性网络服务。通过这一服务，用户可以在互联网上建立一个虚拟社会关系网。

③ 卡拉奇国际书展的官方网站为http：//www. kibf. com. pk/press. php。

几乎所有的科目，但这一行为本身并不能替代知识的获取，而这必须通过持之以恒的阅读来获取。阅读给人类思维带来的影响比网络浏览更持久。”① 对于图书出版商来说，巴基斯坦有全世界最大的市场之一。一年一度的图书博览会为巴基斯坦最大的城市和贸易中心——卡拉奇的公民和书籍爱好者提供了一个绝佳的机会。它还为国际出版商提供了展示平台和商业机会，并且与巴基斯坦的出版专家探讨问题和展开高层次的合作。

图 6 第一届卡拉奇国际书展②

由巴基斯坦出版商和书商协会主办的卡拉奇国际书展引起了巴基斯坦主要出版商和书商的兴趣，并且也带来国际顶尖出版机构的参与。

在拉合尔，同样举办有国际书展。拉合尔国际书展是在拉合尔举办的每年一度的书展，也是拉合尔最大的书展。该书展在位于乔哈尔镇的国际展览中心举办，一般展期为五天，会吸引数千人到场。对于拉合尔来说，书展是一场特殊而且重要的教育和文化盛事。拉合尔一直是巴基斯坦的出版中心，也是图书馆中心、教育中心和文化活动中心。这里生产了巴基斯坦超过 80%

---

① 卡拉奇国际书展介绍，http：//www. kibf. com. pk/index. php。

② 图片来源于卡拉奇国际书展的官方网站。

的图书。2015 年 2 月，第二十九届书展成功举办。

图 7　拉合尔国际书展（第二十九届）招贴①

图 8　巴基斯坦出版商和书商协会 LOGO②

在中小学、学院和大学，也会有一年一度的图书展销会。对于每周举办的活动来说，“Koocha-e-Saqafat” 和弗里尔厅图书展是值得一去的。书展上有涉及广泛议题的图书，这些书通常是二手或者是重印的，虽然有明显的违背版权法的嫌疑，但是有大量的卡拉奇市民前往搜集自己想要的图书。

拉合尔乌尔都巴扎③是巴基斯坦最大的知识印刷品、图书和文具的销售市场。Old Anarkali、Nisbat Road、Mall Road、Nila Gumbad、Lohari gate 都是比较有名的书店。这个市场有非常多大大小小的书店，出售新书和旧书。

三、图书盗版问题及其他出版制约因素

（一）巴基斯坦图书盗版与版权法

教育的发展，造就了大量的图书需求，教学用书是一个较为恒定的需求

① 图片来源于拉合尔国际书展官网，http：//www. libftrust. com/new/index. htm。

② 图片来源于卡拉奇国际书展官网，http：//www. kibf. com. pk/。

③ 其网上书店网址为 http：//www. urdubazarlahore. com/。

图9 拉合尔乌尔都巴扎中的图书市场[1]

市场。国家重视教育就必须大力发展教材，以及相关配套的教辅用书，还包括用于进一步学习和研究的学术书籍和专业书籍。这些图书的生产和流通，必须要经过大量的人力、物力和财力支持，甚至是需要大量从国外进口。美国国家图书基金会[2]（National Book Foundation）于1986年成立，在原出版商的授权下转载、翻译和翻印外文图书，对出版业欠发达地区进行出版慈善支持。这样的话，可以使图书的价格更接近可接受水平。但这一努力并没有取得预想的成功，因为大多数的重印书都是比较过时和老旧的版本。

图书行业几乎从诞生一开始就受到盗版的侵扰，并且盗版书行业还一度取得了"巨大成功"。几乎所有的主要著作都有被非法翻印的经历，且以低于原价较多的价格销售。不仅仅是教科书盗版，近年来很多本地和国际知名小说也被大量盗版，甚至在原版还没有正式公开发售前，盗版书就已经上市了。

---

① https://lahorenama.wordpress.com/2012/04/15/lahore-lets-visit-urdu-bazaar/.

② 美国国家图书基金会是一家非盈利组织，旨在提高美国大众的文化鉴赏水平，于1989年由美国国家图书奖股份有限公司成立，成立的基础是美国国家图书奖的管理者和赞助商。它还组织和赞助公共教育项目，官方网址为 http://www.nationalbook.org/index.html。

非法复制图书的趋势不仅限于国际畅销书。通常发现有关巴基斯坦作家盗版书并不容易，但是也有这样的专门的图书市场。特米娜·达兰（Tehmina Durrani）的《我的封建主》，巴普西·西多瓦（Bapsi Sidhwa）的《美国小子》，就是这样的例子。当被问及此事，作为巴基斯坦裔英国散文作家优秀代表人物之一的巴普西·西多瓦说，“盗版是一个问题，因为夸张的原价。所以一些盗版看起来就像在发善心，并且把我之前被盗版的书也给了出版商。他们就如同在我身上装了他们的钱袋子，但是如果我的书真被大家读到了，我其实并不那么介意。如果我们有更大的出版商，并且有更大的阅读人群，价格应该可以被更好地控制住”。

针对以卖盗版书闻名的乌尔都巴扎，官方有过多次的突袭和围剿行动，但是这被证实更像是一种表演，并没有真正解决问题。真正应该打掉的并不是那些售卖盗版书的商店，而是应该从印制源头上去治理，盗版书行业已经成为一个植根很深的、靠几次突袭解决不了的社会难题。

除了盗版之外，另一个威胁是剽窃的问题。这包括简单的大面积复制字符，或者剽窃想法。剽窃是一个古老的问题，给那些花大量的时间和金钱创作好作品的作家带来了巨大的忧虑，因为不法商贩可以轻易复制其作品，并以低价出售。一些“所谓的”作家他们从一些国际作家那里获取用于剽窃的原材料，稍加改动就将其变成了“自己的作品”。

那些真正坚持原创，自己诚实创作的人应该被鼓励，尽管实际上他们也得不到什么鼓励。有不少优秀的作者，当他们准备步入作家和出版这个领域时，获得的鼓励是相当少的。政府、非政府组织和知识分子也几乎没有主动对一些青年作家或者正在蹒跚学步的准作家们给予过真正的鼓励。结果是很多年轻的作者努力寻找外国出版商出版他们的作品，至少可以在国外比较好的版权保护下得到应有的酬金和版权管理。然而，在由于盗版几乎剥夺了作家生存权的国度，也的确还有一些不知疲倦的灵魂在坚守着他们的写作事业，以求得一席生存之地。巴基斯坦目前有关版权方面的法律法规主要有：1962年的《版权条例》（*THE COPYRIGHT ORDINANCE*），1967年的《版权规则》（*COPYRIGHT RULES*），1968年的《国际版权秩序》（*THE INTERNATIONAL COPYRIGHT ORDER*），1981年的《版权局（程序）条例》（*COPYRIGHT BOARD*（*PROCEDURE*）*REGULATIONS*）。1962年，巴基斯坦《版权条例》生效，条例中详细规定了违反版权规约的情况和条件。同时，巴基斯坦也是《伯尔尼公约》和《世界版权公约》的成员。

巴基斯坦知识产权组织也一直在发挥应有的作用。该机构成立于2005年4月8日，作为一个独立的办事机构，它接受政府内阁统一和高效的管理。包括商标注册、版权办理，以及专利和设计办理，都是该机构的主要业务。该组织的主要职能包括：管理和协调所有的政府系统，以利于加强知识产权（IP）保护；管理该国所有的知识产权局；帮助人们正确认识知识产权；为联邦政府知识产权政策改善提供建议；确保知识产权通过指定的知识产权执法机构（警察、联邦调查局和巴基斯坦海关）有效执行。

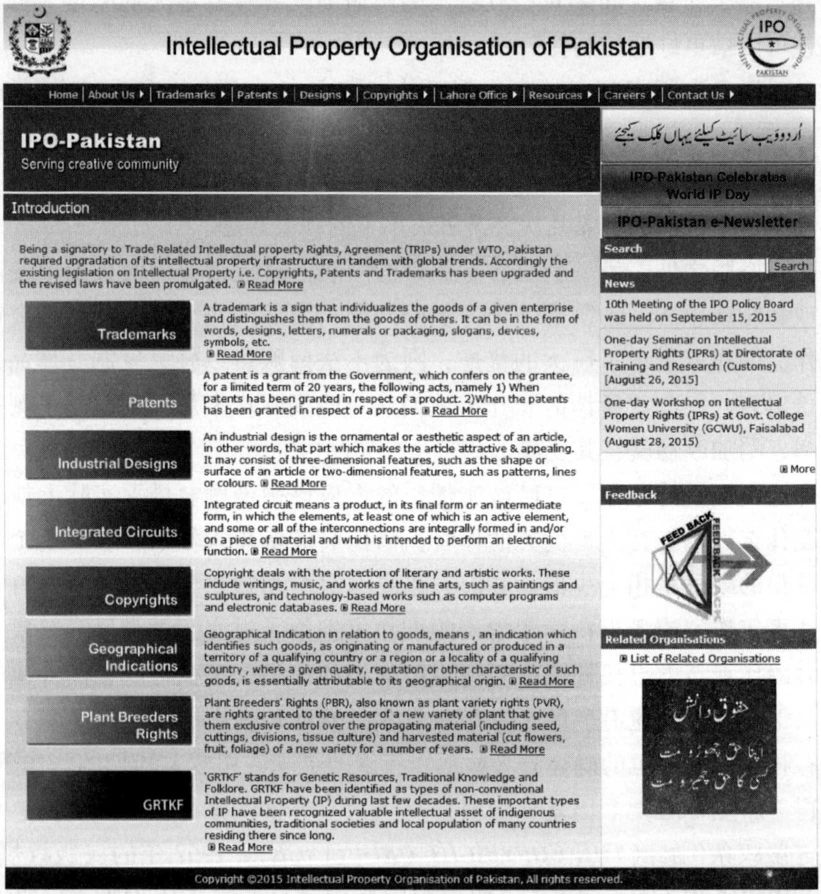

图10　巴基斯坦知识产权组织官网①

① 图片截自该网站。

（二）直击巴基斯坦的图书盗版问题

首先是出版市场的盗版、盗印问题。在巴基斯坦，盗版猖獗，主要是因为监管单位与政府漠视版权及疏于版权管理。这也成为国外出版社在巴基斯坦很少建立分支的主要原因。在国际出版社缺席的情况下，巴基斯坦支付进口书的价格相当于国际水平，因此巴基斯坦鼓励支持图书盗版并不奇怪。盗版书与进口图书相比价格低很多，这对图书爱好者来说是一个很大的诱惑，而进口书籍的价格超出盗版书的几倍甚至十几倍，对工薪阶层和社会底层国民来说几乎不可能买得起。技术类书籍，如医药、工程、商业、建筑等专业书籍对学生和家庭来说，也是很大的财政负担。诸多原因使得盗版书籍吞噬着大半个图书市场。不少国民呼吁，巴基斯坦政府应与进口书籍国家和国际出版社协商，鼓励在巴基斯坦设立办事处，并降低进口关税与相关税费。出版商降低图书生产成本与书籍引用和转载成本，减轻购买者的财政负担，将有利于外国出版社、作家和巴基斯坦的读者。

巴基斯坦的盗版行业已经形成了紧密的利益链条，印刷厂的行为难以受控是一个主要原因。正版图书在被放到印刷机上翻印之前，经过扫描和逐页复印，图书封面会被进行数字处理，以便获得高分辨率，也有的直接从网上获取清晰的图书封面。一旦翻印本印制完毕，它们就会通过组织严密的团队将其发送到巴基斯坦全境。一些人随后还会将翻印本走私到南亚邻国。尽管几年前盗版行业还只是类似于作坊式销售，但是现在已然变成了数额高达数百万美元甚至更高的大产业。

从《无畏的希望》到《漫漫自由路》或是到《微物之神》，在西方一经大卖，或是刚一出版，就立刻会被盗版书商盯上，在组织严密的地下印刷厂疯狂盗印，并快速铺货。数以千万计的盗版书籍被出售给巴基斯坦及中东国家，人们买这些盗版书籍是因为盗版书商的卖价比出版商给书籍原始版本设定的真实定价要低许多。当一部图书在西方出版后，地下出版团伙就会立刻从书店或是亚马逊网站买下一本正版版本，进行火速盗印，并开始在市场上销售，其铺货速度并不亚于正规渠道。

其次，版权问题对巴基斯坦图书出版业是一个非常严峻的考验。虽然巴基斯坦是《伯尔尼公约》和《世界版权公约》的成员国，但在巴基斯坦盗版书猖獗，盗版书遍布各个图书种类，就连教科书中也有80%是盗版。教育行业的兴起为图书出版创造了广阔的市场，但是巴基斯坦本国医学、工程、商业类等专业的图书出版水平有限，所有这些图书都基本需要从国外引进，而引进图书版权的费用之高难以承受。因此，国家图书基金会就会在取得原版出版商的同意下，翻译甚至重印这些图书，这样图书的价格就可以降低到学生们可以接受的水平，但能够进行这种操作的图书的比例还比较低。这样一来，教育用书出现严重的盗版现象就得不到根本改观。在巴基斯坦，使用英语教材的学校图书盗版猖獗，主要因为英文原版书主要来自西方，定价都较贵。一些合法的书商同样介入盗版活动，即便英国出版商协会为了逮捕盗版从事者而雇佣一批人进行情报收集也无济于事。

巴基斯坦的版权法实施困难，自 1989 年开始，就被列入特别 301 观察名单中。2011 年 5 月，由于知识产权保护和执法政策不完善，巴基斯坦被美国贸易代表办公室列入了重点观察国名单，在《特别 301 报告》[①] 中，USTR（伊斯兰堡——美国贸易代表）称，美国业界对巴基斯坦泛滥的假冒和盗版，尤其是图书和光盘盗版表示担忧，并呼吁巴基斯坦改善该国版权法律以应对数字时代的盗版问题。

2015 年 4 月 30 日公布的 2015 年《特别 301 报告》中对于巴基斯坦的表述如下[②]：

巴基斯坦仍在 2015 年的优先关注名单中，因为它的整体知识产权保护并没有得到显著改善。最为关键的是，巴基斯坦还未充分实施《巴基斯坦知识产权组织法案（2012）》的相关规定。特别是，根据以上法案，巴基斯坦尚未建立完整的专门的知识产权法庭。巴基斯坦应确保其执法官员在不需要版权持有人投诉的情况下就可以行使职权，以提高处罚侵犯知识产权犯罪的威慑水平。部分原因是缺乏有效的执行，广泛存在的假冒和盗版的药品、印刷材料、光学介质、数字内容和软件，继续受到美国工业的严重关切。巴基斯坦还应采取必要措施，改革其版权法，解决数字时代的盗版问题，并改革其商

---

① 《特别 301 报告》起源于美国《1974 年贸易法》的“特别 301 条款”，这一条款是 1988 年美国国会通过的《1988 年综合贸易竞争法》对于《1974 年贸易法》“301 条款”的修改、补充。根据该条款，USTR 以“国家贸易评估报告”为基础，针对各个国家是否对知识产权提供了充分而有效的保护，以及是否对依赖知识产权保护的工业部门或商人提供公平平等的市场准入机会等情况进行审查。每年 USTR 向国会提交《特别 301 报告》，全面评价与美有贸易关系的国家的知识产权保护情况，视程度将其列入“306 条款监管国”“优先国”“优先观察国”或“观察国”等名单，并在递交报告之后根据“301 条款”进行相关调查，以让美国政府参照决定加以区别对待。（来源于中国国家知识产权局网站，http：//www. sipo. gov. cn/zlssbgs/zlyj/2015/201507/t20150708_ 1141675. html）

② 2015 年《特别 301 报告》，https：//ustr. gov/sites/default/files/2015-Special-301-Report-FINAL. pdf。

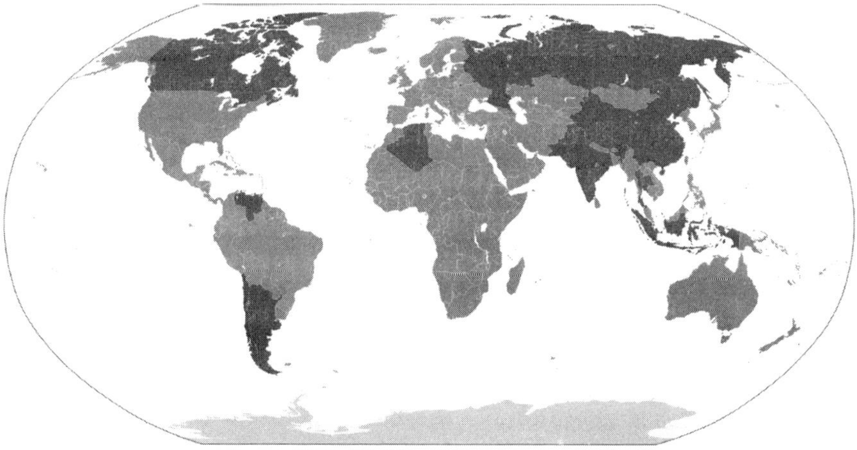

图 11　2011 年的《特别 301 报告》观察国①

标立法，以符合国际标准，并简化登记程序。美国继续鼓励巴基斯坦提供一个有效的系统，以防止不公平的商业用途，以及未经授权的测试和其他数据的披露，以获得医药产品的销售许可。美国赞赏巴基斯坦在改善其知识产权环境方面的决心，通过与巴基斯坦工商协会和私人公司召开会议，讨论知识产权问题，来提高公众对知识产权重要性的认识。美国期待与巴基斯坦合作，以解决这些问题和其他问题，包括对知识产权组织法案的全面实施。

造成盗版充斥市场的原因是多方面的，比如，盗版图书复制方便并且实惠；盗版图书不论是出版商、书商还是读者都能从中受益；引进正版图书困难，进口外国图书获得版权十分困难；版权费数目庞大；民众版权意识薄弱；国内版权法贯彻实施有很大漏洞，没有监督机制来实施版权法。②

据旁遮普大学图书馆与信息科学系哈立德·马哈茂德和俾路支大学图书馆与信息科学系默罕默德·伊利亚斯所做的一项对巴基斯坦出版商、书商、进口商和出口商进行的调查问卷③显示，针对盗版的原因，受调查企业认为原

---

① 图片来源于维基百科。

② Copyright and Book Piracy in Pakistan. 维基百科，http：//www. paklag. org. html，2014 年 3 月 7 日。

③ 该调查针对巴基斯坦出版商、书商、进口商和出口商进行，因为巴基斯坦没有全面的图书贸易目录，因此两位研究人员在一些简短目录的基础上，借助图书馆员的帮助，编制了一个有 893 家企业的名单。该调查主要在伊斯兰堡、拉瓦尔品第、拉合尔、卡拉奇、白沙瓦和奎达进行。对 893 家企业进行了随机抽样，选取了总数的 10%，即 90 个单位进行访谈，最后获得了 83 家企业的回复。以下各表均根据此次调查整理。

因所占百分比如下。

表 1　盗版原因分析表

盗版原因	占比（%）
原价太高，销售太少	80
高回报率	33
无法得到原版	29
教学大纲中包含有国外图书	28
简单和经济实惠的复制技术	24
侵犯著作权的适用法律不恰当	20
执法行动复杂且耗时	20
没有对版权法施行的强力监督	18
从外国出版商/作者获得版权存在困难	14
外文图书进口困难	12
出版商、书商和版权局之间缺乏沟通	6

表 2　图书盗版的主要受益者调查结果

主要受益者	占比（%）
出版商	41
书商	39
读者	18

表 3　版权法律的认识和见解调查表

问题	肯定回答比例
你知道巴基斯坦有版权法吗？	92%
你知道国际版权公约吗？	35%
现行的版权法有效地遏制了巴基斯坦的盗版行为吗？	40%
国际版权公约在巴基斯坦得到了尊重吗？	30%
在书上印制的版权声明能阻止盗版书吗？	19%
你是否对版权条例中的法律条文满意？	47%

表 4　对抗盗版的措施建议

措施	占比（%）
著作权法的严格执行	60
对使用原版教材予以补助	48
国家图书基金会在重印必备书籍方面更有效地发挥作用	31
鼓励本地作家创作好书	25
简化图书进口程序	19
加大宣传著作权法	12

该调查之后，两位作者还提议，应该利用一切尽可能的大众传媒手段，对版权加以宣传，尤其是加强普法教育。加强对盗版书的使用危害和对出版经济的破坏的宣传。并对版权执法人员的不作为和乱作为进行整治，尤其是动用强有力的法律手段，来增大违法违规的代价和成本，对于具体联合执行查处任务的警察、联邦调查局人权和海关人员，以及具体处理案件的法官和检察官应该定期安排专门的培训。并且进一步发挥巴基斯坦出版商和书商协会的作用，搞好一些常抓不懈的专业培训和专业排查，被调查者如被发现有侵权行为，应该撤销其会员资格，并进行相应惩戒。并提议，发行商应该多从巴基斯坦的实际国情和群众购买力出发，策划出版经济适用的教科书等，尤其是鼓励外国出版商在巴基斯坦直接设立分公司、办事处，或者加强与巴基斯坦国内出版机构的出版合作，在不影响出版物内容质量和保证各方收益的前提下，尽量压低出版物价格，让百姓得到真正的实惠。

如何根据巴基斯坦的实际国情来开发新型的合作样式，两位作者也建议，外国出版商应该多进行合法授权，通过市场的实际需求和购买能力，测算较为可行的版权费支付标准，以确保图书能够顺利到达消费者手中，而中间商又能获得一定的收益。应该继续加强对巴基斯坦国家图书基金会的支持力度，学术机构如大学和专业学院以及志愿者组织，可以鼓励他们多进行图书创作。成立于2004年的巴基斯坦知识产权组织（PIPRO）可以发挥更大的作用，但也应获得足够的资金支持，以更有效地开展各项活动，教育、家庭、商业、工业和政府法律部门都应该对该组织多加配合。此外，相关研究机构，包括国外研究机构，也要实时监测和跟踪有关版权治理的动态，并结合不同阶段的不同特点，给出具体细节方面的处理建议。

在一个长期习惯盗版和不重视版权保护的国家，要实施短时间内对民众利益有切身影响的措施，并不是一件容易的事情。但如果以此为说辞，继续忽视盗版行为，则其负面效果将进一步扩大，也会使巴基斯坦在国际社会上的尊严受到损害。基于以上调查，绝大多数消费者是从价格上考虑问题，对遵守版权法带来的长久好处还缺乏理解。不管怎样，如果图书价格过高，而老百姓中的绝大多数都买不起，单纯对以上所提及的各种法律法规和措施严格执行，最终都会收效甚微，因为违背民意不会得到成功。

四、制约图书出版业发展的其他因素

（一）识字率不高是高端图书市场狭小和图书市场开发困难的重要因素

振兴出版业对于穆斯林出版商来说无论是从财力还是才智上都是一个不小的挑战。这种状况已经持续了40年之久，穆斯林的识字率在英属印度时期就相对较低，这种状况在分治以后也没有太大的改善，甚至时隔近70年的今天，识字率还仅为55%。

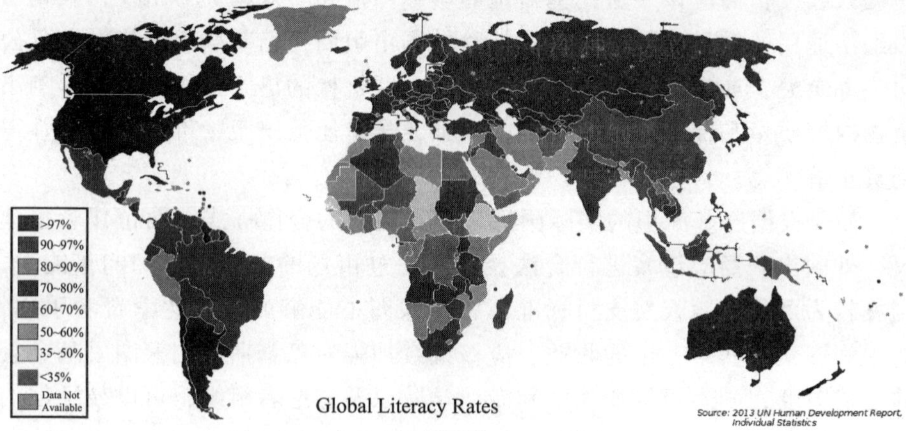

图12 2013年世界各国识字率地图①

表5 世界和巴基斯坦的识字率水平②

国家	识字率（不分性别）	男性识字率	女性识字率	资料说明
世界	84.1%	88.6%	79.7%	15岁及以上可以读写（2010年估计）
巴基斯坦	55%	67%	42%	15岁及以上可以读写

① 按照《世界概况》，全世界目前共有约7亿7500万的成年文盲，其中的75%集中在十个国家（按降序排列为：印度、中国、巴基斯坦、孟加拉国、尼日利亚、埃塞俄比亚、埃及、巴西、印尼以及刚果民主共和国）。女性占了成年文盲中的2/3。极低识字率集中在三个区域：南亚、西亚和撒哈拉以南非洲。全球15岁（含15岁）以上的人群识字率为84.1%。全球男性的识字率为88.6%，女性为79.7%。资料来自2013年人类发展报告及独立统计机构。灰色＝无数据。

② 数据来源于维基百科“List of countries by literacy rate”词条。

巴基斯坦文化水平偏低的主要原因是教育水平和城市化水平不高，也有一部分家长认为教育是无关紧要的，因此和其他南亚国家相比，印度、孟加拉国的整体文化水平都比巴基斯坦要高。

巴基斯坦是一个在教育方面备受争议的国家，小学辍学率高居世界第一位，在巴基斯坦，男女的文化水平、农村和城市的文化水平是不一样的。在44%的受教育人口中，男性占了29%，女性占了15%，在城市文化水平达到了63%，然而在农村却只有34%。在同一个地区，男性的文化水平高于女性，在城市，受教育的男性占到了37%，女性26%；在农村地区，男性占到了24%，女性占10%。①

曾经有一位在巴基斯坦生活过一段时间的挪威作家，对巴基斯坦的图书出版业做过观察且有一些了解，在他看来，书籍在巴基斯坦是十分便宜的，但是对于当地的购买者来说，一个学生或者是一个普通的工薪阶层，一本书的价钱还是会让他们望而却步，很少人能够买得起书，虽然有些书店以合理的价格出售旧书，但是却错过了大部分新版书的发行潮流，新书的出售仍旧是一个大问题。②

在巴基斯坦，由于民众识字率的阻碍和图书价格的相对昂贵，使得图书市场狭小，难以满足图书出版业持续健康发展的需求。不过，随着时代的发展，巴基斯坦政府正在努力开展扫盲运动，提高民众识字率，逐渐重视教育，尊重知识。对教育方面的投资加大，必然会对图书出版业的发展产生积极影响。

（二）图书市场供需问题

首先，教育现状是培养人才的任务重，而现有的正版教材的数量少、质量低。据乌尔都巴扎相关负责人透露，正版教材中只有9%的教材图书是有供需保证的，其余图书则供不应求，其原因在于发行量低和纸张缺乏。这些盗版的书提供给市场，再重新复印以满足巴基斯坦巨大的市场需求。缺需的教材有数学、乌尔都语、历史、地理、数学和科学、英语研究等。一些市场的交易员说，在过去很长的一段时间里，学生以及他们的父母不得不面对很多问题，他们只能通过大声抗议来引起政府以及相关部门对教材缺乏的重视。所有的利益相关者都应该做好补货计划以便及时保证

① 唐孟生，孔菊兰．巴基斯坦文化与社会［M］．北京：民族出版社，2006：212。

② 王以俊．一位挪威作家眼中的巴基斯坦出版业［J］．印刷世界，2012年11期。

良好的教科书供需关系。交易员说，社会保障应跟上图书市场需求的步伐，如多一些救济与福利，则可以帮助出版商在短时间内出版中小学一个学期所需的全部教科书，但这个资金问题就需要大家一起想办法。在激烈的竞争环境下，出版商不得不生产高质量的教材。在乌尔都巴扎，商人声称巴基斯坦教科书委员出版的教材质量比较高，但是教育图书市场供不应求，如果促使诸多私立学校采用这种教科书，将大大提高教育成本，增加民众负担。

（三）出版专业人才问题

首先，现有的出版高级专业人才数量少、质量低。出版业属于智力密集型行业，人才是新闻出版行业竞争的核心力量。出版人才市场的规模取决于出版业的市场规模。高校是培养、制造和输出人才的最大工厂，是人才市场重要的供应源头。编、印、发三环节人员过剩，而出版业从业人员的整体水平增长缓慢，导致出版物质量不高。与此同时，网络出版和非纸介出版物的飞速发展对传统图书出版和发行形成了很大的冲击，图书市场规模增速缓慢甚至已经呈现下降趋势。库存图书销售额呈下降之势，对出版专业人才的就业不利。其次，高校出版专业人才的培养面临问题。在伊斯兰堡140家出版社中需要编辑出版人才的仅占15%，出版专业人才培养与市场需求脱节。优秀领军人才缺乏，毕业生自身素质与出版用人单位需求的人才知识积累和综合素质间形成错位，尤其是如何培养具有国际视野和国际出版能力，又能从容应对新媒体出版挑战的新出版人，需要认真思考和广泛借鉴。

（四）图书出版发行的商业机制问题

图书从出版商和印刷商到书商的配送问题是图书出版业的薄弱环节，书店收到出版商的书时往往不予付款，直至书籍售出，图书给到50%的折扣对于出版商也很常见，这种做法说明了一个问题，那就是图书行业的确缺乏一个健全和公平的商业机制。对于作家，他们的报酬是最低的，缺少政府和非政府组织的鼓励，作家只有成为名流的时候才会受到善待，这很难培养出优秀的作家，即便是有优秀作家，也宁愿寻找外国出版商出版自己的作品。

图 13　位于伊斯兰堡的赛义德“图书银行”①

此外，出版产业过度恶性竞争，导致巴基斯坦社会资源的浪费和资源配置的低效率。造成这一现象的原因主要是外资因素造成的过度竞争和无序竞争。

（作者单位：河北大学新闻传播学院）

---

① 图片来源于笔者自摄。

哈萨克斯坦出版业发展情况综述

王卉莲

哈萨克斯坦地处欧亚大陆中间地带，是连接欧亚各国的贸易枢纽。2013年9月，正是在访问哈萨克斯坦期间，习近平同志首次提出共建丝绸之路经济带。在这一背景下，通过加强中哈出版领域交流与合作，增进两国人民间的互信与理解，夯实民心相通的文化根基，对推进“一路一带”建设，具有十分重要的战略意义。本文主要从出版、发行、出版企业、出版人才培养情况等四方面进行介绍，以期较为全面地呈现哈萨克斯坦出版业的现状，供业界参考。

一、出版业情况

1. 图书出版的情况

2014年哈萨克斯坦出版图书5104种，总印数1384.7万册；图书平均印数2713册；全国图书人均占有量0.79册，阿拉木图这一指标为8.01册；印数级别在100～1000册和1000～5000册的图书约占总出版种数的七成，其中前者占43.8%，后者占28.8%。

按目的功用划分出版物，2014年出版种数实现较大增长的有教材和教学法类图书，较上一年分别增长13.5%和21.2%；出版种数大幅缩减的有科普类图书和政府出版物，较上一年分别减少52.5%和47.4%。

按主题划分出版物，2014年的两大板块依然是教育图书和文学图书，分别占总出版种数的25.3%和18.9%，教育图书较上一年增长8.7%，文学图书较上一年减少12.8%。在《具有重要社会意义的各类作品出版纲要》资助下，出版了50卷本的阿乌埃佐夫全集。除教育图书外，2014年实现增长的板块还有哲学类图书和法律类图书，分别较上一年增长18.6%和16.1%。

按语种划分出版物，2014年哈萨克斯坦以14种语言出版图书，其中以哈萨克语和俄语为主，分别出版 2307 种和 1856 种，分别占总出版种数的 52.2%和 42.0%，较上一年分别减少 5.1%和增加 3.2%。此外，还出版了英语、法语、维吾尔语、乌兹别克语等其他语种的图书。2014 年共出版翻译类出版物 120 种，较上一年减少 42.6%，译自阿拉伯语的作品最多，占翻译类出版物的 44.2%，译自英语的作品占 22.5%；而 2013 年译自英语的作品最多，占翻译类出版物的 51.2%，译自阿拉伯语的作品仅占 13.4%。

按出版地划分出版物，2014 年哈萨克斯坦出版图书较多的地域有：阿拉木图和阿拉木图州占总出版种数的 60%，阿斯坦纳和阿克莫林州占 13%，卡拉干达和卡拉干达州占 8%。

2014 年哈萨克斯坦在下列三个国家级纲要框架下出版图书 494 种，占总出版种数近 10%。

一是由文化与体育部资助的《具有重要社会意义的各类作品出版纲要》。2014 年资助出版图书 411 种，其中超过七成为文学作品，此外还包括学术图书、大众政治图书、参考类图书、教材等。《纳扎尔巴耶夫总统经典语录》《哈萨克斯坦教育思想选集》等在广大读者群体中得到普及，以哈萨克语和俄语出版的百科全书《植物世界》和《动物世界》有助于提高儿童的认知能力。Казакпарат Хан Тәнірі、“巨册”（Фолиант）、Жібек жолы 三家出版社在这一纲要框架下出版图书最多。

二是《2011～2020 年各语言功能与发展国家纲要》。为宣传哈萨克斯坦国语和各民族语言，2014 年资助出版图书 73 种，大部分为百科全书、百科辞典、术语参考书、教科书等。最值得一提的是完成了哈萨克语文学辞典。

三是《文化遗产纲要》。在这一纲要框架下，2014 年资助出版图书 10 种，主要为文学作品，全部由 Тоғанай Т 出版社出版。

2. 连续出版物出版的情况

连续出版物还包括期刊、简报、专刊等。2014 年哈萨克斯坦共出版连续出版物 990 种，全年共计出刊 7309 期。其中，主要为期刊，共计 939 种，占总出版种数的 95%，出刊 6713 期，占全年总出刊数的 92%。

从语种来说，以一种语言出版的连续出版物 580 种，全年出刊 4786 期；以双语出版的连续出版物 341 种，全年出刊 2140 期；以三种语言出版的连续出版物 69 种，全年出刊 386 期。在以一种语言出版的连续出版物中，俄语出版物 386 种，全年出刊 3364 期；哈萨克语出版物 183 种，全年出刊 1379 期；其他语种出版物 11 种，全年出刊 43 期。

从主题来说，出版最多的连续出版物主要有三类：一是教育、文化、大众传媒与宣传类，出版 305 种，全年出刊 1782 种；二是社会政治类，出版 175 种，全年出刊 1705 种；三是技术类，出版 88 种，全年出刊 455 种。

从出版地来说，连续出版物出版主要集中在以下三个城市：阿拉木图出版 694 种，全年出刊 5381 种；阿斯塔纳出版 100 种，全年出刊 812 种；卡拉干达出版 49 种，全年出刊 231 种。

3. 报纸出版的情况

2014 年哈萨克斯坦出版报纸 1149 种，全年出版 49779 期，年印数共计 10 亿 1544 万份。48.1% 的报纸以俄语出版，32.9% 的报纸以哈萨克语出版。出版报纸最多的为阿拉木图和阿拉木图州，共出版 373 种，全年出版 12186 期；位居第二的是南哈萨克斯坦州，共出版 146 种，全年出版 4784 期；排名第三的是阿斯坦纳和阿克莫林州，共出版 95 种，全年出版 5355 期。

4. 其他出版物出版的情况

2014 年哈萨克斯坦出版艺术出版物 302 种，共计 14.7 万册。其中，七成左右为广告信息宣传册，都是由剧院、“哈萨克斯坦音乐会公司”“哈萨克斯坦电影公司”、传统出版社和高等教育机构出版的。纪念册和儿童图画书各占 9% 左右。2013 年儿童图画书则占艺术出版物的 55%。

2014 年哈萨克斯坦出版乐谱出版物 34 种，共计 4.3 万册，主要为音乐作品集和乐谱教材出版物；出版绘制地图出版物 29 种，共计 3.8 万册，主要由“国家地图测量基金会”出版。

5. 电子出版物出版的情况

2014 年哈萨克斯坦出版电子出版物 92 种，其中图书 37 种，杂志 37 种（全年出版 86 期），报纸、音频、视频 11 种。Алматыкітап баспасы 和“经济”出版社的电子出版物品质较高，符合国家标准，其他出版社的电子出版物目前尚未达到国家标准要求。2014 年有两家报纸《顶》（Крыша）和《车轮》（Колеса）不再出版纸质版本，仅提供电子版本和互联网版本。

二、出版物发行情况

哈萨克斯坦图书发行渠道主要有三类：零售贸易、批发贸易和图书馆。俄罗斯出版物在发行渠道中占据绝对优势。据专家估算，在各类发行渠道中俄罗斯出版物所占比重在 65% 至 90% 之间，主要为文学作品。此外，需求最大的出版物有儿童图书和教材。

1. 出版社自办发行的情况

在哈萨克斯坦，很多大学出版社自办发行，其主要产品为教科书、教学法类出版物、教育人员职业作品、研讨会文集等。哈萨克雷斯库罗夫经济大学（КазЭУ им. Т. Рыскулова）出版社提供价目单，接受图书预订。

从事图书批发贸易的大型出版社主要有两类：一类是仅从事图书批发贸易的出版社，如8&8、Экономика баспасы 和 Жібек жолы；另一类是兼营图书零售业务的出版社，如 Алматыкітап баспасы、“阿塔穆拉”（Атамура）、Кёкжиек 和“梅克捷普”（Мектеп），不仅发行自己的图书，而且还发行国内外其他出版社的图书，前三者都有自己的网络书店。

“阿塔穆拉”在各州都拥有装备现代化的图书贸易网络。40 家书店主要发行本社出版的图书，包括普通学校教育使用的教科书和教学法类图书、科普类图书、参考类图书以及文学作品等。本社图书平均价格在 250 ~ 700 坚戈，本国其他出版社和国外出版社图书价格在 500 ~ 1200 坚戈。Алматыкітап баспасы 是哈萨克斯坦最大的出版发行企业。旗下书店在阿拉木图有 7 家，在阿斯坦纳有 3 家。其图书品种主要为中小学、高校教材和教学法出版物、学龄前儿童教学法出版物。此外，还有本国以哈萨克语、俄语和英语出版的文学作品、拓展类图书、辞典、参考书、百科全书、儿童图书以及独联体国家出版的图书。

2. 图书贸易企业的情况

根据哈萨克斯坦统计局的数据，哈萨克斯坦共有 169 家专门从事图书零售贸易的企业，较上一年减少近 25%。就地域而言，东哈萨克斯坦州书店数量减少 32%，南哈萨克斯坦州书店数量减少 23%；与此同时，阿拉木图和阿斯塔纳的书店数量则大量增加，2013 年阿拉木图有书店 82 家，是上一年的 2.6 倍，阿斯塔纳有书店 19 家，是上一年的 2.1 倍。

近年来，零售图书品种中国外出版社，尤其是俄罗斯出版社的图书占主导地位。为了吸引图书消费者，零售企业在售书的同时，常常搭售办公用品、拓展游戏以及儿童手工等商品。图书零售价在 300 ~ 3000 坚戈之间。

“古良达”（Гулянда）图书大厦连锁书店在专门从事图书贸易的大型企业中占有独特地位。旗下四家大型书店营业面积 1400 平方米，拥有来自本国和俄罗斯领先出版社的图书超过 10 万种，其中 35% 为本土品种，年销售图书和小册子约 3 万册。图书大厦开展了一系列的图书推广活动，如“1 + 1”活动，买一本书赠送一个礼品；“买书送给孩子们”活动，买书捐赠给儿童福利院；“图书打折”活动，等等。

“梅罗曼家庭视频”（Meloman Home Video）是非专业从事图书贸易的企业中积极开展售书业务的代表。旗下“梅罗曼”零售连锁店出售图书，积极开展图书宣传和阅读推广活动，借鉴世界其他国家的成功经验，为消费者营造舒适的购物环境。为培养消费者对图书的兴趣，连锁店经常举办新书推荐、主题图书展览、作者签售等活动。2013 年该企业在独联体图书贸易企业竞赛中获胜。

位于阿拉木图的“阿杰姆”（АДЕМ）商贸中心里图书精品店占很大一部分。跟其他图书贸易企业一样，销售的图书主要来自俄罗斯，占 80% ~85%。出售的本土图书主要来自 Алматыкітап баспасы 和“梅克捷普”两家出版社。图书售价从 200 ~500 坚戈到 5000 ~7000 坚戈不等。作者和企业家会请商贸中心代售自己的图书，小型出版社会在这里提供价目表。需求量最大的图书主要有教科书、语言辞典、术语词典、儿童文学作品等。往年未售完的库存图书会按照合同约定发往其他书店出售。

此外，在哈萨克斯坦还存在大量从事出版物贸易的销售点、摊铺、教科书季节展销，涉及的图书主要是文学类的，大多来自俄罗斯。

3. 图书馆的情况

根据哈萨克斯坦国家图书馆统计，全国共有 4133 家图书馆，馆藏图书 6407.4 万册，注册用户 439.1 万人，其中 34% 为儿童，25.8% 为 21 岁以下的青年人。国家每年拨款 70 亿坚戈用于图书馆事业发展。2014 年共有 3.78 亿坚戈用于补充馆藏，占总拨款金额的 5.4%。大型图书馆在阅读推广方面做了大量工作，借鉴国外先进经验，召开研讨会和圆桌会议等，组织主题图书展、新书发布会、作者见面会等。

4. 网络书店的情况

近年来，哈萨克斯坦互联网图书贸易持续发展，涌现出一系列从事互联网图书贸易的网络商店。其中有代表性的如下：

“奥尔曼”（OPMAH）是哈萨克斯坦唯一一家只销售哈萨克斯坦本土出版社和作者图书的网络书店。成立于 2007 年的 Flip. kz 是哈萨克斯坦最大的网络商店之一，网站上的主要分类有新书、打折书、文学书、童书、商务类图书、教科书、听书等，单独设有哈萨克斯坦文学和哈萨克斯坦出版社栏目。SetBook 是一家国际性网络书店，很多图书由俄罗斯进货，在这里可购得哈萨克斯坦其他书店买不到的图书，出版物可送达哈萨克斯坦全境，登录其网站可以了解图书市场信息、阅读主题图书概述、专家书评以及出版社信息。“图书国”（Книжный Эльдорадо）成立于2000年，是哈萨克斯坦的主流图书贸易企业之一，发行儿童图书、参考类图书、技术类图书、文学类图书、法律类图书等，单独开辟了哈萨克斯坦文学专栏，参加国际书展，举办“我的哈萨克斯坦”图画竞赛，开展资助儿童的公益活动。

此外，一些从事图书发行的企业也通过自己的网站售书，如Алматыкітап、“古良达”和“梅罗曼”；大型高校出版社也有自己的网络书店，如阿利法拉比哈萨克国立大学（КазНУ им. аль-Фараби）。除上述以销售纸质版图书为主的网络书店外，还有一些专门销售电子书的网络书店，如www. digitall. kazakhstan. satu. kz、www. hit. kz、www. pricer. kz。

5. 电子图书馆的情况

目前，哈萨克斯坦的电子图书馆主要涉及以下两类：一是依托传统图书馆和高校等学术机构建立的电子图书馆；二是政府有关部门资助的电子图书馆。

哈萨克斯坦国家电子图书馆旨在建立电子文献馆藏资源，方便各类读者查阅。根据第七届“中亚——2013：科学、教育、文化与商务领域的互联网、信息与图书馆资源”国际研讨会材料，哈萨克斯坦国家电子图书馆拥有七千余种电子版图书、五千余种摘要和论文、两千余种封面与目录，通过信息系统平台新增用户超过两万名，其中包括535名远程用户，远程用户每年使用电子版图书的订单超过两千个，每年在系统平台上完成咨询近千个，每年有来自74个国家共计12万~13万访问量，与国内外75个组织和450位作者签订了合作协议。

此外，像哈萨克斯坦科学院图书馆、哈萨克斯坦国家图书馆、共和国科学技术图书馆、州立图书馆等22家大型图书馆都将馆藏出版物电子化供借阅者使用；共和国高校间电子图书馆向广大用户提供学术类、教材类等电子资料。

为推广哈萨克语，提升哈萨克斯坦在互联网空间中的地位，社会基金“维基比利姆”（Wikibilim）推出哈萨克语内容作为维基百科的补充。在哈萨克斯坦文化与信息部语言委员会的扶持下，“维基比利姆”持续推进“哈萨克斯坦开放图书馆”项目，大量图书、音频视频资料上传至www. iKitap. kz。

2013年12月“哈萨克斯坦内容”股份公司在总统中央通讯局和文化与

信息部支持下，以哈萨克语、俄语、土耳其语和英语四种语言，推出互联网资料库“文学门户”，旨在推广哈萨克斯坦文学，向国内外介绍本土作家。该门户设诗歌世界、内容简介、翻译、书信和插画5个特别栏目，还向儿童读者提供认知百科全书、童话以及其他文学作品。“哈萨克斯坦内容”股份公司与哈萨克斯坦书库签订协议，在网站上提供国外出版的哈萨克斯坦本土作家的图书信息。

三、出版企业情况

截至2015年1月1日，哈萨克斯坦共注册出版机构1393家，其中2014年新增出版机构58家。2014年有390家出版机构从事出版活动，其中176家在2013年没有出版物面世。这说明，哈萨克斯坦出版机构组成经常变化，注册的出版机构并非每年都推出出版物。

在上述390家出版机构中，近六成出版图书在5本以下，其中有128家出版1种图书，101家出版2~5种图书，108家出版社出版10种以上图书；传统出版社128家，大学出版社77家，专业出版社49家，科研机构附属出版社36家，社会组织和基金团体附属出版社25家，等等。

在众多注册的出版机构中，“阿塔穆拉”、Алматыкітап баспасы、“梅克捷普”“巨册”脱颖而出，成为核心出版机构。主要出版社出版指标参见下表。

哈萨克斯坦图书出版种数和印数排名前十的出版社

	出版社	出版种数	出版社	印数（万册）
1	Казак университеті	389	Алматыкітап баспасы	444. 35
2	Мектеп	330	Мектеп	282. 92
3	Алматыкітап баспасы	296	Атамура	245. 07
4	СКГУ им. Козыбаева	206	КАЗакпарат	27. 62
5	Фолиант	199	Келешек-2030	27. 34
6	КарГТУ	162	Арман - ПВ	26. 46
7	Атамура	160	ННПООЦ《Бёбек》	24. 56
8	КАЗакпарат	108	Фолиант	21. 86
9	КазНПУ им. Абая	104	Кёкжиек Б	11. 91
10	КарГУ им. Е. Букетова	103	Жібек жолы	11. 65

哈萨克斯坦出版机构主要集中在阿拉木图和阿斯塔纳。两地出版机构共

计287家，占全国总数的73.6%，其中前者为237家，占60.8%，后者为50家，占12.8%。

出版种数排名前十的出版机构，出版了约占总出版种数40%的图书，除“巨册”位于阿斯塔纳、卡拉干达国立技术大学（КарГТУ）出版社和布克托夫卡拉干达国立大学（КарГУ им. Е. Букетова）出版社位于卡拉干达外，均位于阿拉木图；印数排名前十的出版机构，出版了约占总印数80%的图书，除“阿尔曼－普弗”（Арман-ПВ）和“巨册”位于阿斯塔纳、“克莱舍克－2030”（Келешек-2030）位于科克什套外，其他均位于阿拉木图。

四、出版人才培养情况

目前，哈萨克斯坦图书领域高等教育人才培养主要依照以下三个专业类别进行：一是阿利法拉比哈萨克国立大学和古米廖夫国立欧亚大学（ЕНУ им. Л. Н. Гумилева）开设的“出版业”专业，二是萨特巴耶夫哈萨克国立技术大学（КазНТУ им. К. Сатпаева）和谢里克巴耶夫东哈萨克斯坦技术大学（ВКГТУ им. Д. Серикбаева）开设的“印刷”专业，三是哈萨克阿利法拉比国立大学开设的“设计”专业。

阿利法拉比哈萨克国立大学和萨特巴耶夫哈萨克国立技术大学培养上述专业的学士和硕士人才，硕士人才主要分专业和科研教育两个方向。古米廖夫国立欧亚大学目前尚未开设硕士点。

此外，阿拉木图国立印刷学院还为出版印刷企业培养人才，主要是在“出版生产”专业下培养电子排版技师、平版印刷技师和装订技师。

参考文献

1. 哈萨克斯坦书库网站

2. 7th International Conference《Central Asia—2013：Internet，Information and Library Resources in Science，Education，Culture and Business》.

（作者单位：中国新闻出版研究院）

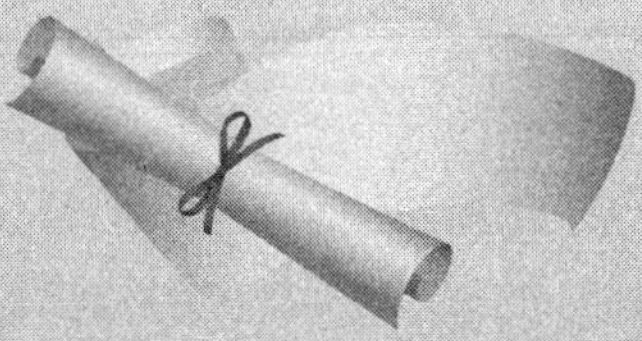

附 录

2014 年 12 月 31 日人民币对各币种汇率中间价表①

	汇率（元）
人民币对美元汇率中间价	6. 1190
人民币对欧元汇率中间价	7. 4556
人民币对英镑汇率中间价	9. 5437
人民币对日元汇率中间价（单位 100 日元）	5. 1371
卢布对人民币汇率中间价	9. 0536

数据来源：中国人民银行

① 中国人民银行未公布人民币与韩元汇率中间价。

图书在版编目（CIP）数据

国际出版业发展报告：2015 版/范军主编．—北京：中国书籍出版社，2016.7
ISBN 978-7-5068-5665-2

Ⅰ.①国… Ⅱ.①范… Ⅲ.①出版业—研究报告—世界—2015 Ⅳ.①G239.1

中国版本图书馆 CIP 数据核字（2016）第 154534 号

国际出版业发展报告（2015 版）

范 军 主编

责任编辑 许艳辉
责任印制 孙马飞 马 芝
封面设计 楠竹文化
出版发行 中国书籍出版社
地　　址 北京市丰台区三路居路 97 号（邮编：100073）
电　　话 （010）52257143（总编室）　（010）52257140（发行部）
电子邮箱 eo@chinabp.com.cn
经　　销 全国新华书店
印　　刷 三河市顺兴印务有限公司
开　　本 787 毫米×1092 毫米 1/16
印　　张 17.25
字　　数 296 千字
版　　次 2016 年 7 月第 1 版 2016 年 7 月第 1 次印刷
书　　号 ISBN 978-7-5068-5665-2
定　　价 98.00 元